湖北省社会科学基金一般项目"基于空间实践与传播的侗族乡村旅游社区地方性建构研究"（项目号：2020257）。

湖北民族大学2020年博士启动基金项目。

Research on Spatial Communication and Local
Construction of Rural Tourism Communities

空间传播与乡村旅游
社区地方性建构研究

宋艳丽　著

中国社会科学出版社

图书在版编目（CIP）数据

空间传播与乡村旅游社区地方性建构研究 / 宋艳丽著 . — 北京 : 中国社会
科学出版社，2023.2
  ISBN 978 - 7 - 5227 - 2182 - 8

Ⅰ.①空…　Ⅱ.①宋…　Ⅲ.①乡村旅游—旅游业发展—研究—中国
Ⅳ.① F592.3

中国国家版本馆 CIP 数据核字（2023）第 123012 号

出 版 人	赵剑英
责任编辑	王莎莎
责任校对	张爱华
责任印制	张雪娇

出　　版	中国社会科学出版社
社　　址	北京鼓楼西大街甲 158 号
邮　　编	100720
网　　址	http://www.csspw.cn
发 行 部	010 - 84083685
门 市 部	010 - 84029450
经　　销	新华书店及其他书店

印　　刷	北京君升印刷有限公司
装　　订	廊坊市广阳区广增装订厂
版　　次	2023 年 2 月第 1 版
印　　次	2023 年 2 月第 1 次印刷

开　　本	710×1000　1/16
印　　张	16.5
插　　页	2
字　　数	268 千字
定　　价	99.00 元

Contents

目 录

导论 地方性建构的研究意义、问题与方法

一 城乡融合背景下的乡村旅游社区地方性建构

在微观尺度，对应"全球—地方"辩证关系的是"城市—乡村"的二元关系。1996 年联合国人居署（UN-Habitat）宣布，随着越来越多的人口进入城市化聚落居住，人类已经进入"城市时代"，城镇化模式成了整个社会持续发展的福音。根据国家统计局 2017 年 1 月 20 日公布的 2016 年多项宏观经济数据，从城乡结构看，城镇常住人口有 79298 万人，比上年末增加 2182 万人，乡村常住人口有 58973 万人，比上年末减少 1373 万人，城镇人口占总人口比重（城镇化率）为 57.35%。①以上数据显示，我国已经初步成为城市型社会。在如此剧烈的社会转型大背景之下，乡村似乎难以摆脱"被城市化"的命运。在城镇化过程中，一方面是乡村人口大量流向城市；另一方面则是"城市"被移植到乡村原有的生活场域中，从而带来了乡村生活方式的城镇化。

乡村城镇化成了一种普遍趋势，阿什·阿明（Ash Amin）和奈杰尔·斯里夫特（Nigel Thrift）认为，现在已经很难找到一个地方不受城市的影响，他在《对城市的重新想象》（*Reimagining the Urban*）一书中这样写道：

> 哪里不是城市？小镇，村庄，亦或是乡村，这些地方也许都不是城市，但也只是某种程度上而已。你可以在这些地方捕捉到城市的足迹，例如在城市上班的通勤人员、旅行者，在家远程办公的人，媒体以及其

---

① 国家统计局：《2016 年中国城镇化率达到 57.35%》，《中国经济网》，http://www.ce.cn/xwzx/gnsz/gdxw/201701/20/t20170120_19752962.shtml，2017 年 1 月 20 日。

他城市化的生活方式。城市和乡村的传统二元对立边界正日渐消融。①

随着城镇化进程的推进，人们对非城镇的乡村亦产生了浓厚的怀旧情结。城市人开始将目光转向不断消亡的乡村，寻找记忆中的"乡愁"，乡村旅游成了城里人找寻"乡愁"的一种重要方式。乡村旅游以乡村社区为主要活动场所，通过对乡村独特的自然景观、生活方式和文化资源的生产，为人们提供一种独特的乡村意象，满足人们对"乡愁"的需求。因此，许多交通便利、景色优美、特色鲜明的乡村成了城市居民周末休闲度假的重要旅游目的地，乡村旅游在国家政策和实际发展需求的推动下成了新的经济增长点。据国家旅游局统计数据显示，2017 年全国乡村旅游达 25 亿人次，旅游消费规模超过 1.4 万亿元，约占全国国内游客的半壁江山，同比增长 27.3%，超过全国旅游收入的 30% 增速，乡村旅游正在生机勃勃地飞速发展。很多学者认为，乡村旅游是推动乡村发展的重要引擎，发展乡村旅游，能够为乡村经济和社会发展提供更多机会；另一方面，一部分学者也表达了深深的担忧：乡村旅游会不会使许多乡村转化成城市人纯粹的"游乐园"②？那么，在发展乡村旅游的过程中，我们应该建构什么样的地方性？如何建构乡村旅游社区的地方性？在 Tim Oake 等人看来，乡村旅游应该成为一种工具，通过它使乡村呈现出更加多元的意义，当地村民应该是意义建构的主体。

在全球化流动的背景下，旅游使得商品、文化、认同和地方性的创造与消费等一系列议题凸显出来。首先，被移植的城市元素改变了传统乡村的生产生活方式，很多乡村的传统文化遭到了破坏；其次，为了拉动地方经济发展，政府不乏存在对乡村旅游社区的刻意打造，进而出现了文化的移植现象，这对当地村民的文化认同造成了不同程度的影响；最后，在遭受资本与权力拓殖的乡村，真正独特的地方生活被抽离，当地村民的地方体验与地方关系变得不再重要，地方价值也逐渐丧失。乡村旅游对地方带来了不容否认的负面影响，但如果把地方置于开放的全球化体系之中，旅游之于乡村旅游社区地方性的建构也就存在多种可能性：一是通过对地方自然景观和地方传统文

① Tim Oakes、安宁等：《乡村：中国城市的"游乐园"》，《旅游学刊》2013 年第 4 期。
② Tim Oakes、安宁等：《乡村：中国城市的"游乐园"》，《旅游学刊》2013 年第 4 期。

化的工具化使用，再生产出新的符号意义，"我者"与"他者"的文化边界被重新定义；二是旅游让外来文化与本土文化在碰撞中实现融合，融合文化成为一种新的地方性要素。在乡村旅游发展的语境之下，不同的社会组织和行动个体重新塑造与定义了地方性。因此，从建构主义视角出发，乡村旅游社区的地方性具有了开放性与再生性。

如何理解旅游发展语境之下乡村旅游社区的地方性建构过程，牵涉人文地理学、人类学、社会学与文化研究中现有"地方"定义的两大主流理论范式：内生的地方与建构的地方。第一种地方观肯定了地方特质的扎根性与内生性，将地方理解为一个相对封闭的文化实体，地方性的是内生的，扎根于地方特有的气质。第二种地方观肯定了地方的多样性和流动性，将地方视为一个开放的社会空间，地方性是不断生产的过程，不同的主体对地方性有不同的理解。段义孚（Yi-fu Tuan）指出："可以通过诸多方式让一个地方成为可见的地方，这些方式包括与其他地方竞争或者发生冲突，在视觉上制造出突出之处，以及利用艺术、建筑、典礼和仪式所产生的力量。通过引人注目的表现可使人类的地方变得鲜明真实，而通过使个人生活和集体生活的愿望、需要和功能为人们所关注以实现对地方的认同。"①

F村原本是中国众多西部乡村中一个普通的乡村，主要以农业种植为主。2007年冬天，一场大雪改变了F村的命运，时任湖北省委副书记、代省长的李鸿忠到F村看望受灾群众，提出了"唱特色戏、打民族牌、走开放路、建风情寨"的发展思路，于是，当地政府在上级政府的支持下，依托F村独特的自然资源和文化资源发展乡村旅游，十年间，F村从一个默默无闻的传统乡村变成了恩施市乡村旅游的名片，F村的发展模式被冠以"F村速度"。自2007年4月30日开寨迎客以来，每年接待国内外游客20万人次，旅游收入近800万元，成了"国家农业旅游示范点"、国家级3A景区。F村所在的高拱桥村被评为湖北省新农村建设示范村、湖北省旅游名村、湖北省宜居村庄、湖北省民族团结进步示范村、湖北省休闲农业示范点，被列入首批全国少数民族特色村寨名录。大众旅游的骤然升温改变了F村的发展命运，村落社会

---

① ［美］段义孚：《空间与地方：经验的视角》，王志标译，中国人民大学出版社2017年版，第147页。

的传统民俗、服饰居所、饮食习惯、自然资源都被包装起来，变成了独特的旅游资源。随着游客、外来投资者、政府官员、学者等的到来，F村发生着结构性裂变，新的意义、新的社会关系也逐渐在原先的地理边界上生长起来。F村从一个没有侗族文化元素的传统村落变成了侗族村寨景区，体现出了鲜明的建构性，这种"植入地方性"发展模式成了很多乡村发展旅游经济的必然选择。另外，F村在经过一段高速发展之后，进入了发展的"闭锁"阶段，如何突围成了当地政府最关心的问题，因此，通过对F村这个具有典型建构性特点的旅游社区进行地方性建构的分析，一方面能够为其他乡村旅游社区的发展提供启示和借鉴；另一方面也能为F村旅游社区可持续发展提供思考的路径。

二　为什么要关注乡村旅游社区的地方性建构

（一）理论意义

1. 将空间视角引入乡村社区传播研究，丰富和发展社区传播学理论

我国的社区传播研究主要集中在对城市居民社区的研究，对乡村社区的研究虽有所提及，但主要关注的是"社区的传播"研究，即把社区作为研究传播问题的一个先验事实性存在，传播是构成社区的一个要素，但对"传播如何构成社区"缺乏深入的探讨。"空间"转向作为一种社会研究思潮，不仅改变了我们认识世界的方式，也改变了我们对社会和文化的理解，为现代人文社会科学带来了多种可能行。它的引入打开了"传播与社区发展"的一扇窗口，对重新认识社区，以及讨论"传播如何构成社区"的议题有着重要意义。从传播的角度来看，社区传播网络的编织不能缺少传播媒介，在社区中，促进传播网络形成的媒介形式多样，已有的研究关注最多的是以社区报纸、广播电视和网络论坛等为代表的媒介形式，忽视了社区公共空间这种媒介形式。城市规划学者盖尔（J. Gehl）认为："空间形式对社会关系的发展不具有促进作用，但这并不否认物质环境以及功能性和社会性的空间处理能够拓展或扼杀发展的机会。"[①] 另外，除了有形的媒介外，无形的媒介也能促进社

---

① ［丹］扬·盖尔:《交往与空间》，何人可译，中国建筑工业出版社2002年版，第57页。

区网络关系的形成，谢静认为，"社区事件或焦点活动才是最为根本的传播媒介"①。但在已有的研究中，笔者发现，社区传播的研究主要集中在对社区媒体建构社区传播的分析，结合空间媒介和活动媒介对社区传播的研究进行得不够。虽然近几年有部分学者开始关注社区中的空间传播问题，在一定程度上拓宽了社区传播的研究视野，但这些研究也主要关注的是城市社区中公共空间传播的特征，乡村社区中的空间传播问题并未引起研究者的重视，乡村社区中的空间所具备的媒介属性被遮蔽。因此，笔者期待通过本书研究，能够为社区传播学的发展提供一个新的研究视角，为丰富社区传播学理论添砖加瓦。

2. 搭建地方、空间与传播三者结合的理论分析框架，为地理学的空间与地方研究注入了传播学的理论视角

空间与地方的关系研究一直是人文主义地理学关注的焦点，在以段义孚和雷尔夫为代表的人文主义地理学者的努力之下，地方被置于与空间概念具有相同地位的普遍性和理论性之中，他们主要分析了空间如何变为地方，并着重强调了人的情感依附在地方性形成中的作用。后现代地理学者在人文主义地理学者研究的基础上，提出了"地方是不断生产"的观点，地方被视为通过行动和互动来进行生产，是流动的，不是固定的、连续的或分割的。不论是人文主义地理学者，还是后现代地理学者，都肯定了地方具有主体建构性，即不同的行动者主体通过地方实践对空间施加影响，从而建构地方性。但在具体分析其建构过程中，传播并没有成为其重要的因素被分析，虽然媒介地理学"行走和耕耘在媒介与地理之间"②，但其作为一个学科主要分析的是"人与媒介、地理的关系及其互动规律"③，对于媒介地理学而言，空间是媒介传播环境中的材料和景观，但是对于媒介与传播如何作用于空间，让空间变为有意义的地方，学者们并没有展开深入的分析。传播作为影响社会发展的重要介入因素，在乡村旅游社区地方性建构中是否发挥了作用？如何发挥

①　谢静：《社区：传播的构成》，《苏州大学学报》（哲学社会科学版）2015 年第 3 期。
②　邵培仁：《媒介地理学：行走和耕耘在媒介与地理之间》，《中华新闻报》2006 年 1 月 4 日第 4 版。
③　邵培仁：《媒介地理学：行走和耕耘在媒介与地理之间》，《中华新闻报》2006 年 1 月 4 日第 4 版。

作用？发挥了怎样的作用？这些问题直接指向了空间、地方与传播的关系层面。因此，本书尝试把传播作为一个影响乡村旅社区地方性建构的中介力量加以分析，建构理论分析框架，即物理空间的景观生产——交往空间的话语实践——媒介空间的符号建构。

3.为"乡村旅游社区的地方性建构"研究提供理论工具和样本素材

本书采用以质化研究为主、以量化研究为辅的研究方法，引入社会学、传播学、人类学、人文地理学等领域的研究进路和视野，为研究提供了较为系统和多元的跨学科理论工具。本书将恩施土家族苗族自治州一个侗族乡村社区的景观化展开个案分析，为"乡村旅游社区的地方性建构"研究命题提供了一个传播学、社会学、人类学研究的生动样本。本书在对调查点空间形态梳理和空间传播机制分析的考察中，积累了丰富的田野工作素材和实证研究数据，对相关领域的研究具有一定参考价值。从这个意义上说，本书具有特殊的方法论价值和案例积累意义。

（二）现实意义

1.为乡村空间生产和空间规划提供启示

在中国城镇化快速发展的趋势下，城市空间不断向乡村空间扩张，带来乡村空间结构和形态的重大变化，乡村空间已被多种新的要素和力量重塑。空间生产是法国马克思主义思想家亨利·列斐伏尔（Henri Lefebvre）提出的一个操作性概念，并建构了一个展现这个空间生产过程的三元一体理论框架：空间实践、空间的表征和表征的空间。在城镇化发展的话语体系之下，乡村空间生产更多关注的是空间的表征层面，即科学家、规划者、社会工程师等的知识和意识形态所支配的空间，忽略了村民使用和体验的空间，以及空间生产中当地村民的日常生活实践，这是乡村规划层面存在的普遍问题。乡村空间生产不仅涉及权力资本在乡村空间的渗透，也包括各种实践主体通过日常空间实践对地方赋予意义，这对乡村空间规划有一定的启示意义。

2.为民族地区的乡村旅游发展提供思路

近年来，随着新型城镇化进程的不断加快，越来越多的人向往回到乡村，发展乡村旅游已经成为乡村振兴的重要发展引擎。民族地区的乡村在西部大开发的建设背景之下，以其独特的地方民族文化资源成为乡村旅游的宠儿，乡村旅游在民族地区获得了政府的极大支持，一大批成功的乡村旅游社区涌现出来，成了西部民族地区的旅游名片。民族地区那些曾经被标签为"落后"与"劣势"的文化资源被开发与挖掘，给这些传统的小乡村带来了新的发展机遇，当地村民从中看到了希望，也实现了对城市的期待与向往。大获成功的乡村旅游项目使乡村旅游成为投资热潮，大量资本涌入乡村，但在乡村旅游繁荣背后，也暴露出越来越多的问题：工业同质化现象严重；传统文化与现代都市文化的融合不平衡；乡村旅游社区管理粗放；当地村民对新社区的认同较低。乡村旅游过程中对乡村价值的削弱和蔑视使乡村发展处于自相矛盾的状态，即自身的发展正在侵蚀和动摇乡村生存的根基，这与乡村旅游发展的根本目的背道而驰。曾天雄等人提出："必须破解对中国乡村社会的单向度思考，高度重视城镇化的'空间正义'，警惕与遏制以终结乡村文明为代价，导致对乡村文明的阉割，造成'乡土中国'与'城市中国'的错位。"①另一个层面，乡村一旦变为景区，新的规划、新的规则、新的意义、新的社会关系逐渐显现出来，给当地村民的文化认同、族群认同和地缘认同带来了极大的冲击。再者，乡村旅游社区在经过一段时间的高速发展之后，逐渐走向低谷时期，出现了发展的"闭锁效应"。因此，中国的乡村旅游该如何发展？在相关的理论探讨中，经济学、社会学、政治学、旅游学、规划学、管理学、民族学等学科都已经展开了充分讨论。在决策实践中，乡村旅游又被"经济建设"和"资源开发"等观念左右，在一定程度上导致少数民族地区处于行政过度干预的"发展"中，乡村"文化危机"和"生态危机"的端倪已然显现。

本书关注的问题是一个涉及政治、经济、文化、生态等诸多因素的综合性、全局性和战略性问题。因此，本书通过深入的田野调查，以"空间实践"和"社区传播"为研究切入点，分析二者如何互动共同建构乡村旅游社区的地方性，去把握空间实践、社区传播与乡村旅游发展的内在逻辑，有针对性地确定乡村旅游社区的未来发展愿景，能够为地方政府部门的决策制定提供一些理论和实践参考。本书虽然是个案研究，但 F 村作为一个典型的"文化植入性"民族乡村旅游社区，其发展路径对于西部民族地区其他乡村的旅游发展也具有积极的现实意义。

---

① 曾天雄、曾鹰：《乡村文明重构的空间正义之维》，《广东社会科学》2014 年第 6 期。

三　研究过程：走进田野

（一）田野入场：挫折与契机

之所以选择将湖北西部地区的一个村庄作为本书研究对象，这与笔者的生活、工作经历有很大关系。"望得见山，看得见水，记得住乡愁"这句充满诗意的话语道出了我们对传统村落呈现出的田园生活的眷恋。农家出生的笔者，尤其对乡村有一种特别的情结，难以释怀。2009 年暑假，笔者随父母回到生我养我的大山村，留守妇女的孤独与健康问题深深震撼了笔者，于是就把研究对象转移到了这样一个特殊的群体上，以此为基础，完成了硕士论文——《民族地区农村留守妇女健康传播策略研究——基于恩施土家族苗族自治州的田野调查》，在随后的研究中，笔者一直致力于关注乡村社会发展的问题，力求从自己的学科视野出发，为乡村的发展提供阐释路径。

2013 年，笔者有幸到四川大学攻读博士学位，导师的研究课题正好与乡村旅游有关，在参与导师的项目研究过程中，笔者对乡村旅游社区的发展问题产生了思考：国家和地方层面都在如火如荼地发展乡村旅游业，很多传统乡村被打造成了乡村旅游社区，但是表面热闹的背后却暴露出了很多问题，比如游客的地方性体验不强、当地村民对新型社区的认同度不高、当地政府部门的粗放式管理模式等，如何解决这些问题，直接启发了笔者对乡村旅游社区研究的浓厚兴趣。2015 年 3 月 8 日，单位举行"三八妇女节"庆祝活动，地点就定在 F 村。这是一个典型的乡村旅游社区，初到 F 村，最直观的印象是这里环境非常优美，片片翠绿的茶园掩映着灰墙白瓦、翘脊飞檐的特色农居，与低吟浅唱的林间小溪相映成趣，竹影婆娑中的踩歌堂里上演着古朴奔放的侗族歌舞。因为是过节，来这里旅游的人非常多，有的坐在农家乐里吃饭闲聊，有的在茶园采茶，有的在各色建筑景观前拍照留影。于是笔者决定把自己的研究聚焦于 F 村这个乡村旅游社区。2016 年上半年，笔者开始进入村庄，每天在村中游走、观察，在寨门、风雨桥、鼓楼、踩歌堂、龙家乐、小卖部、农耕文化博物馆等公共场所转悠，碰见人就和他们攀谈，但这个过程并不十分顺利，笔者去的时候正是采茶的季节，游人比较多，农家乐生意非常繁忙，人们最初都不愿意搭理笔者，有时候采访一个人或者填一份问卷要花上一天时间；再加上进城务工青年人多，每天能够采访到的人非常有限。

这让笔者一度非常气馁，也面临了开展田野研究最大的一个问题：如何与你的田野建立联系？

> 田野研究者必然要走出去接近他人的活动和日常经历。"接近"至少要求研究者从身体上以及社会意义上接近他人生活和活动中的日常行动。为了观察和理解他人，田野研究者必须能够进入他人生活活动的关键场所和场景。但是，"接近"还有一层更有意义的含义：研究者尝试着更加深入地沉浸到他人的世界中，以领会他们的经历所具有的意义和重要性。[①]

研究的转机来源于一次偶然。那天正好是春茶开采仪式，笔者在调研的过程中碰见了带过的学生，巧合的是一个学生正在采访另一个学生。被采访的学生是芭蕉乡分管旅游的副乡长，因为她的引荐，笔者很快就认识了村里的村主任和农民专业合作社组织的负责人，通过与他们的交流，很快了解到了村里的一些情况，虽然这次入场带有很大层面的投机主义，但也再次验证了一个观点：村里人与人之间关系更多看中利益的交换，市场思维远比笔者想象得更突出。

（二）田野链条：F 村的拓展

随着在 F 村调查的深入，笔者发现开题时最初设定的研究设计已经被田野中丰富的现实所冲破，这不得不让笔者重新梳理研究问题，并调整田野调查线索。在调查中，笔者隐约感觉到城市对于乡村的影响是如此深刻，于是将个人的研究关注点从封闭的乡村内部投向更广阔的市场，最初扩展到的是 F 村所在的高拱桥集市，然后拓展到芭蕉镇，再拓展到 20 公里之外的恩施市。在集市上，笔者访问了一些小商贩，其中印象最深刻的是 F 村所在的高拱桥集市上的村邮服务站，老板是位 40 岁左右的中年人，以前在城里搞装潢，五年前回到村里办起了这个服务站，主要帮助村里年纪大一点人在网上购物、收递快递、存款取款，他告诉笔者，服务站平均每天会收取六七十个包裹，都是网上购物

---

① ［美］罗伯特·埃默生等：《如何做田野笔记》，符裕、何珉译，上海译文出版社 2012 年版，第 1 页。

寄回来的东西，并且现在店里通过微信进行支付的比例已达到80%，店门口的对联也很好地诠释了互联网对于乡村经济和社会发展的影响："互联网联通天下开启致富新征程，邮掌柜普惠万民打造五个不出村。"

本书研究逐渐发现必须对现有的研究单位做出反思：以村庄为实地研究单位有助于了解社区内的社会结构和文化特征，但如果没有时间和空间的扩展，研究会缺乏说服力，因此必须打破这种束缚，重建新的研究单位。人们关于城市与乡村的想象是基于一种要素空间的差异性，城乡差别表现为空间区隔。但随着媒介技术的发展，城乡之间的边界被打破，物质、人口和符号流动呈现出跨越边界的特点，城乡之间以前看似对立的生活方式与文化特质呈现出融合的特点。F村就是一个典型的被卷入城市链条的乡村旅游社区，在这样一个新的关系视角命题中，我们该如何看待乡村的发展问题呢？罗伯特·芮德菲尔德（Robert Redfield）主张不能只是限于"小传统"中的群体，而是要从整体文明的角度，从"大传统"出发，研究大小传统中间的互动。①因此，谢静提出对乡村问题的研究"要把乡村推出封闭的想象之门，将其置于城乡关系中加以考察"②。本书中，笔者试图超越一般村落研究的"小传统"范式，力图在乡村、城镇、县市不同的区域层面都有所涉及，以一根主线将不同层面串联起来。

表导－1　田野时间表

活动	时间	地点
前期调查	2016 年 3 月 12 日—3 月 20 日	F 村
	2016 年 5 月 1 日—5 月 7 日	
	2016 年 8 月 19 日—8 月 27 日	
正式调查	2017 年 3 月 18 日—5 月 28 日	F 村
	2017 年 6 月 5 日—6 月 13 日	高拱桥集市
	2017 年 6 月 20 日—6 月 28 日	芭蕉镇
	2017 年 9 月 20 日—12 月 28 日	F 村

① ［美］罗伯特·芮德菲尔德：《农民社会与文化：人类学对文明的一种阐释》，王莹译，中国社会科学出版社 2013 年版，第 93—95 页。
② 谢静：《连接城乡：作为中介的城市传播》，《南京社会科学》2016 年第 9 期。

（三）研究方法：田野资料收集

1. 民族志

（1）全浸式参与观察法

笔者两年来断断续续进出F村，研究时间长达1年半，在研究期间，笔者亲自参与农村的农业生产，参加和观看乡村文化活动，对村民日常生活的展演、村庄的外部景观、公共空间里的集体活动、私人空间里的个人活动、仪式空间的祭祀和宗教活动，无论是刚出现的新现象，还是路边的遗迹，都给予了尽可能全面的观察，力求获得第一手资料，尽可能地理解乡村的丰富性，从而拓展研究的深度和广度。

在F村的整个田野工作期间，笔者都居住在F村村主任和农民专业合作社负责人家里，收获了一些不一样的资料，作为政治精英和经济精英的代表，他们二者之间存在着外人察觉不到的权利博弈，人际交往层面体现出强大的利益属性。另外，由于有村主任的关系，笔者去村委会调研显得更加方便，能够观察村干部与当地村民在制度框架之下的互动。在芭蕉乡调研期间，居住在芭蕉乡文化站ZWB老人家里，这是一位对芭蕉侗族文化和F村发展历史非常了解的老年人，笔者有幸听他讲述了很多关于芭蕉乡和F村的历史故事，这为后续对F村展开调研积累了丰富的历史素材。每当进入村庄，笔者都会在村里走动一圈，了解村庄的基本格局，道路上河流的位置，以及村里居民的生活条件。在此后每日的访谈中，也基本做到调研之前先到村庄走一圈的惯例，尽可能地对村庄的每个角落展开观察。比如墙角被废弃的传统农具、墙上的标语和广告、河边和田里散落的生活垃圾和生产垃圾、默默伫立在田头的萨岁庙……都无言诉说着村庄经济社会文化发展的方方面面。每天晚上七八点钟，是村庄里比较热闹的时候，有时候在寨门和踩歌堂会有文艺演出，村里的人和游客一起唱歌跳舞，这种活动不再是基于村民传统生活的自发演出，而是一种基于商业目的的展演，带有吸引游客的目的。村主任家就在寨门口，每天会有很多人在这里聚集，村民们会闲聊，只要认真倾听，也会获得很多信息。去茶园与茶农一起采茶，去芭蕉集镇赶集，去高拱桥集市和村民一起卖茶，去村里的小卖部和村民聊天，坐在寨门口、农家乐等公共场所观察来往游客与村民的互动，这都让笔者获得了鲜活的村民日常交往素材。每次去F村的时候，基本选择坐城际公交车前往，只需5元钱，30分钟就能抵达到 F 村的寨门口，有时候也可以选择去乘芭蕉的公交车，在 F 村岔路口下，然后步行 1 公里到达寨门口，几种坐车方式笔者都尝试过，坐不同线路的车会遇到不同的人，大家谈论的话题也不一样。公交车作为一个交往空间，是连接城市和乡村的桥梁，通过对公交车里面的人和物的观察，可以瞥见乡村社会关系网络的一些微观层面。

（2）访谈法

访谈分为不同类型的访谈，村里的各种角色以及村外的相关角色都成了潜在的受访者，采访形式灵活多样，针对特定类型的受访者，笔者准备了特定的访谈提纲，对一些意想不到的人使用开放式访谈，其中包括针对关键人物进行的深度访谈，有时候长达两三个小时，并会进行多次访谈。另外就是自由访谈，这是根据所遇之人的特点展开的开放式交流。梳理起来，研究中采用的访谈大致包括以下几种类型：

口述史访谈。近年来，口述史访谈越来越被社会学、政治学、传播学等学科的学者们采用。本书借鉴了口述史的方法收集资料，这能在一定程度上弥补官方资料中对人们日常生活记录的不足。在 F 村和芭蕉镇，笔者根据村民的年龄和职业特点，共选择了 10 名村民进行口述历史访谈，通过对他们的访谈，能够了解村庄的发展变迁，以及村民个人的生活历程，在一定程度上展现了半个世纪以来 F 村的演变。

关键人物访谈。这里的关键人物主要是指在乡村基层工作的政府公职人员和特殊行业从业人员，他们对乡村的发展与变迁非常了解。主要包括以下几种类型：一是芭蕉乡政府工作人员，笔者主要走访了乡政府领导，包括第一书记、乡长、副乡长，还有文化站、广播电视服务站、农技站的一些工作人员，对精准扶贫"尖刀班"成员也进行了访谈。二是村干部，笔者主要走访了村委会主任、副主任，重点对农家书屋负责人进行了访谈，F 村农家书屋建设得很有成效，是"湖北省农家书屋工程建设十周年三十佳农家书屋"之一。三是商业从业者，包括集市上的摊主、村里农家乐经营者、乡村民宿经营者、茶叶经营者等。四是其他类型的从业者，比如村里的小学老师、村医、在市场打零工的妇女等。最后是便利访谈。这是本书中用得最多的一种方法，村里村外、街头巷尾、田间集市，所遇之人，笔者都尽量过去和他们闲聊几句，如果对方不排斥，就会多聊一段时间，有时候长达两个小时，有时候也就几分钟，闲聊的话题都是即兴的。本次调研中，笔者聊过天的不低于 100 人，其中游客是主要受访对象，他们为本书提供了丰富而又多元的信息，可以说也是在田野中的一种意外收获。

2. 互联网民族志

近年来，网络和新媒体不断发展，重构了人们的社会交往空间，因此，"通过对人们网络与新媒体运用的细致考察，展现新文化形态的变化与特质，成为近年来学界较为关注的研究议题"①。F 村是一个手机和社交媒体使用率很高的村落，村里有很多个微信群，笔者加入了其中两个比较有代表性的微信群，一个群叫"F 村社员群"，共有群成员 94 人；一个群叫"F 村侗寨农家乐群"，共有群成员 38 人。对这两个微信群，笔者进行了长达一年多的观察，主要观察了这些村民在微信中的交往互动和文化实践活动。在观察过程中，笔者一直采取的是一种"潜水"策略，虽然就网络民族志研究方法而言，有很多关于"研究者应该坦诚自己观察者的身份"，还是"应该自始至终保持'潜水'"的讨论，但这只是策略之争，不同的研究者基于不同的研究动机可能会采取不同的方法。在研究的后期，笔者越来越发现自己不能完全置身事外，正如孙信茹所言："网络作为一种新的文化形态和社会空间，研究者和被研究者都会共同介入到这一崭新的文化实践活动中。"②在研究过程中，笔者也对乡村社会精英的微信朋友圈展开了跟踪调查，主要对其朋友圈内容、关注的微信公众号、加入的微信群进行分析，并与其现实中的身份与角色展开对比，以期了解微信在当下对乡村的影响。

3. 二手资料收集法

二手资料收集是从动态的角度收集研究对象历史与现实资料的一种资料收集方法，这是进行田野调查的重要内容，有助于研究者获得大量的背景资料，拓宽研究视野，找到研究的问题。F 村作为一个自然村落，在几百年的发展历史中，留下了丰富多彩的历史记载和文化遗迹，这都是本书需要获取的重要研究资源。本书对二手资料的收集主要有三种类型：一是到恩施市文

---

① 孙信茹：《线上和线下：网络民族志的方法、实践及叙述》，《新闻与传播研究》2017 年第 11 期。
② 孙信茹：《线上和线下：网络民族志的方法、实践及叙述》，《新闻与传播研究》2017 年第 11 期。

化局、旅游局、档案馆、F 村所在芭蕉镇政府、高拱桥村委会收集有关 F 村的资料，包括县志、乡志、村志、政府工作报告、统计年鉴等，充分地了解 F 村的政治、经济、文化发展情况，以及 F 村的发展历史、宗教礼仪和文化风俗等；二是村庄内的宣传展板、墙面广告、宣传手册等资料信息，包括高拱桥村委会的宣传橱窗，F 村踩歌堂、民俗文化馆、茶文化长廊等地方的宣传展板，F 村游步道上的宣传墙报；三是恩施市政府网站关于芭蕉乡和 F 村的资料，以及其他网页资料。

四 相关研究综述

（一）乡村旅游社区

1. 国外的研究

国外乡村旅游起源于 19 世纪中期，但关于具体标志性的事件目前说法不一。石强等人认为，最早的乡村旅游是法国参议员欧贝尔 1855 年组织的法国贵族到巴黎郊外的农村度假活动；[①] 戴斌等人则认为，最早的乡村旅游是 1863 年托马斯·库克组织的瑞士乡村第一个包价旅游活动；[②] 金茨萍等人认为，世界范围内最早的有意识的乡村旅游是 1865 年意大利国家农业旅游协会的成立。[③] 虽然国内外学者关于乡村旅游起源的标志性事件存有很大争议，但大家普遍认为乡村旅游的发展与工业革命的兴起有直接关系，一方面，工业革命带来的一系列城市发展问题让人们产生了逃离城市、回归乡村的现实需求；另一方面，工业革命让交通变得更便利，通信更加发达，这极大改善了人们的生活条件，为大规模出行旅游提供了可能，乡村旅游就此诞生了。国外学界很早就开始关注乡村旅游社区的研究，主要包括以下几个方面：一是关于乡村旅游发展与乡村旅游社区相互影响的研究；二是乡村旅游社区居民感知的研究；三是社区参与与社区管理介入乡村旅游社区发展的研究。

① 石强等：《我国乡村旅游发展研究》，《海峡两岸观光休闲农业与乡村旅游发展——海峡两岸观光休闲农业与乡村旅游发展学术研讨会论文集》，北京，2002 年 9 月。
② 戴斌、周晓歌、梁壮平：《中国与国外乡村旅游发展模式比较研究》，《江西科技师范学院学报》2006 年第 1 期。
③ 金茨萍、金一萍、黄郁成：《国外乡村旅游市场与经营研究综述》，《企业经济》2006 年第 6 期。

1985 年，墨菲（Murphy）在《旅游：社区方法》一书中提出了"社区参与"的概念，标志着从社区角度研究旅游的开始。[①] 从那以后，乡村旅游开发与乡村旅游社区的互动成了学者们最广泛、最深入的研究领域，主要从经济因素、文化因素和环境因素三个方面展开了讨论。第一，关于乡村旅游对乡村经济发展的影响研究。早期的研究成果认为，乡村旅游对推动乡村社会经济的复兴具有重要作用，但也存在一定局限性，有学者提出将旅游业作为乡村多元经济的补充工具而不是乡村经济的支柱产业更为合理。[②] 第二，乡村旅游的发展对乡村旅游社区的社会和文化产生了广泛而深刻的影响，乡村旅游有助于推动乡村社区与外界的社会文化交流，但当乡村旅游社区游客量过多的时候，其反而会对本地的生活和文化造成破坏。[③] 第三，还有不少学者分析了乡村旅游对乡村社区生态环境所带来的负面影响。[④]

乡村旅游社区居民的感知研究主要集中在居民对乡村旅游的经济、社会和环境影响的认知上。Gursoy 认为影响乡村旅游社区居民感知的因素主要包括以下几个方面：经济、社会、文化利益和社会、文化成本。研究者从不同视角分析了影响乡村旅游社区居民感知的因素，比如居民与旅游区的距离、乡村旅游地的生命周期、社区居民的归属感等。另外，国外学者还对如何理解乡村旅游社区影响感知进行了研究，其中社会交换理论、社会表征理论和旅游地生命周期理论是主要的阐释视角。[⑤]

针对旅游对乡村旅游社区所带来的消极影响，国外学者提出了一系列对策和思路，社区参与和社区管理是其中讨论得最多的措施之一。墨菲最先提出了基于社区参与的旅游规划思想。[⑥]1997 年，在《关于旅游业的 21 世纪议程》中，社区参与成了旅游业发展的重要内容。在这之后，社会参与作为一

① Murphy P. E., *Tourism: A Community Approach,* NewYork and London:Methuen, 1985, pp.155-176.

② 龚伟：《空间视野下的乡村旅游社区空间演化研究——以 Q 村和 Y 村为例》，博士学位论文，华东师范大学，2014 年。

③ 龚伟：《空间视野下的乡村旅游社区空间演化研究——以 Q 村和 Y 村为例》，博士学位论文，华东师范大学，2014 年。

④ Kousis M.,"Tourism and the Environment:A Social Movements Perspective", *Annals of Tourism Research*, July 2000, pp.68-489.

⑤ Gursoy D. and Jurowski C.,eds.,"Resident Attitudes:A Structural Modeling Approach", *Annals of Tourism Research*,January 2002, pp.79-105.

⑥ Murphy P. E.,"Community Driven Tourism Planning", *Tourism Management*,February1988,pp.96-104.

种消除乡村旅游负面影响的重要途径被学术界广泛关注。首先，探讨了社区参与如何作为一种方法介入乡村旅游发展规划；其次，西方学者对社区参与中的利益相关者及其权力关系进行了研究；最后，关于社区旅游增权的研究，认为社区旅游增权是实现社区参与的最佳途径，旅游增权既是一个过程，同时又是这个过程的结果。① 另外，乡村旅游社区管理也是消除乡村旅游负面影响的一个重要途径，其中社会资本方面的研究成果最为丰富。皮埃尔·布迪厄（Bourdieu）最早对社会资本概念进行了系统表述，他认为社会资本作为一种资源的聚合，能够为每个社会成员提供支持②。也有部分学者认为"社会资本"是一个难以把握的概念。③

2. 国内的研究

我国的乡村旅游发展于 20 世纪 90 年代，1998 年的"华夏城乡"旅游主题年，带动了国内乡村旅游开发，四川的"农家乐"产品、贵州少数民族村寨游、北京郊区采摘游等具有乡土气息、文化特色的休闲旅游产品很快得到了市场的认可。近几年，随着国家层面对乡村旅游的重视，中央出台了一系列发展指示意见，乡村旅游上升到了一个新的产业高度，城市居民逐步将乡村旅游视为逃离城市喧嚣的一种生活方式。近十年来，对"乡村旅游社区"的学术关注度不断提升，乡村旅游社区相关的研究成果数量快速增长，众多博士和硕士研究生论文涉及乡村旅游社区相关内容，不少高校形成了这一课题的研究团队。④ 目前，国内关于乡村旅游社区的研究主要集中在以下几个方面：一是乡村旅游社区发展模式研究；二是乡村旅游社区参与研究；三是乡村旅游对乡村发展影响的研究。

第一，乡村旅游社区发展模式研究。随着乡村旅游的发展，国内学者都在积极探讨和总结乡村旅游社区的发展模式，成为乡村旅游研究的一大热点。周永广等人认为，内生式开发模式是兼顾经济、社会和环境效益的可持续发

① 龚伟：《空间视野下的乡村旅游社区空间演化研究——以 Q 村和 Y 村为例》，博士学位论文，华东师范大学，2014 年。
② Bourdieu P., "The Forms of Capital", *Readings in Economic Sociology*, April 2008, p.280.
③ Jones S., "Community-based Ecotourism:The Significance of Social Capital", *Annals of Tourism Research*, February2005, pp.303-324.
④ 张建荣、赵振斌：《国内乡村旅游社区研究综述》，《旅游学刊》2016 年第 6 期。

展模式。① 刘湘军等人认为，内生式发展模式是西部民族乡村旅游社区良性发展的必然选择。② 张树民等人认为，由集体组织和谈判，引进外资，确保分配机制中农民的收入是最有价值的模式。③ 邹杰等人认为，我国乡村旅游的发展管理模式包括空间结构模式开发和经营管理主体模式开发。④ 赵霞等人提出了适合乡村社区发展的五个模式，即政府引导农户模式、依托原生态拓展模式、主题社区模式、商业混合体模式、关联产业开发模式。⑤ 也有学者提出，由于各地经济发展不平衡，选择什么样的发展模式也没有一定之规，各地应该结合外部环境的变化和内部资源的禀赋选择合适的发展模式，促进乡村旅游的可持续发展。总结起来，国内对乡村旅游发展模式的研究主要集中在以下几个方面：一是关于发展模式的分类总结；二是对各类发展模式存在问题的分析；三是通过个案探讨某一类发展模式的适应性。研究中也存在一些问题，主要体现在对发展模式的分类不统一，由于研究者的研究角度不同，同一乡村旅游模式出现了多种表述，这给学术研究和实际操作带来了很大的困惑。

第二，乡村旅游社区参与研究。社区参与对促进旅游可持续发展具有十分重要的意义，成了近几年乡村旅游社区研究的热门话题。随着研究的深入，研究视角呈现出多元化特征。一是关于参与主体的研究。学者普遍认为其主要包括社区普通居民、社区经营实体、社区旅游从业者三大主体；⑥ 艾林书认为社区参与的主体主要包括地方政府、外来投资者、社会组织和当地居民，并分析了他们在决策参与方面的权责关系。⑦ 二是关于参与机制的研究。向富

---

① 周永广、姜佳将、王晓平：《基于社区主导的乡村旅游内生式开发模式研究》，《旅游科学》2009 年第 4 期。
② 刘湘军、张杨：《西部民族乡村旅游社区内生式发展模式研究——以梅里雪山雨崩藏族旅游接待村为例》，《江西教育学院学报》2011 年第 1 期。
③ 张树民、钟林生、王灵恩：《基于旅游系统理论的中国乡村旅游发展模式探讨》，《地理研究》2012 年第 11 期。
④ 邹杰、吴军：《乡村旅游社区发展模式研究——以日照渔家乐为例》，《国土与自然资源研究》2015 年第 5 期。
⑤ 赵霞、张捷、郑天媛：《民族地区旅游开发进程中乡村社区发展模式研究》，《企业科技与发展》2017 年第 1 期。
⑥ 龚伟：《空间视野下的乡村旅游社区空间演化研究——以 Q 村和 Y 村为例》，博士学位论文，华东师范大学，2014 年。
⑦ 艾林书：《基于社区参与的平江石牛寨乡村旅游发展研究》，博士学位论文，湖南农业大学，2012 年。

华提出了社区居民参与乡村旅游的九大机制，并建构了乡村旅游社区参与的支撑体系。[①] 刘曙霞分析了新媒体时代下社区参与机制的变化，提出要发挥新媒体平台的传播优势完善乡村旅游的参与机制。[②] 三是关于参与模式的研究，这方面的成果比较突出。学者从不同研究角度对社区参与模式进行了分类总结，但也存在表述概念不统一的问题。有的学者分析了影响乡村参与模式的因素，即资源禀赋、经济条件、制度基础。[③] 四是关于社区参与问题和策略的研究，这方面的研究主要集中在个案分析层面，大多是基于一种定性的阐释视角。总体而言，国内关于社区参与的研究更看重它对乡村旅游发展的实用性，主要停留在决策层面，这充分论证了社区对旅游发展而言具有重要的意义。

第三，乡村旅游对乡村发展影响的研究。已有研究表明乡村旅游对统筹城乡发展、缩小城乡差距有一定积极作用。但同时，旅游所导致的乡村社区城市化等相关问题也引起了人们更多的关注。邹统钎将乡村旅游社区城市化比喻为"围城效应"，认为乡村旅游在发展中摧毁了自己；[④] 王瑷认为旅游经济是乡村社区城市化"温柔的陷阱"；[⑤] 宋子千提出"乡村性"是乡村旅游社区可持续发展的关键。[⑥] 另外，也有部分学者从居民感知的角度对乡村旅游的影响进行了研究。郭华、甘巧林考察了旅游开发背景下当地居民社会排斥的主观感知状况；[⑦] 张欣然分析了社区居民对乡村旅游影响的感知与态度；[⑧] 总体而言，通过上文对国内外乡村旅游社区研究文献的梳理，目前关于乡村旅游社区主要研究大致可以概括为三条脉络，如图导 –1 所示：

当前国内外学术界对乡村旅游社区的研究主要围绕"旅游与社区相互影

① 向富华：《乡村旅游社区参与机制研究》，《北京第二外国语学院学报》2012 年第 7 期。
② 刘曙霞：《新媒体视角下乡村旅游社区参与机制研究》，《吉首大学学报》（社会科学版）2017 年第 12 期。
③ 廖丽杰、张丽娟：《乡村旅游社区参与模式现状与影响因素分析》，《学理论》2009 年第 32 期。
④ 邹统钎：《乡村旅游发展的围城效应与对策》，《旅游学刊》2006 年第 3 期。
⑤ 王瑷：《城市边缘区乡村旅游地城市化进程研究——以成都三圣花乡为例》，《城市发展研究》2010 年第 12 期。
⑥ 宋子千：《以动态的眼光来看待乡村旅游的发展》，《旅游学刊》2011 年第 11 期。
⑦ 郭华、甘巧林：《乡村旅游社区居民社会排斥的多维度感知——江西婺源李坑村案例的质化研究》，《旅游学刊》2011 年第 8 期。
⑧ 张欣然：《社区居民对都市近郊乡村旅游影响的感知与态度的实证研究——以成都花香果居景区为例》，《中国农业资源与区划》2016 年第 12 期。

响"这一核心命题而展开，本书也没有脱离这一研究母题，即旅游活动对乡村的地方性带来了怎样的变化？这些变化是怎么发生的？相关利益者主体是否能够在空间中找到属于自己的地方？他们又如何看待和适应这些变化？

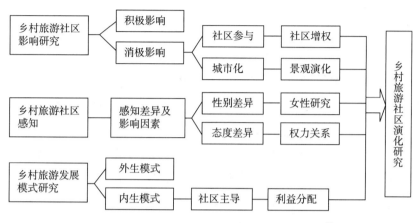

图导 –1　国内外乡村旅游社区研究的基本脉络[①]

现有的国内外关于乡村旅游社区的研究成果也为本书提供了借鉴和启示。第一，社区参与乡村旅游社区发展的研究让我们不得不思考：如何才能让社区参与在乡村旅游社区发展过程中发挥重要的作用？地方性就成了一个很好的切入视角，通过建构不同行动者主体的地方性，让他们对地方产生文化认同和情感依赖，才是促进社区参与的核心动力。第二，旅游对乡村社区的发展带来了结构性影响，比如城市化，这让我们不得不思考：旅游如何才能成为乡村旅游社区的发展助力，能够让乡村在与城市的互动中保持地方性？第三，权力关系与乡村旅游社区发展的研究让我们不得不关注这样一个问题：权力是如何在地方中渗透的？各行动主体是如何通过协商、融合与妥协进行话语表征和文化表征的？

福柯认为，主体在空间的位置是在话语中并通过话语建立起来的，因此，空间中的话语实践成为本书一个重要的操作性性概念，这些问题都需要一个新的研究视角来阐释，因此，研究"如何使旅游对乡村社区产生积极影响"

---

① 龚伟：《空间视野下的乡村旅游社区空间演化研究——以 Q 村和 Y 村为例》，博士学位论文，华东师范大学，2014 年。

不能不考虑传播的问题。但遗憾的是，在这方面的研究中，经济学和地理学是研究的主导方向，而传播学一直处于边缘状态。

（二）地方性建构

1. 关于地方及地方性的研究

"地方"首先用英语表示为"place"，意思是特定的空间、位置或地点，而这个空间或位置通常与一系列其他事物相关联，包括责任，甚至它可以非正式地扩展到"家"的概念。在西方的学术背景下，"地方"是人文地理学的传统核心概念。早在 1947 年，怀特（J.Wright）在《未知的土地：地理学中想象的地方》一文中首先提出，"'地方'不只是一个客观的地理区域，更是一个包含着人类主观想象的概念"[1]。但当时这一观点并未受到足够的重视。雷尔夫（E. Relph）认为，地方是人类和自然次序的融合，是人类经验的中心。[2] 段义孚认为地方是空间被赋予文化意义的过程。[3] 约翰·阿格纽（John Agnew）将地方的含义设定为三个维度：地方（place）、位置（location）和地方感（sence of place）。[4] 总体而言，在当代人文地理学中，地方一般有三重含义：地方、地方意识和场所。地方强调的是具体的某一点，地方意识强调的是个体的主观体验，场所强调的是作为日常交往背景的地方。

目前对地方性的理解主要有两种比较典型的观点。人文主义地理学认为地方性是由人类的经验和情感所组成的，人的地方体验和地方情感会赋予地方性不同的理解，从这一视角出发，地方性即具有了内生性和主观性，尤其强调行动者主体的建构性。结构主义地理学者认为，地方性是由其在整体区域系统中的位置决定的，全球化、现代化、城市化都是塑造地方性的外在动力，从这一视角出发，地方性具有了开放性和流动性。在现实中，二者之间总是相互连接，相互影响，共同作用于地方性的形成。20 世纪 80 年代，英国出现了一批新文化地理学研究者，他们提出了一个新的研究视角，即文本再现视角，成为近几年的研究热点。他们与传统文化地理学有很大的区别，主

---

① 彭兆荣:《文化遗产关键词》（第一辑），贵州人民出版社 2014 年版，第 1—2 页。

② Relph E., *Place and Placelessness*. London: Pion, 1976, pp.2-45.

③ ［美］段义孚:《空间与地方：经验的视角》，王志标译，第 2—4 页。

④ ［英］阿雷恩·鲍尔德温等:《文化研究导论》，陶东风等译，高等教育出版社 2004 年版，第 148 页。

要关注的是文本中所再现的地方性。

在西方学术发展脉络中，除了地理学界不断在探索"地方"概念之外，"地方"也是人类学研究的重要观照。尽管在较早的一段历史时期，"地方"并没有被作为关键概念进入人类学研究的视野中，但是，西方文化关于"地方"的概念内涵却深深地影响着人类学对原始部落的田野研究实践。马林诺夫斯基（Bronislow Malinowski）提出人类学的田野研究应立足于"分立群域"（isolates），开创的民族志方法奠定了现代人类学扎根"地方"开展研究的学科典范。从此以后，通过详细描绘"小地方"（small place）的生活来回应关于人类社会共同性与差异性的"大论题"（large issue），成为人类学永不褪色的学科旗帜。① 20世纪60年代以来，随着经济、文化的全球化扩张，人类学研究进一步与"地方"紧密结合起来。斯图尔德的文化生态学观点重新凸显了当地人、当地人文化与当地特定的区位空间环境作为一个具体整体的关系，强调了隐藏在文化进化统一性背后的"地方性"文化的多样性价值。② 解释人类学的代表人物格尔兹（Clifford Geetze）认为人类学家应追随"文化持有者的内部眼界"，通过"深描"和探寻"地方性知识"，去阐释和重建人类的知识结构。③ 人类学关于地方的研究被公认为一种是对传统研究单位的范式革命，人类学家把研究单位聚焦于"某一个地方"，不仅是一种研究视野的转换，更是确定了一个新的分析单位，成为人类学研究一个备受重视的操作概念。

受国外的影响，国内学者也日益关注对地方和地方性的研究。最早的研究可以追溯到20世纪90年代，陈传康提出"文脉"的概念，"文脉"即地方性④。李蕾蕾引入了"文脉"这一概念，认为"形象内容源自文脉"⑤。吴必虎最早提出"地方性"这一概念，把地方性称作"地格"，指旅游地自身独特的地方特性⑥。刘博、朱竑认为地方性包含两个层面的含义：一是地方感的形成，

---

①　彭兆荣:《文化遗产关键词》（第一辑），贵州人民出版社2014年版，第1—2页。

②　彭兆荣:《文化遗产关键词》（第一辑），贵州人民出版社2014年版，第1—2页。

③　［美］克利福德·格尔兹:《地方性知识——阐释人类学论文集》，王海龙译，中央编译出版社2000年版。

④　张广瑞:《旅游规划的理论与实践》，社会科学文献出版社2004年版，第108页。

⑤　李蕾蕾:《当代西方"新文化地理学"知识谱系引论》，《人文地理》2005年第2期。

⑥　吴必虎:《区域旅游规划原理》，中国旅游出版社2001年版，第205—207页。

二是地方性认同。① 唐文跃认为地方性是指一个地方拥有的特质，是一个地方所具备的有别于其他地方的独特性。②

另外，旅游人类学也开始关注全球化背景之下"地方性"的吸引力，试图通过对"地方"的研究来体现学科的归属和价值。彭兆荣指出，把地方性置于全球化发展语境之下，问题就显得更加复杂，因为地方作为一个表述单位，其内部不再是完整的和无差异的，而是异质的和不均衡的，因此，我们要摒弃"真实的地方"概念，寻找一种"文化革新"策略。③

2. 关于地方性建构的研究

地方性成为文化地理学中一个重要的概念，如何形成地方性也成了研究的焦点。不论是人文主义地理学者，还是结构主义地理学者，他们都认为地方性不仅是历史积淀而形成的地方特质，也是一个社会建构的文化工程。④ 这种建构，体现了人的主体创造性，人与自然环境相互作用，从而赋予地方新的符号意义和精神特质⑤。国内学者从不同的视角分析了地方性形成的机制。周尚意等人认为地方性形成的本质是人们对空间赋予了意义；⑥ 魏雷等人通过对泸沽湖的研究，认为东道主社区与游客的互动推动了地方性的建构；⑦ 钱俊希等人通过对"藏漂"群体的研究，认为地方性建构主要包括两个维度，一是地方性的想象与表征；二是对想象的地方性的践行与体验；⑧ 唐顺英等人认为地方居民是地方文化的形成和发展主要力量。⑨ 高权等人认为情感在地方性

① 刘博、朱竑：《由广府庙会案例管窥地方性研究议题》，《旅游学刊》2013 年第 3 期。
② 唐文跃：《地方性与旅游开发的相互影响及其意义》，《旅游学刊》2013 年第 4 期。
③ 彭兆荣：《旅游人类学》，民族出版社 2004 年版，第 68—73 页。
④ 高权、钱俊希：《"情感转向"视角下地方性重构研究——以广州猎德村为例》，《人文地理》2014 年第 4 期。
⑤ 潘朝阳：《大湖地方性的构成——历史向度的地理诠释》，（台湾）《地理研究报告》1996 年第 1 期。
⑥ 周尚意、杨鸿雁、孔翔：《地方性形成机制的结构主义与人文主义分析——以 798 和 M50 两个艺术区在城市地方性塑造中的作用为例》，《地理研究》2011 年第 9 期。
⑦ 魏雷、钱俊希、朱竑：《旅游发展语境中的地方性生产——以泸沽湖为例》，《华南师范大学学报》（社会科学版）2015 年第 2 期。
⑧ 钱俊希、杨槿、朱竑：《现代性语境下地方性与身份认同的建构——以拉萨"藏漂"群体为例》，《地理学报》2015 年第 8 期。
⑨ 唐顺英、周尚意、刘丰祥：《地方性形成过程中结构性动力与非结构性动力的关系——以曲阜地方性塑造过程为例》，《地理与地理信息科学》2015 年第 6 期。

重构过程中的发挥了重大作用。①姜辽等人分析了地方性多样化建构的过程，发现资本权力、文化知识、民俗生活三者共同塑造了地方性。②随着文化研究与新文化地理学研究进一步与媒体、传播学研究相结合，媒介成为建构地方性的一个重要因素。邵培仁认为，媒介可以通过对地方的肯定来建构地方性，但必须依靠所有媒介的共同作用才能达成。③从传播与媒介地理学的视角分析，地方的意义是可以重新设定和赋予的，也是变化的和可强化的。地方被理解为行为发生的场所，也是个人主观感知形成的一种总体印象。

在现代性的语境下，乡村旅游的发展使乡村的地方性面临着前所未有的机遇和挑战，学者们对此做了相关研究。葛荣玲以一个西南屯堡村落为例，从景观人类学的研究视角，分析了其景观生产的过程及当地村民的地方感重塑，他认为现代化的生活方式重构了当地的社会关系，人们必须理解它、适应它，并从中找到新的生活逻辑。④作为一种地方表达形式，乡村地区在中国具有不同寻常的意义。乡村旅游的发展应充分考虑当地居民的参与、传统文化的融合与地方特色的传承。然而，在全球化和旅游商业化的背景下，乡村的地方性逐渐消失，有些甚至已经被商品化为一种消费产品。因此，学者们呼吁要关注乡村旅游社区的地方性，从而引导乡村旅游内涵式发展。曹兴平探讨了文化乡村旅游社区参与及实践的新途径，尤其强调了乡村地方性在文化乡村旅游社区形成中的作用。⑤孙九霞、马涛探讨了旅游发展中族群文化的"再地方化"与"去地方化"，认为在旅游的适度发展下，社区"再地方化"与"去地方化"是并存的。⑥周尚意指出，在旅游开发中要关注文化系统的协调改变，否则会带来地方文化整体性的破裂。⑦冯广圣指出，乡村旅游传播给

① 高权、钱俊希：《"情感转向"视角下地方性重构研究——以广州猎德村为例》，《人文地理》2014年第4期。
② 姜辽、苏勤：《旅游对古镇地方性的影响研究——基于周庄的多案例考察》，《地理科学》2016年第5期。
③ 邵培仁：《地方的体温：媒介地理要素的社会建构与文化记忆》，《徐州师范大学学报》（哲学社会科学版）2010年第5期。
④ 葛荣玲：《景观的生产——一个西南屯堡村落旅游开发的十年》，北京大学出版社2014年版，第1—17页。
⑤ 曹兴平：《文化绘图：文化乡村旅游社区参与及实践的新途径》，《旅游学刊》2012年第12期。
⑥ 孙九霞、马涛：《旅游发展中族群文化的"再地方化"与"去地方化"——以丽江纳西族义尚社区为例》，《广西民族大学学报》（哲学社会科学版）2012年第7期。
⑦ 周尚意：《人文主义地理学家眼中的"地方"》，《旅游学刊》2013年第4期。

乡村旅游社区文化的发展带来了深刻的影响，"去地方化"与"再地方化"的现象在乡村旅游发展中出现更迭或交叉。①

总之，国内关于地方性及地方性建构的研究自 20 世纪 90 年代以来已取得了一定的研究进展，但成果还主要局限于理论的引荐和应用方面。首先，在地方性理论研究方面，国内的研究主要引用的是国外较成熟的理论成果，未形成自身独有的理论。其次，在研究对象上，主要以旅游目的地、游客、旅游地居民为三大研究对象，忽视了对其他群体的关注。再次，研究方法上，主要偏向于统计分析等定量方法，忽视了人文科学的其他研究方法。复次，在研究视角上，主要集中在人文地理学和旅游人类学方面，忽视了传播学在这一领域中的学术关照力，媒介地理学在这个方面有一些尝试，但研究不够深入，比如，媒介是如何介入空间，并通过空间实践建构地方认同，又通过一系列空间行为——景观生产和社会交往来强化和内化这种认同的。最后，关于乡村旅游社区地方性建构的总体研究较少，缺乏深入而系统的讨论，研究视角和研究对象比较单一，使得乡村旅游的地方性研究并未向深层次发展。

（三）社区传播

1. 社区研究

社区是社会学和传播学研究的重要概念。滕尼斯（F.Tonnies）认为社区是"一种原始的或者天然状态的人的意志的完善的统一体"②。滕尼斯对社区的理解侧重于组织，社区既是地域性联合体，也是基于地缘、血缘和情感认同的共同体。麦基文（Mcllwain）主要从地域性概念出发来理解社区，他认为社区是人类共同生活的区域。③ 帕克（R.E.Park）则认为，社区不仅是一个地域上的概念，也是一个组织上的概念，主要指一定地域范围内人群和组织制度的集合。他从以下三个方面对社区进行了界定：第一，以区域组织起来的人群；第二，他们程度不同地深深扎根于居住的地盘；第三，生活在多种多

---

① 冯广圣:《"去地方化"与"再地方化"：乡村旅游传播对村庄社区文化的影响》,《新闻界》2014 年第 23 期。

② ［德］费迪南·滕尼斯:《共同体与社会》,林荣远译,北京大学出版社 2010 年版,第 2—6 页。

③ Maclver R. M.,*Community: a Sociological Study:Being an Attempt to Set Out the Nature and Fundamental Laws of Social Life* ,London:Frank Cass Publishers,1970, pp.15-20.

样的依赖关系之中，这种相互依存关系与其说是社会的，不如说是共生的。[1]
帕克关于社区的理解对中国的社区研究产生了重要影响，绝大多数学者都认
为社区不仅是一个地域概念，也是一个组织概念。我国最早对社区展开研究
的是费孝通，他认为社区就是指在一定地域范围内，由一定数量的社会群体
或社会组织集聚形成的在生活上相互联系的集体。[2]

　　这种关于"社区应当是什么"的讨论强调的是社区的本体论意义，即社
区究竟是"实体社区"还是"关系社区"。传统观念认为社区是一种客观存在
的实体，其间的关系是自然、共生的，不可化约。第二种社区观认为社区是
一种社会/网络关系，最早可追溯到齐美尔（G. Simmel）。他们认为社区不再
是一个固定于某一空间的实体存在，而是一个关系化的存在，关系到人的社
会性生存问题。谢静提出，从目前城市和社区建设实际来看，以关系而非实
体的观念来理解社区更有现实意义。[3]从方法论层面认识社区，社区就成为研
究其他社会问题的切入点，是一种新的研究范式，其实质是希望通过"社区"
研究"社会"。

　　随着乡村旅游的发展，很多民族地区的传统乡村变成了乡村旅游社区。
孙九霞等认为，旅游社区是指旅游目的地、旅游风景区内及其周边与旅游活
动较为密切的社区。[4]郭华认为乡村旅游社区是基于旅游发展的需要在乡村形
成的一个社会生活共同体，通常表现为自然村落。[5]龚伟提出，乡村旅游社区
首先是一个乡村社区，主要以旅游及相关产业为主要产业构成。[6]国内关于乡
村旅游社区的界定比较模糊和随意，大多都是基于自己研究需要的一个概念
界定，缺乏统一的定义。在本书中，乡村旅游社区被理解为既是一个实体社
区也是一个关系社区，实体社区强调的是研究对象具有实体空间边界，关系
社区强调的是研究对象的关系属性，是一个关系网络。乡村旅游社区相对于

①　王小章：《何谓社区与社区何为》，《浙江学刊》2002 年第 2 期。
②　娄成武、孙萍：《社区管理学》，高等教育出版社 2012 年版，第 3 页。
③　谢静：《社区：传播的构成》，《苏州大学学报》（哲学社会科学版）2015 年第 3 期。
④　孙九霞、保继刚：《社区参与的旅游人类学研究——阳朔世外桃源案例》，《广西民族学院学
　　报》（哲学社会科学版）2006 年第 1 期。
⑤　郭华：《制度变迁视角的乡村旅游社区利益相关者管理研究》，博士学位论文，暨南大学，
　　2007 年。
⑥　龚伟：《空间视野下的乡村旅游社区空间演化研究——以 Q 村和 Y 村为例》，博士学位论文，
　　华东师范大学，2014 年。

传统社区而言，已经被卷入了更广泛的社会联系中，村庄的自然景观、经济结构、社会关系和制度文化都发生了相应的变化。

另外，本书的社区研究既包括本体论意义的"社区"研究，也包括认识论意义层面的"社区研究"，即研究社区的空间实践和传播如何重构乡村旅游社区的地方性。从本体论出发，乡村旅游社区不是一个固定的自然实体，而是一个需要行动者参与协作、积极构建的关系性网络空间。从认识论出发，空间实践和社区传播是构成乡村旅游社区的过程，通过空间实践和社区传播的相互作用，建构乡村旅游社区的地方性。一是打造乡村旅游社区的景观空间，构成乡村旅游社区的基础架构；二是编织人际传播网络，形成乡村旅游社区的交往空间；三是通过媒介建构传播网络，形成乡村旅游社区的媒介空间。因此，本书的重点不在于探讨"社区中"的传播，而在于分析空间实践和社区传播如何建构乡村旅游社区的地方性。

2. 社区传播研究

传播与社区的互动关系是早期社会学研究的重要课题，也是传播学关注的重要话题。帕克最早把社区概念引入传播学，他认为文化和传播是缔结社区的重要途径。[①] 施拉姆（Schramm）指出："没有传播，就不会有社区；同样，没有社区，也不会有传播。"[②] 帕克和施拉姆都肯定了传播对社区形成的重要性，但这只肯定了社区与传播之间的关系，二者之间是如何产生关系的却没有展开深入讨论。对于大多数社区研究者而言，相对于经济、政治等因素对社区的影响，传播显得不那么具有紧迫性。

我国的社区传播的研究主要集中以下三个方面：一是关于"社区的传播"的研究，主要把社区作为研究传播问题的一个先验事实性存在，认为传播是构成社区的一个要素，主要研究传播在既定社区中发挥的作用，比如农村社区中的信息传播研究、社区的健康传播研究、少数民族社区中的传播研究等。二是关于"社区传播"的研究，主要探讨了社区媒介和非媒介系统的传播方式，以及对社区的影响，比如社区中的空间研究、新媒体在社区传播中的应用研究。三是关于"传播如何构成社区"的研究，这方面的研究以复旦大学

---

① 柯泽·帕克：《社会学理论中的传播思想及其反思》，《武汉大学学报》（人文科学版）2013年第12期。

② ［美］施拉姆·波特：《传播学概论》，陈亮译，新华出版社1984年版，第3页。

的谢静为代表，她提出了"传播构成社区"的理论，认为社区并不是先验存在的，而是通过传播形成的行动者网络，通过传播，空间与人发生了联系，形成意义之网，使得社区成为一个充满意义的地方。她从三个层面阐释了传播构成社区的机制和方式：一是传播互动行为编织了社区人际网络，这是社区网络构成的基础，尤其强调了社区公共空间、公共事件作为社区传播媒介在社区人际网络形成中的重要作用。二是从共同体的角度看待社区，认为传播建构了社区意义网络。三是认为传播将人类和非人类行动者联结起来，从而构成了行动者网络，这是真正统一的社区网络。①

总体而言，社区传播研究在我国取得了较丰富的研究成果，尤其是关于社区的传播的研究，成果比较突出，但关于传播如何构成社区的研究明显不足。另外，国内学者关于社区传播的媒介分析也主要集中在大众媒介层面，对其他社区媒介因素关注不够，比如空间作为媒介在社区传播中的作用机制。因此，如果要探讨传播如何构成社区、如何构筑地方意义，我们不得不考虑空间等媒介因素的介入，"从传播的角度来看，空间不仅为传播提供了特定的环境，而且许多传播行为本身也是空间实践行为，社区传播与空间实践密不可分"②。本书将空间与传播结合起来，致力于探讨作为空间实践的社区传播如何对地方赋予意义，从而建构乡村旅游社区的地方性，拓展社区传播的研究视角。

五　研究内容

（一）核心概念

本书主要涉及的三个基本概念是地方性建构、空间实践和社区传播，本节主要对这三个概念做简单的梳理。

1.地方性建构

如何理解地方性建构，涉及人文地理学、人类学、社会学和文化研究中关于地方及地方性的阐释。20世纪70年代，段义孚将地方（place）引入人

---

① 谢静：《社区：传播的构成》，《苏州大学学报》（哲学社会科学版）2015年第3期。
② 谢静：《地点制造：城市居民的空间实践与社区传播》，《新闻与传播研究》2013年第2期。

文地理学研究的前沿，他认为 place 是被人类赋予了意义的空间。在《空间与地方：经验的视角》一书中，他这样写道：

> 长期居住于某地使我们能够熟悉该地，然而，如果我们不能从外部审视它，或者基于自身的经验反思它，那么它的形象就缺乏清晰性。而如果我们只是从外部——通过游客的眼睛或者阅读指南中的介绍——知道某个地方，那么这个地方就会缺乏真实意义。这是善于制造符号的人类的一个特征。人类可能强烈地依恋于规模大的地方，例如一个国家，但是他们对于这样的地方只有有限的直接经验。①

从哲学角度来讲，地方是人类获得自我认同的一个重要依据，是人类获得"在世存有"（being-in-the-world）的一种手段。② 段义孚认为"可以用各种方式定义地方"，"地方有不同的规模。在一种极端情况下，一把受人喜爱的扶手椅是一个地方；在另一种极端情况下，整个地球是一个地方。故乡是一个中等规模地方。它是一个足够大的区域（城市或者乡村），能够支撑一个人的生计"。③ 艾尔斯（Eyles）认为地方是充满意义且不断变化中的社会与文化实体。④ 蒂姆·克雷斯韦尔（Tim Cresswell）则认为地方是"有意义的区位"（a meaningful lication）⑤，阿格纽进一步指出，"有意义的区位"包括三个维度，即"区位、场所和地方感"⑥。

从旅游与地方的关系视角出发，"地方性"通常被认为是一个地方区别于另一个地方的独特性，这种独特性即体现在地理环境方面，也体现在文化内涵方面。从旅游开发的角度而言，它决定着一个地方的旅游吸引力。因此，唐文跃认为："旅游开发是一个挖掘、构建能吸引旅游者前来旅游的地方性的

---

① ［美］段义孚：《空间与地方：经验的视角》，王志标译，第 14 页。
② 葛荣玲：《景观的生产：一个西南屯堡村落旅游开发的十年》，第 2 页。
③ ［美］段义孚：《空间与地方：经验的视角》，王志标译，第 122 页。
④ 吴炆佳、袁振杰：《商品化、主体性和地方性的重构——再造的西双版纳傣族园泼水节》，《旅游学刊》2013 年第 4 期。
⑤ ［美］Tim Cresswel：《地方：记忆、想象与认同》，徐苔玲、王志弘译，群学出版有限公司 2006 年版，第 5—197 页。
⑥ ［美］Tim Cresswel：《地方：记忆、想象与认同》，徐苔玲、王志弘译，第 5—197 页。

过程。"① 雷尔夫（Relph）把地方性等同于"地方意义"，认为地方意义（place meaning）是人们赋予地方的象征意义，是地方的主观属性。② 后现代地理学者认为地方是动态的、关系化的，地方性具有多样性和流动性。③

归纳起来，关于地方性的理解主要包括四个方面：首先，地方性是一个地方区别于其他地方的独特性，成为彰显一个区域特殊性的重要概念；其次，地方性是人与地方相互作用而形成的一种地表人文现象，肯定了人的主体建构性；再次，地方性等同于地方意义，不同的人对地方会赋予不同的意义，因此地方性具有主观性；最后，地方性是建构和生产出来的，产生于地方生活实践中。

乡村旅游社区地方性建构的问题没有脱离全球化与城市化这一时代发展背景，全球化与城市化将地方裹挟到更加广泛的社会联系中，这使得原本相对封闭与均质的地方越来越多地处在与"他者"的身份、文化以及实践不断协商和重构的过程之中。在本书中，地方性是一个主观概念，地方性建构即不同的行动者主体赋予空间地方意义的过程。

2. 空间实践

"空间实践"是列斐伏尔空间三元辩证法中的一个核心概念。在列斐伏尔看来，每一种社会形态都处于其既定的社会生产框架之中，而社会的特殊性又塑造了其特定的空间结构，社会、历史与空间三者辩证统一。

第一，空间实践（Spatial Practice）。它包含生产和再生产，以及每一种社会形态的特殊场所和空间特性。在社会空间和社会与空间的每一种关系中，这种结合的连续性和程度在空间的实践中得到了加强。

第二，空间的表征（Representations of Space）。这与生产关系紧密相连，又与和这些关系影响的"秩序"紧密联系，因而也就与知识、符号、代码和"前沿的"关系有关。

第三，再现性空间（表征的空间）（Space of Representation/Represe-

① 唐文跃：《地方性与旅游开发的相互影响及其意义》，《旅游学刊》2013 年第 4 期。
② 韩光明、黄安民：《地方理论在城市休闲中的应用》，《人文地理》2013 年第 2 期。
③ 魏雷、钱俊希、朱竑：《旅游发展语境中的地方性生产——以泸沽湖为例》，《华南师范大学学报》（社会科学版）2015 年第 4 期。

ntational Space）。它具体表述了复杂的、与社会生活隐秘的一面联系的符号体系，这些有时经过了编码，有时则没有，这些同样与艺术（可能最终被定义为一种表征空间符码而不仅仅是空间的符码）紧密联系。①

在这三重关系范畴中，空间的表征暗示空间背后的生产规则与行为规则，这是一种自上而下的空间生产方式；表征的空间关注的是空间的具体使用和意义，有时是对空间秩序的再现，有时呈现出对社会秩序的反抗；空间实践则是实现"空间的表征"向"表征的空间"过渡与转化的一整套方式方法，包括生产空间的行为和结果。所以，列斐伏尔认为，由于任何人的实践都带有社会关系，所以空间实践不仅是一个纯粹的物理行为，而是表征了一种特定的社会关系。空间表征和表征空间两者之间透过空间实践串联和转化，这三个层面的互动呈现了空间生产的过程。

法国当代著名社会学家米歇尔·德塞图（Michel De Certeau）从日常生活实践的研究视角出发，认为"空间实践"是一种向空间加入目的和欲望的操控和享用：

> 我们的研究首先集中于空间的使用、常去一个空间或住在那里的方式、烹饪艺术的复杂程序，以及在强加给个人的环境中建立一种可靠性的多种方式，换句话说，通过向其中加入目的和欲望的多重变化，使环境变得适于居住——一种使用和享用的艺术。②

在德塞图看来，日常生活空间是一个有机会利用可能的资源来进行创造的场所，人们可以通过采用流动的、日常化的实践来进行创造性的生产，从而把由统治精英所掌控的空间赋予新的意义，改造为另一种形态，这种日常空间实践成为构筑自我认同的主要手段。

不论是列斐伏尔还是德塞图，在他们关于"空间实践"的话语体系中，

---

① 李丽芳、邱昊、谢晓霞：《民族文化传播研究》，人民出版社2017年版，第42—43页。
② 吴飞：《"空间实践"与诗意的抵抗——解读米歇尔·德塞图的日常生活实践理论》，《社会学研究》2009年第2期。

日常生活空间都是一个重要的研究领域。他们认为，通过对日常空间实践的分析，可以发现空间被重新赋予意义的过程和机制。在本书中，空间实践作为一个操作性概念，它不仅包括物理性的空间生产行为，也包含了互动、协商与重构的社会交往行为，还包括了各类媒介的空间拓展与建构行为，即物理空间的景观生产、交往空间的话语实践和媒介空间的符号建构。

3. 社区传播

21世纪初期，鲍尔·洛基奇（Sandra Ball-Rokeach）将社区传播定义为在"传播基础结构"（communication infrastructure）环境下的"邻里叙事网络"（neighbourhood storytelling network），包括主流媒体、当地媒体、社区组织和当地居民，他们构成了一个"邻里趣闻轶事讲述系统"，明确表明社区传播不仅包括社区媒介因素，也包括社区中的传播环境因素，它是存在于传播行为周围的所特有的情况和条件的总和，比如社区的工作环境、公共空间、基础设施、交通条件等。传播行动环境对于个人和社区形成强大的完善的趣闻轶事讲述网络有着重要的意义。如图导-2所示：

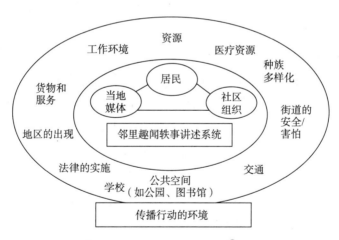

图导-2 传播基础结构[①]

在本书中，社区并非固定和先验存在的实体，而是需要行动者参与协作、积极构建的网络，从这一视角出发，社区传播就不仅仅是在社区中传

---

① 王晨燕：《鲍尔——洛基奇的传播基础结构理论探略》，《现代传播》2008年第2期。

播，而且是通过传播而构造社区的过程。作为空间实践的传播行为建构乡村旅游社区地方性的主要机制体现在以下三个层面：第一个层面是空间生产行为编织的景观空间网络，这是形成乡村旅游社区地方性的外在表征；第二个层面是日常空间实践行为编织的人际交往空间网络，通过日常生活实践赋予行动者主体不同的地方感，这是社区得以维系的基本"配方"；第三个层面则是传播媒介编织的媒介空间网络，通过媒介空间的符号建构赋予不同行动者主体对于地方的认知与想象。总之，本书主要秉承"传播构成社区"的社区传播观念，力图在传播与社区之间建立更为深切的关联，并且把空间实践与社区传播相结合，考察人们如何通过景观空间的生产、交往空间的互动、媒介空间的建构为乡村旅游社区赋予意义，从而建构出自己的地方性。

（二）研究框架

本书在后现代地理学"空间"理论视野下，从建构主义的地方观视角出发，以湖北恩施土家族苗族自治州一个侗族乡村旅游社区为个案，通过对该村历史、生境与空间的分析，以空间实践和社区传播的互动过程为研究切入点，分析该旅游社区物理空间、交往空间和媒介空间的地方性建构过程，进而阐释其深层次的意义，并通过对乡村旅游社区地方性建构的反思，思考构建基于"空间再造与传播重构"的乡村旅游社区地方性建构路径。本书建立了一种从空间视角分析社区传播与地方性建构的理论分析框架，即物理空间的景观生产——交往空间的日常生活实践——媒介空间的符号建构，在这一框架上探讨乡村旅游社区的地方性建构，并以此作为本书架构的依据，在此基础上，将研究成果的主体内容分为五个章节。

第一章：F村的自然环境与传播生态。主要对田野调查点的建置沿革、地理位置、自然条件、经济发展、社会环境等方面进行描述，并从传统传播方式、现代传播方式和空间媒介的传播三个方面对F村的传播历史与现状进行完整的展示，建构一个全息式的乡村旅游社区空间传播生态图。

第二章：物理空间的地方性建构——旅游景观生产。物理空间是乡村旅游社区地方性的物质载体，在乡村旅游社区地方性建构的过程中主要呈现可供传播的意义。本章主要从园林空间的景观生产和建筑空间的符号表征两个方面分析乡村旅游社区物理空间地方性建构的过程。园林景观的空间生产涉及政府、规划师、当地村民的"意义"博弈；建筑景观作为一种符号的空间生产，不仅传递着侗族文化信息，而且是 F 村旅游社区地方性建构的核心要素。

第三章：交往空间的地方性建构——日常空间实践。旅游地空间一方面是基于物质的实体性空间；另一方面是基于人与人之间交往的关系性空间，它承载着乡村交往的社会关系。本章主要围绕乡村日常交往的人际传播网络，分析乡村内部和外部等传播主体的人际交往与传播互动过程，以及这些行动者主体如何通过日常交往强化着 F 村的地方性，并建构出新的地方性。

第四章：媒介空间的地方性建构——媒介的空间拓展与再现。传播媒介通过对空间的拓展制造出新的社会关系与地方意义。本章主要以"媒介对空间的拓展与建构"为切入点，围绕乡村旅游社区传播场域中的传播媒介网络，分析实体媒介和现代媒介对乡村物理空间、日常生活空间、公共文化空间、社会交往空间的拓展，从而影响当地村民的地方性想象与认知。另外，在现代媒介视野中，"地方"也成为媒介表达的主要对象，分析了媒介对 F 村的建构和再现，从而在社会成员中形成对地方的文化理解和记忆。

第五章：空间再造与传播再生——乡村旅游社区地方性建构的路径创新。本章在田野调查的基础上，通过对 F 村旅游社区地方性建构过程的具体分析，讨论乡村旅游社区打破发展"闭锁"效应这样一个更具有普遍性的问题，从而拓展个案，并在此基础上，从理论层面进行乡村旅游社区地方性建构路径创新的探索：空间再造与传播重构。

研究技术路线图如图导 -3 所示：

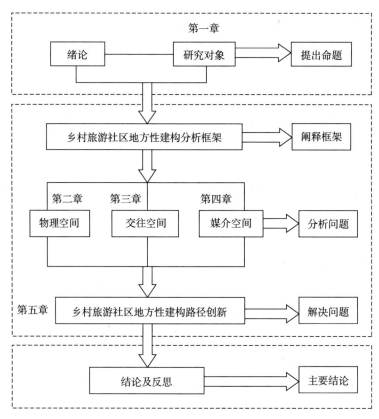

图导－3　研究技术路线图[①]

---

① 本书图表若无特殊标识，均为笔者绘制或拍摄，下文不再表述。

第一章 F村的自然环境与传播生态

第一节 F村的历史与生境

一 F村的区域发展背景

F村[1]位于湖北省恩施土家族苗族自治州恩施市。恩施历史悠久，有丰富的文化资源，是湖北省九大历史文化名城之一。恩施因为拥有罕见的硒资源，被称为"世界硒都"，先后被评为中国优秀旅游城市、湖北省园林城市和全国最具投资潜力中小城市50强。根据恩施州2017年统计年鉴数据，恩施市现有国土面积3967平方公里，16个乡、镇、街道办事处，172个建制村，1688个村民小组，总人口约80.83万人，乡村人口数60.98万人，其中土家族、苗族、侗族等少数民族占38%，城镇化率已达到40%。近年来，恩施将民族特色、地域特色、产业特色和自然特色相结合，鼎力打造恩施大峡谷、恩施女儿会、恩施玉露茶三张旅游名片，使恩施成为著名的旅游胜地。2016年，恩施市旅游接待人数达到1473万人次，比2011年翻了3倍之多，随着航空、高铁、高速等快速交通的进一步完善，恩施的旅游客源地市场拓展到了上海、广州、浙江、河北、河南、湖南等，并在进一步向外扩张。

本书的具体田野点F村位于恩施市芭蕉侗族自治乡。芭蕉位于恩施市西南部，距州城19公里，209国道、恩来—恩黔高速公路、恩咸省道贯境而过，迤逦清江沿乡而出，境内气候温和、四季分明、雨量充沛、终年湿润，属中

---

① 按照研究惯例，本书的研究对象和访谈对象都以拼音字母代替。

亚热带季风湿润气候。芭蕉民族人口主要系世居土家族，明清时期侗族和汉族迁入，现有侗族、土家族、苗族等少数民族人口占总人口的65.91%，其中侗族人口23000人，占总人口的34%，是湖北省12个少数民族乡镇之一。近年来，芭蕉侗族乡坚持把产业发展和富民兴业作为少数民族经济社会发展的出发点和落脚点，建成高效茶园10万亩，生产干茶8000吨，年产值超过5亿元。芭蕉乡以万亩生态茶园景观、极富内涵的恩施玉露茶文化和侗族民间文化为背景，着力推动"茶叶、民族、旅游"对接，成功将枫香坡、庠口、恩施林博园建成全州乡村休闲旅游试点。2009年9月，芭蕉侗族乡被国务院表彰为"全国第五批民族团结进步模范集体"，被国家建设部等单位授予"全国环境优美乡镇"；2011年，被中组部表彰为"全国先进基层党组织"；2012年被中国茶叶学会评选为"中国名茶之乡"。2013年被评为"湖北省新农村建设示范乡镇"；2014年被国家民委表彰为"全国民族团结进步创建活动示范单位"。

二 F村地理位置与自然条件

F村位于恩施土家族苗族自治州首府城市恩施市西南10公里处，距芭蕉侗族乡政府所在地9公里，距离高拱桥集镇1公里。地形西北高、东南低，山岳连绵，呈丘陵特征，多山间小盆地，属二叠纪丹霞地貌，平均海拔500米，是典型的低山村，境内云雾缭绕，山清水秀，远观星斗山，近览朱砂溪。

F村目前形成了较为完备的交通体系，恩来—恩黔高速绕村而过，恩咸公路贯穿南北。从恩施市区到F村的公路全部实现了"黑化"，有专线城际公交车往返前往，票价5元，可以坐到F村寨门下车，途经19个站点，早上6点30分发班，下午6点30分收班。旖旎的芭蕉河、朱砂溪穿村而过，河水清澈见底，是村民的主要饮用水源。F村包括枫香坡、范家坝、金家院子三个村民小组和高拱桥集镇，占地644.7亩，有农户355户，1283人，农家乐13家，其中五星级2家，四星级1家，三星级10家，可一次性接待上千人。

表 1-1　F 村人口统计

村民小组	户数	人口（人）	占地面积（亩）
枫香坡	129	493	386.8
范家坝	118	438	111
金家院	108	352	146.9
总计	355	1283	644.7

（资料来源：2017 年恩施市芭蕉侗族乡高拱桥村统计资料）

　　2007 年起，恩施市以 F 村独有的生态环境和芭蕉侗乡民俗文化为基点，对 F 村进行景观打造。全村统一按"青瓦屋面，飞檐翘角，木门木窗，白脊白墙，咖啡群墙，石头砌坎"设计，彰显侗族特色，并围绕展示民族风情、体验农事活动、品尝农家菜、领略茶园风光四个方面入手，修建了侗族寨门、风雨桥、寨门、萨岁庙、鼓楼、踩歌堂等一系列侗族标志性建筑，并让寨内村民穿戴民族服饰、学说侗族话、学唱侗族歌，形成了浓郁的民族风情。2007 年 4 月 30 日，F 村正式开寨迎客，游客在休闲垂钓、林间小憩、茶园漫步的同时，可以根据季节从事相应农事体验活动。2009 年，中央电视台新闻联播报道 F 村具有鲜明民族特色的生态型新农村建设模式，引起了强烈的社会反响。近几年，《湖北日报》《中国日报》《农村新报》《人民铁道网铁道报》《人民网》《新闻中心中国网》《三联阅读》等媒体都对 F 村进行了报道，使其成为国内知名度较高的乡村旅游示范点。2011 年，湖北省戏剧家协会"送戏下乡"活动来到 F 村，与 F 村农民艺术团同台演出。2012 年，非洲法语国家"实现联合国千年发展目标"官员研修班 27 名学员对 F 村的新农村建设进行了考察。2013 年，香港新闻界高层湖北访问团对 F 村的旅游产业发展情况进行了报道。2018 年，"乐享春天，品味恩施"微博大 V 参观枫香坡景区。媒介、社会知名人士、研究者与乡村和村民的互动，不仅对 F 村的对外传播起到了作用，更是建构了 F 村新的人际关系网络，体现了乡村旅游社区传播的空间实践性。2013 年，F 村通过国家旅游局 3A 级景区验收，现在正在积极申报国家 4A 级景区，每年接待游客 30 万人次，旅游收入突破 1000 万元。2017 年，市里领导高度重视，聘请武汉大学城市规划专业博士团队对 F 村提档升级进行二次规划，新一轮空间生产正在进行，乡村的结构和关系也在进一步解构与重构。

三 F村建置沿革

（一）芭蕉侗族族源

> 芭蕉这地方，因以前曾有很多芭蕉树才得名。现在为什么少有芭蕉树了呢？起先，芭蕉街旁边那条河沿岸长有很多芭蕉树，河岸上有户人家开黑店，店老板后园有根大芭蕉树成了精，凡是在这店子里落脚过夜的人，都被精怪吃了。这样一来，店老板就发了财。有天晚上来了个书生在店里过夜，三更时分他还坐在窗前写文章，忽然从窗外伸进一根长长的舌头。书生忙用手把舌头抓住，随手在舌头上写了一个字。说来也怪，这个舌头很快就缩回去了。第二天早上，书生到后园仔细一看，那根大芭蕉树的心叶上面写了一个杀字，心叶被笔尖划破，还在流血。从此以后，有很多芭蕉慢慢死去，再也没得精怪害人了。传说这书生是观音菩萨派猪八戒变的。芭蕉附近的人，至今仍然喜欢砍芭蕉树喂猪哩！①

这是流传在芭蕉侗族乡黄泥塘村的一个民间故事，讲述了芭蕉乡名字的由来。芭蕉是恩施唯一一个侗族乡村，侗族人口占人口比例为46%。恩施的侗族属于北侗。清朝乾隆、嘉庆年间，恩施实行"改土归流"政策，大量侗族从湖南、贵州、广西等地迁徙而来，形成了今天的恩施侗族聚集区。芭蕉侗族主要有杨、吴、姚、龙、谢、刘等姓氏，分布在王家村、黄泥塘、青龙山、楠木园、戽口等地，主要从湖南新晃、芷江，贵州玉屏、镇远、应江、德江等地迁居而来，清光绪三十年公元纪年《杨氏族谱》记载了这一迁徙过程。文中记载："我祖自江西迁湖南沅州府芷江县，传及数代，迁贵州铜仁府，历数载又迁湖北施南府恩施县南乡，后自南而北。"黄泥村水井湾姚氏墓碑记载："始祖姚宗栋于康熙辛亥十年（1671）生于沅州府芷江县。"黄泥塘二台坪吴氏墓碑记载，其始祖吴启林生于湖南辰州府泸溪县的坪山坡。

---

① 关于芭蕉名字的由来，由姚祖贵口述、姚本志收集整理。

（二）F村隶属沿革

据《高拱桥村志》①记载，清代，高拱桥村归市郭里管辖。民国初袭里甲制。民国四年（1915），设团首，置瓦屋、浪坝2个团首。民国十六年（1927），团防下改设保董，置瓦屋保董。民国二十年（1931），属恩施县第三区署（芭蕉）天桥联保。民国二十六年（1937）起，属芭蕉区治下乡之保、甲。1949年10月，高拱桥地域分属芭蕉区第四堡、第五堡和第七堡。

1949年11月初，暂袭民国建置。新中国成立前期，高拱桥部分区域分属芭蕉区第四堡、第五堡和第七堡。1950年，高拱桥村区域内浪坝、大坡、瓦屋3个乡属芭蕉区。1956年，瓦屋乡及所属5个农业合作社属芭蕉区辖。1958年11月，成立芭蕉人民公社瓦屋管理区，辖黎明大队、红旗大队、更新大队、新民大队。高拱桥当时为黎明大队。1961年，恢复区（镇）建制时，高拱桥是瓦屋公社，只是更新大队更名为新春大队，黎明大队属瓦屋大队管辖。1963年，为贯通恩施—大集公路在区域内修建一座高拱桥，故名。1983年，随地名普查，因当时高拱桥大桥早已建成，就将黎明大队改为高拱桥，新春大队改为青岗树大队，红旗大队改为浪坝大队，新民大队更名为苏家寨大队。1984年，瓦屋公社改制为高拱桥乡，下设四个村：高拱桥村、青岗树村、浪坝村、苏家寨村。1997年因行政机构改革，设芭蕉乡和黄泥塘侗族乡，高拱桥与朱砂溪乡合并为高拱桥管理区，辖高拱桥、青岗树、苏家寨、浪坝、朱砂溪、寒婆岭、剩口河、小红岩、槽狭沟共九个村。高拱桥属朱砂管理区管辖。1999年高拱桥管理区与朱砂溪管理区分开设制为高拱桥管理区和朱砂管理区，高拱桥管理区下辖高拱桥、青岗树、苏家寨、浪坝四个村。2001年，芭蕉乡与黄泥塘侗族乡合并改为芭蕉侗族乡，设高拱桥办事处。2002年10月将办事处改为高拱桥村，是由高拱桥、青岗树、苏家寨、浪坝四个小村合并而成。高拱桥村辖范家坝组、枫香坡组、金家院组、浪沟组、张家堡组、曹家湾组、大坪组、大坡组、堰塘坪组、瓦屋坝组、大岩洞组、白蜡树组、曾家坝组14个村民小组。2007年，芭蕉乡政府着力打造F村为特色侗族风情寨，范围包括枫香坡、范家坝和金家院3个村民小组和高拱桥集镇，景区内现有居民355户，1283人，面积为644.7亩。严格意义上说，F村不是一个

---

① 《高拱桥村志》由恩施市史志办编撰而成，2018年5月定稿。

行政村，而是一个自然村。①

（三）F村文化基础

F村的文化主要由侗族文化和富硒茶文化组成，秉承"茶文化＋民族文化＝旅游经济"的理念，围绕山、水、田、园、村、景，依托本地丰富的自然资源，将侗族文化移植，与本地土家族、汉族等文化融合，形成了独具特色的F村文化环境。

1. 富硒茶文化

芭蕉产茶历史悠久，生产历史可追溯至唐代，史书有"施州方茶"记载。清朝康熙年间，黄莲溪兰庭耀种茶加工，摸索出蒸汽杀青的工艺技术，垒灶加工出名茶"玉露"，远销日本、欧洲各地，成为中国"十大名茶"之一。20世纪50—80年代，芭蕉属于红茶产区，主要制作红茶，少量制作绿茶，80年代末至90年代初转为以制作绿茶为主，20世纪90年代以后，主要以加工优质绿茶为主，让"恩施玉露"走向了世界。富硒绿茶主要销往上海、山东、黑龙江、四川、河南、宁夏、新疆等地区，富硒工夫红茶畅销俄罗斯、欧盟等国家和地区。

芭蕉茶文化源远流长，茶不仅是生活的必需品，还被赋予了友好、和善、典雅、优美的文化。村里的老年人回忆，以前采茶的时候要唱采茶歌，在田间，采茶姑娘一边采茶一边唱着："太阳出来上山坡，采背新茶送情歌，情哥喝了妹的茶，喜得心里乐呵呵。"现在虽然在田间地头很少看见采茶姑娘唱采茶歌，但采茶作为一种文化被延续了下来，一到春天，妇女们就会聚在茶园，欢声笑语惊醒了整个春天。制茶工艺博大精深，茶师加工需要精湛的技艺，一招一式，优美自然。茶作为一种交流媒介，以茶敬客，在F村也成为一种文化礼仪，不论是亲朋好友，还是外来客人，只要进入主人家门，主人都会敬茶，敬茶分为进门倒茶、坐后倒茶、饭后倒茶。红白喜事的时候，请人帮忙的执事单上，还会安排专门烧茶及倒茶的人，客人到来时，总管就会高喊："来客了，请装烟倒茶!"结婚仪式上，男方还会给女方安排倒茶礼。在F村，还有以茶祭祀神祖的仪式，老人去世后灵堂上要用茶饭，逢年过节要叫饭，

---

① 自然村是由村民经过长时间聚居而自然形成的村，行政村是政府为了便于管理，确定的"乡"下一级的管理机构所管辖的区域。

敬家神也要敬茶。敬油茶汤、以茶代酒、品茶议事，这都蕴含了 F 村独特的茶文化韵味。

图 1-1　穿侗族服装采春茶的妇女

采摘春茶是一年中最具有节气内涵的文化仪式，会举行茶事开园祭。侗族农事有"开秧门""开茗门"等，茶事、麻事、桑事都要"开园"。因此有《栽秧歌》《种茶歌》等。茶歌主要有《倒采茶》《正采茶》《反采茶》《谷花采茶》《桡夫子采茶》《茶园四季歌》等。另外，在春茶期间，人们自觉汇聚到风雨桥上、鼓楼旁、集镇上进行茶叶交易，辖区外的人自觉或不自觉也到这些地方买茶，久而久之在这些地方就形成了茶叶交易的主要场所。同时为了吸引游客，会自发地唱侗族大歌、舞板凳龙、表演茶艺、划干龙船、打板凳拳。

2. 侗族民俗文化。

芭蕉至今还保留了侗族精湛的建筑艺术，侗族标志性建筑物"鼓楼""风雨桥"在境内仍然保存完好，尤其是位于楠木园、戽口两村交界处的九道水风雨桥，历时 150 多年了，桥梁上绘制的二龙抢宝和花鸟图画仍清晰可见。2006 年，在芭蕉集镇修复了一座风雨桥和一幢鼓楼，鼓楼高 15 层，高 24 米，凸显了芭蕉侗族乡的文化身份。2007 年，为了打造侗族风情寨，在 F 村修建了风雨桥和鼓楼，这成了 F 村侗族风情寨的标志性建筑。2014 年，在高拱桥集镇的夷水侗乡又修建了一幢高 56 米的鼓楼，这是目前境内最高的一幢鼓楼，造型美观，气势雄伟，与 F 村和芭蕉集镇的侗族建筑构成了一个侗族文化符号群。

目前在芭蕉境内传承历史悠久、群众喜闻乐见的民间文化艺术节目主要有三棒鼓、花锣鼓、干龙船、舞狮子、板凳拳、板凳龙、侗族拦路歌、侗族大歌、山民歌等。侗族拦路歌是侗族人迎接客人的特殊方式，即喝下拦路酒，唱起拦路歌。侗家人在进入寨子的门楼边设置"路障"拦住客人，饮酒对歌，你唱我答，其歌词诙谐逗趣，令人捧腹，只有主人觉得客人唱好了、喝好了，才会恭迎客人进门。侗族大歌是侗族人特有的歌唱方式，其音量高亢，多声部演唱，令人心旷神怡。板凳拳是侗族杨姓家族世代相传的一种民间武术，其动作优美，极具观赏性，讲究以柔克刚，从而达到抵御外侵、强身健体的目的。板凳龙由板凳拳演变而来，故称"板凳龙"，以一种长板凳为道具，一人一条，人员可多可少，然后一条接一条舞起来，像一条巨龙，板凳龙的动作绝大部分是时而盘旋上柱，时而翻云覆海，时而温顺可爱，时而咆哮如雷，是侗族人最常见的一种娱乐方式，男女老少皆宜。这种娱乐方式在芭蕉流传近百年的历史，是侗乡人民在佳节喜庆之时经常表演的节目。花锣鼓是 F 村境内传承数百年的一种吹打乐式，主要用于红白喜事，白事使用最多。山民歌主要包括山歌、"陪十弟兄歌"、"陪十姊妹歌"、薅草锣鼓、劳动号子、采茶歌等。山歌多半是情歌，行路时边走边唱，如"我在河边打一望，只见情妹洗衣裳，情妹听我把歌唱，棒槌打在妹手上"。薅草锣鼓是当地村民在薅草时打锣鼓助阵，用以解除劳动时的疲劳。

F 村境内侗族、土家族、汉族、苗族等民族聚居，经过数百年的民族融合和演变发展，大部分民俗逐渐趋同。飞山神是侗族人的信仰，侗族人在小聚集的地方建有飞山庙，飞山庙供有飞山公的神像，在芭蕉的犀口村、黄泥塘村等地建有飞山庙。侗族人还信奉还烛愿、敬小神子。侗族人父母去世后，有口含金银等习俗，然后每年农历二月社节前要到坟前进行祭奠，满三年时叫圆坟，实际是一种二次埋葬，这些民俗活动与土家族相同。

3. 侗族饮食文化

芭蕉侗族的饮食文化自成一体，大致可用"杂""酸""欢"三个字来概括。"杂"，芭蕉侗族人常见饮食不少于 100 种，天上飞的，水里游的，地上长的，草中爬的，只要能吃，无不食取。"酸"，芭蕉侗族人嗜好酸味，自古便有"侗不离酸"的说法，自称"三天不吃酸，走路打倒窜"。"欢"，在芭蕉侗族人心中，宴席上最欢腾，除了客人进寨门时有特殊的迎宾仪式——"拦路酒"外，当客人进门入座后又是换酒"交杯"，又是唱敬酒歌，酒席上还有"鸡头献客""油茶待客""吃合拢饭""喝转转酒"等规矩。清人诗云："吹彻芦笙岁又终，鼓楼围坐话年丰，酸鱼糯饭常留客，染齿无劳借箸功。"这正是侗寨欢宴宾客的生动写照。

另外，巫文化在F村境内也流传悠久，传播使用巫术的有端公、道士和有一定手工艺的人，传播的种类有下阴、上刀山下火海、端铧口、化九龙水、大启大安、短罢子、安胎、还原等，传播方式有法术咒语、划福等。

（四）F村再造的背景

> 我们这里没有几个人是侗族，大部分是汉族和土家族，真正的侗族在黄泥塘，只是当时政府在打造这个村寨为侗族的时候，觉得我们这里地理位置好，再加上村民们也支持，所以这里就成侗族了，我们觉得侗族也好，汉族也罢，只要能够过上好生活就行。

村民F边制茶边和笔者交流着，他说这些带有侗族特色的建筑和景点都是后来建造起来的，以前根本都没有，但手工制作玉露茶确实是真活儿，现在村里会这种制茶手艺的人已经不多了，大部分都是机器制茶。

F村的民族主要为世居土家族，包括土家族、苗族、侗族、汉族，其中侗族人口比例并不高，芭蕉侗族主要集中在黄泥塘、扂口、楠木园等地方。F村作为一个没有侗族文化根基的乡村，为什么要被打造成侗族风情寨呢？为什么选择F村而不是那些原本具有侗族文化积淀的其他乡村呢？在调查的过程中，笔者也专门针对此问题走访了一部人。芭蕉乡政府工作人员说：

> 当时选址在F村还是黄泥塘村确实存在很大的争议，但是为了发展乡村文化生态旅游业的需要，最后还是选择了F村，因为F村占据更为有利的地理位置，不仅离恩施城区近，而且有恩咸省道经过，交通便利，并且村民居住得也比较集中，这有利于统一规划和集中展示，再加上F

村的自然环境相对比较好，有山、有水、有田、有茶园，这有利于挖掘和开发。

村民对乡政府选择 F 村作为侗族风情寨打造，他们却有不同的看法，村民 L 认为，F 村以前属于芭蕉乡，跟政府亲一些，所以政府更愿意投资，黄泥塘以前属于黄泥塘乡，后来才与芭蕉乡合并。政府和村民对于选择 F 村打造为侗族风情寨的解读虽然不尽相同，但我们却能发现 F 村确实是一个再造的村庄，不仅带来了空间的重构，而且对于村民的民族身份和文化认同都产生了很大的影响。

2007 年，恩施市芭蕉侗族乡党委、乡政府着手打造 F 村为侗族风情寨，并于 2007 年 4 月 30 日开寨迎客，被国家旅游局命名为"全国农业旅游示范点"，省民宗委领导多次到 F 村调研，将 F 村作为"616"对口支援的民族团结进步示范村，分三年给 F 村乡村旅游投入 400 万元。在政府的支持与引导之下，F 村完成了空间的重构。当地村民对于这种移植而来的侗族文化既感到新奇，也感到茫然。村民 F 告诉笔者：

> 在刚刚开寨的几年里，我们觉得好玩儿，经常会穿政府发给我们的那些侗族服装，但之后大家都不怎么穿了，只有在接待、表演等隆重礼仪和正式场合才会穿。主要我们不是侗族的，穿着这些衣服还是蛮不好意思的，虽然好看，但不方便，也不适合天天都穿着。

另外，F 村村民以前主要是汉族，还有一部分是土家族，只有很少一部分是侗族，为了配合乡里发展乡村旅游，村干部于是挨家挨户地给村民做工作，宣讲民族文化风情寨建设的各种利好，在政府所许的乡村发展愿景下，很多村民改变了民族身份，这使得 F 村侗族人口比例大大提高。在笔者能够看到的官方统计资料上，F 村现在侗族人口所占的比例为 42%。村民 F 是个年轻姑娘，在村里经营着一家农家乐，她告诉笔者：

> 我以前就不是侗族的，后来政府来做工作，我就改成了侗族，其实也没有什么，我们寨子里开农家乐的大部分人都改成了侗族，外面的人

来旅游最先接触到我们嘛，蛮好的，发展旅游让我们这些年轻人不出去打工也能挣到钱，现在只希望生活越来越好。

在访谈中，笔者发现一部分村民对自己的民族身份变更并没有什么异议，这在一定程度上体现了内地少数民族地区在文化大融合过程中的一种常态，另一个方面也说明商业化的因素在乡村更具有说服力。

陈心林认为："在一个原生文化社区中，人们的文化认同纽带基本是原生的；而在一个文化移植之地，人们对文化'真实性'的感受则会根据场景的差异性呈现出多义性特征。"[①]F村作为一个再造的空间，人们关于文化是否"真实"的认知确实存在一定的差异，这种对于再造文化真实性的判断直接影响了当地村民对于地方性的认知。C是寨子里一个农家乐的服务员，非常健谈，也对自己身为侗族人感到很自豪。

笔者：你说你是侗族的，那你了解你们侗族的文化不？

C：了解呀，我们侗族人喜欢吃酸的，我还会跳侗族的舞蹈，唱侗族的歌曲。

笔者：你在哪儿学的呀？

C：专门请了老师来教我们的，前几年天天晚上一起练，寨子里好多人都会。

笔者：你们为什么愿意学侗族歌舞呢？

C：因为我们这里是侗族呀，外地人来了，需要我们表演，我们就必须会跳才行，要不然大家就不会再来了。以前我们在艺术团的时候，每周六、周日都有专门的表演，但这几年不跳了，因为赚不到钱，养不活艺术团里的这些人。

笔者：你们平时经常跳不？

C：有时候跳，有大型接待或者客人要求我们就会跳，还会开寨门迎客。

---

① 陈心林：《村落旅游的文化表述及其真实性》，《西南民族大学学报》（人文社会科学版）2013年第11期。

笔者：大型接待和客人要求是什么意思？

C：大型接待就是政府接待，客人要求就是客人出钱表演。

F村因为旅游而发生积极变化，从中受益的村民极力推崇这种再造的"真实文化"和空间，认为F村所展示的日常生活和文化具有原真性，并以此来强化对游客的吸引力。但旅游业的发展又使得社区内部开始发生贫富分化，一些并未从旅游开发中获益或获益很少的人并不认同这种文化的原生性。Z是我在踩歌堂遇见的一位老人，70多岁，靠种植茶园生活，儿子们都在城里打工。他如是说：

> 这种旅游发展只是给部分人带来了好处，那些跟政府走得近的、会说政府好话的人最受益，我们还是跟以前一样，什么侗族不侗族，我看都是瞎扯。

F村的空间再造体现了一种自上而下的具有浓厚政治和商业背景的建设思路，它本身缺乏侗族文化生存的根基，在将异地文化采借过来的过程中，注重的更多是符号层面的外显，通过对物理空间的重构传递着一种"舞台的真实"，缺乏了村民日常生活空间的滋养。大多数本地人对这种展演的文化和重构的空间都显示出一种陌生感。在原生侗族文化缺失的情况下，F村呈现给游客的空间是人们根据自己社会语境的现实需要所进行的发明和建构，这是一个可参观的消费主义空间，构成了重要的乡村旅游社区传播形式。

四　F村社会环境

（一）经济发展情况

中华人民共和国成立以前，F村封建土地所有制、自耕农土地所有制并存，地主、富农垄断绝大部分生产资料，其他社会阶层仅有小块私有地。中华人民共和国成立以后，实行土地改革，废除封建土地所有制，建立农民土地所有制，广大农民获得耕地，实现耕者有其田，通过互助社、农业合作社、人民公社化，调整生产关系，确立三级所有、对为基础的农村经济管理制度。

20世纪80年代初起，推行家庭联产承包责任制，分田到户，建立统分结合、双层经营模式，调整生产关系和产业结构，生产力进一步释放，经济全面发展。20世纪80年代初起，非公有制经济得到恢复发展，新兴经济形态应运而生，弥补公有制经济短板，农闲外出务工人员渐增。20世纪90年代，出现农民工外出务工潮，加速向第二产业、第三产业转移。

改革开放以前，F村一直延续着传统的农业生产方式——水稻种植，20世纪90年代中期以后，在稳定水稻种植等粮食生产的基础上，调整产业结构，充分利用域内土壤肥沃、水源充足、气候适宜等优势，大力发展茶叶产业和旅游产业，鼓励药材、果蔬种植和家禽养殖，实施多种经营。2006年以来，随着新农村建设的全面推进，将特色农业、茶叶产业与乡村旅游业有机结合起来，开启了F村经济发展模式的新篇章。2010年，根据市委、市政府打造"仙居恩施"，建设八大生态走廊计划，进一步加大投入和开发力度，旅游收入实现126万元。旅游业的发展也促进了茶叶产业的发展，2013年，全村茶叶种植达到8116亩。

图1-2 手工制茶老人FJS

随着媒体技术的发展以及电商平台在村里的进驻，现在有少部分年轻人也开始在网上经营茶叶和农产品等，并通过网络渠道宣传F村的乡村旅游。

老人 FJS 是村里为数不多的会手工制茶的人，他主要负责在家里制茶，女儿注册了一个微店，专门在网上销售这种手工玉露茶，价格比一般的茶叶价格要贵，但很受大家欢迎。老人认为手工制的茶香味更浓，可冲泡的次数更多，颜色也漂亮，所以有很多人更愿意购买这种手工茶。这反映出 F 村网上经营意识的苏醒，是城市经济模式对乡村的一种渗透，给乡村经济发展带来了无限的生机和可能。

（二）学校教育

芭蕉乡素来重学重文，清光绪年间建有私塾。至 1949 年，有私塾 70 余所，国立、乡立、保立等官学先后有 20 多所。先后设立中专师范和小学、初中、高中等，各级学校齐全。1944 年，湖北省女子第四高级中学迁到芭蕉镇中学。20 世纪 90 年代，中小学布局调整，一些边远乡村小学撤销，整合成中学。

中华民国时期，教育场所主要为私塾、保甲学校，私塾先生和教师均为聘请，学生多来自家境殷实之户，办学经费主要有学费支撑。启蒙教材有《三字经》《百家姓》《千字文》《幼学琼要》等，程度高一点有《四书》《五经》《史论》等。另教学礼节，女生增读《女儿经》《幼儿经》《教儿经》。第一所公立学校创办于 1953 年，校址在屯铺（堡），叫屯堡小学，后来迁址到椊杆堡，即现在 F 村所在区域，名黎明小学，1984 年定为高拱桥中心小学，1990 年撤销高拱桥中学，高拱桥中心小学迁往中学校址，2008 年 5 月 28 日，更名为高拱桥民族小学。整个校园占地面积 5560 平方米，教师 14 名，合格学历 100%，学生 291 人。其中少数民族占 95%，学校服务半径 3 公里左右，最远的有 5 公里。2013 年 9 月新建的三层教学楼正式投入使用。学生食堂于 2014 年 9 月份正式投入使用，共二层，460 平方米。

1965 年秋，创建高拱桥中学，校址建于恩施—大集公路旁高拱桥西头，距离 F 村 1 公里左右，办高中班 1 期，学生主要来源于域内初中毕业班。鼎盛时期有教员 13 人，教学班 6 个，校园面积 3400 平方米，建筑面积 1084 平方米。80 年代初期，教学设备简陋，靠集资办学，师生自己动手建校。1991年，被撤销。F 村的学生现在上初中主要去芭蕉中学，少部分学生选择到恩施城里的几所中学读书，由于恩施实行 9 年义务教育户口所在地管理政策，很多学生只能选择到芭蕉初中上学。

F 村现有 1 个幼儿园，2008 年 5 月，高拱桥村女青年向红英在高拱桥集镇创办第一家私人幼儿园，2009 年 2 月，高拱桥村女青年陈宗梅接手续办向红英私人幼儿园，是时有 3 个班，幼儿 80 余名，教师 4 名，租用向红英私宅做校舍。截至 2013 年年底，幼儿园发展到 4 个班，有幼儿 140 名，园长 1 人，园长助理 1 人，专业教师 5 名，保育员 4 名，司机 2 人，厨师 1 人。通过调查，笔者发现村一级别开设幼儿园的不是很多，这一方面说明了 F 村村民对教育的重视程度很高；另一个方面也说明这个村城镇化水平高，村民的现代意识较强。

另外，我们也可以从访谈中发现 F 村的村民非常重视下一代的教育问题，当被问及对子女有什么期望时，"考上大学""找份好工作"几乎是所有被访者一致的答案。在 F 村，对教育的重视主要表现在对教育的投入上。因为 F 村离恩施城区比较近，很多家庭选择把孩子送到城里去读书，他们告诉笔者，因为城里教育质量要好一些，并且孩子接触到的东西也更多，能够打开孩子的视野。在我乘坐公交车前往 F 村调研的路上，会经常碰见去恩施城里接送孩子上学的家长，城乡之间的交流互动频繁而日常。

（三）社会习俗

社会习俗是人们自发形成，并为社会大多数人经常重复的行为方式，包括衣食住行、婚丧嫁娶、岁时节庆、生产活动、宗教信仰、文化娱乐等方面。它是一个社区的物质文化和精神文化在日常生活中的反映，这些日常生活的传统习俗便成为本民族、本地区文化延续、传播的一个重要途径或载体。这些日常生活中的风俗礼仪都属于非语言传播，正如人类学家沙勃所说：非语言性传播是"一个精心设计的暗号，虽然没有写出来，也没有人知道，但大家都了解"[①]。

F 村侗族、汉族、土家族、苗族等民族聚居。明代、清代以来，各民族相处和谐，早期拥有各自不同的生产生活习俗，经过数百年民族融合，演变发展，除保持特有文化传统外，大部分民俗逐渐趋同。宗教信仰主要有道教、佛教、儒教、祖先崇拜、巫文化。此外，各民族迄今保有各自特殊信

---

① 孙信茹：《少数民族丧葬礼仪——一种独特的文化传播方式》，《广西右江民族师专学报》2000 年第 9 期。

仰。侗族信仰飞三神、还烛愿、敬小神子；土家族敬奉祖先向王天子、崇拜白虎，以白虎为图腾；苗族敬奉祖先形式内容为祭祀鬼神，有大牛愿、小牛愿、猪愿等。节庆习俗有岁时节令、灯火庙会、生产生活习俗、生育习俗等。

丧葬活动本质上是一种社交活动，构成了一个仪式空间，使葬礼成为死者家庭、族人、村人围绕死者一道参加的民族礼仪和文化演习活动。丧葬活动时，在告丧、奔丧、哭丧、发丧、送葬、下葬等环节中，形成了一整套仪式。通过调查和观察，笔者发现 F 村的丧葬仪式带有明显的地域特点，无法确定出其具体的民族归属，但绝大多数村民认为这是土家族的葬礼，主要的形式风俗有开路、叩茶、回秧、报七、堂祭、出殡、路祭、复山、择地、缴灵和送终、烧落气纸、送葬、接禄米、打绕棺、坐夜、跳丧等。在 F 村，死者安葬后，都会修墓立碑，碑文内容各不相同，但意义差不多，主要是为了方便后辈寻根溯源，富有浓郁民族文化气息和地域特色。F 老人告诉笔者，"破四旧"的时候，这些丧葬仪式都被取消了，提倡节约办丧事，直到 20 世纪 80 年代以后才重新恢复，但 F 村是国家划定的火藏区，所以现在大家更倾向于新式葬礼。新式葬礼一般是 3 天即葬，殡葬期间，多以花锣鼓，唱孝歌陪灵，跳"萨尔荷"，伐鼓踏歌，端死者遗像前行。殡仪礼堂演奏和播放现代时尚音乐、歌曲或者死者生前喜欢听的歌曲。在 F 村，有个不成文的规定，那就是"红事请就到，白事知道就到"，丧葬活动成了人们一种日常交流的方式。F 村的丧葬活动有坐大夜的仪式环节，这个时候朋友和亲人就会聚在一起，叙叙旧情，拉拉家常，甚至商讨一些婚姻或社会活动方面的大事，互传新近发生的趣事和新闻。在某种程度上说，葬礼成为一种联络村民之间的感情、建构成员身份认同的一种重要方式。

另外，F 村有过年和过社的习俗。过年分为过小年和团年，还有过初一、过上九日、过十五。过小年在腊月廿四日，当日要备下丰盛的酒菜，家人一起聚餐。团年，一般都会提前一天过年，谓过赶年，腊月大，三十团年；腊月小，二十九团年，一般都是中午之后开席团年，现在因为要赶着去第二家团年，也有早上就团年的做法。一大早起来，家里的女人们就开始准备团年饭，男人们忙着挂对联、灯笼、准备团年的鞭炮等。团年饭端上桌，摆上碗、筷、酒杯，倒上酒，先敬家里的亡人，同时在户外燃放鞭炮，谁家鞭炮一响，就会知道这家人在开始团年了，敬完亡人之后全家男女老少一起入席团年。团年过后，一家人或当家人给已故祖人或亲人上坟，烧纸钱，点香蜡，放鞭炮，即使你去给亲人上坟，不去他家里，对方也知道有人来过，因为鞭炮声能够传递出信息。F村的拜年习俗是"初一不出门，初二拜家门（自家爷爷、奶奶、叔叔、伯伯），初三初四拜丈人（即岳父岳母）"。放路烛是F村特有的一种节庆文化，每年正月十五夜幕降临的时候，家家户户都会在自家门口的路边、屋顶、阳台甚至窗台上点燃排列整齐的蜡烛，人们在夜色中、鞭炮声中感受自家的"路烛"，看着旺盛的小火苗，就看到了希望，感受到了勇气。

过社也是F村一个重要的节令习俗，社节是在立春之后，按甲子推算，五戊逢大社，一般过社是在五戊之前，自选日子，接客过社，吃社饭是其中一个重要的环节。社饭用糯米、社蒿、野葱、腊肉肠子、瘦肉丁、豆腐丁等食材做成。F村过社有一天祭礼之俗，即对三年前去世的老人或亲人祭奠，这被称为栏社或圆坟，主要亲戚打花锣鼓、擎旗、锣、鼓、伞、宝盖上坟。上坟时摆上酒菜，点燃纸、烛、鞭炮祭拜。如今，随着F村乡村旅游经济的发展，社饭已经成为各家农家乐立春时节呈现给游人的一道具有民族与地域特色的饮食大餐，而它所具备的文化性、地域性、神秘性和传承性也正在发生着变迁。

（四）政治组织

F村作为一个自然村，在管理层面主要受行政村（高拱桥村）村委会和村支部的管理和领导。高拱桥村党支部现有支部成员6人，其中支部书记1人，副书记1人，委员4人，下设5个党小组，共有党员113人，多次受到州委、市委、芭蕉乡党委的表彰。其中，被授予"先进党支部"称号7次，被授予"十面红旗"党支部1次，被授予"先进基层党组织"称号1次，被授予"五号党支部"称号1次，被表彰为"创先争优先进基层党组织"1次。村组织在新农村建设、服务重点工程、计划生育、社会治安、基础设施建设等发方面发挥了积极地领导和组织作用，并把推进F村旅游发展作为工作重点。村民委员会由主任、副主任和5名委员组成，主要承担人民调解、治安保卫、公共卫生等职责。村委会有办公大厅，还有一流的党员、老年活动室、电教室、图书室和人口学校。

图1-3 F村所在的高拱桥村委会

另外，在F村还有一些群众团体，比如少年先锋组织、共青团组织、妇女联合会、治保民调组织，这些组织在F村旅游村寨建设中都发挥了积极的作用。F村青年利用地域特点，挖掘民族文化，排练极具侗族特色的文艺节目，创办特色餐饮，助力经济发展；全村妇女积极投入乡村发展，争做致富能手，M作为F村妇女典型，成了F村发展的"领头羊"。

第二节 F村的全息式传播空间

从传播的角度来看，空间不仅为传播提供了特定环境，而且许多传播行为也是空间实践行为，传播与空间实践密不可分。因此，从空间实践与社区传播的角度考察乡村旅游社区的地方性建构，必须先对其传播空间进行一个全景式的展示，这有助于了解F村作为一个新型旅游社区传播的历史、现状与未来。本书中对F村传播空间的呈现，采用的是"泛传播"的视野，包括传统媒介空间、现代媒介空间和实体媒介空间。

一 传统媒介的发展与延伸

传播作为一种人类的实践活动，具有历史的延续性，传播技术也是随着人类文化的发展，逐步由低级向高级发展的，虽然今天的人类可以通过各种不同方式进行信息的传递与交流，但另一方面，一个民族或者一个地区传统的传播方式依然具有特殊的价值。近几年，F村实施农村信息化工程，推进广电网、电信网、互联网三网融合，电信通信能力覆盖率100%，电话普及率100%，无线覆盖达到数字化，移动网络、互联网等相继入村，给村民生活带来了极大的便利，此外，F村还有一些传统的传播方式和传播媒介依然在日常空间实践中发挥着不可替代的重要功能，这些传播方式既是村民进行日常信息交流的桥梁，也是村寨传统文化的存储器。

（一）自然符号传播

"所谓自然符号传播，指的是以天然物作为传播符号的信息传播方式。"[①]这是人类社会早期最重要的传播方式。F村较之其他侗族地区，发展进程相对快捷，尤其是近几年乡村旅游业的发展，电视和网络为代表的传播方式已经成为村里最主要的传播方式，但仍然能够在村民的日常生活和生产实践中发现这种以自然物为传播媒介的传播方式，这些自然物通过人们的使用，构成了一种约定俗成的共享意义空间。

在侗族甚至毗邻的其他民族地区，我们依然能够发现当地村民有"打草标"的习俗，即用茅草或稻草制成的蜻蜓或箭头的形状，插入木头上的相应位置，传达特定信息，如危险、通知、所有权和禁止等。村里的老人F告诉笔者：

> 这种草标有不同的类型，插到田间的叫田标，插到水里的叫水标，插到山里的叫山标，只要你在荒地、杂物、柴火或其他物品上打上草标放在一旁，这就表明这些东西已经是你的了，其他人一般不会轻易挪动或拿走。当然，你也不能随意到处打上标，这会让人觉得你蛮自私的，会受到指责。

另外，"栽岩"作为一种自然符号传播方式，在侗族村寨也比较普遍。传统上，侗族人习惯使用种植的岩石作为一致且不可改变的见证物，该方法是

---

① 吴定勇：《侗族传统传播方式研究——基于传播符号运用之维度》，《西南民族大学学报》（人文社会科学版）2010年第2期。

找到一块质地坚硬的长条岩石，通过某种见证仪式，将岩石种植在某处，一头埋在地下，一头露出地面，当地人通常称之为"栽岩"。村里的老人们评价了栽岩的功能：一是作为一种诚信的依据；二是作为地标，表明产权归属。在F村，"栽岩"仍然会在一些场合使用，比如作为山林、田土、茶园的分界线。笔者通过在村里的调查，发现"打草标"和"栽岩"虽然在村寨偶尔还会出现，但使用场合已经不多，用FXL老人的话说，就是现在很多年轻人根本不知道这个"打草标"和"栽岩"，或者即使知道也不会使用，"草标"和"岩石"已经失去了能够进行信息传递的文化共享空间。

（二）人工符号传播

"人工物符号传播，是指以人工物件、器具作为信息传播符号的传播方式。"[①] 在F村的民俗文化馆里，承载着大量传播信息的人造物件，如长鼓、芦笙、水车、瓦枋、响磨等。另外，许多村寨还有自己的鼓楼，这些鼓楼上一般也都悬有长鼓，长鼓在侗族社会中也发挥了重要的传递信息的功能。现今，长鼓的信号功能已经大为减弱，但在一些传统民俗活动中，它仍被人们用来传达集合、集会的信号。F村也修建了一座侗族村寨的标志性建筑——鼓楼，但笔者发现，这个鼓楼只是一个侗族文化的标志，平时村里的人很少上去，一般都是游人上去参观，鼓楼上悬挂的长鼓更只是一种展演性符号，已经失去了其以前在侗族社会中所具有的传达集合信息的功能。

（三）口语符号传播

自从语言诞生以来，口语传播一直是人类日常生活中最经常、最基本、最重要的信息交流方式。通常一个没有文字的族群，其历史的书写全靠口头传承来完成。据《高拱桥志》记载，F村最早的世居民族是土家族，系由明代及明代以前迁入定居，其次就是侗族和苗族，还有汉族，在一个多元民族杂糅的聚居地，F村形成了鲜明地域特色的口头传播方式，除了日常人际之间的口头交流以外，还有歌谣、神话故事、民间传说等几种传播方式，每一次这样的口头表述和口耳相传，都是对一个族群或者地域根性文化的认同与演绎。

---

① 吴定勇：《侗族传统传播方式研究——基于传播符号运用之维度》，《西南民族大学学报》（人文社会科学版）2010年第2期。

图1-4 正在表演山民歌的 FXL 老人

山民歌是 F 村一种比较日常的口语传播方式，主要有山歌、"十兄弟歌"、"十姊妹歌"、薅草锣鼓、劳动号子和采茶歌等。山歌多半是情歌，行路时边走边唱。"十兄弟歌""十姊妹歌"是结婚头天晚上，女方由青少年女子陪新娘唱歌，男方为陪十弟兄，女方为陪十姊妹。"十兄弟歌"和"十姊妹歌"唱词基本一样，现在整个高拱桥村有 260 余首。薅草锣鼓是农民在田里薅草时的一种劳动歌谣，主要为了解除劳动时的疲劳。虽然现在这些山民歌在新的历史语境之下发生了很多变化，但我们还是能够在田间地头看到这种文化传播方式的残存，田间地头的互相"掐唱"就是一种表现形式，但唱词不再是以前的唱词，已经添加了很多现代元素。FXL 村里有名的民间艺人，他的山民歌题材很广，有生活歌、劳动歌、情歌、劝世歌，还涉及不同的音乐风格。在 F 村，唱夜歌是人死后丧葬习俗中的一种坐唱形式，乐器主要是一面堂鼓，打鼓的节奏是咚不隆咚咚，自打自唱，一般唱一个通宵，直到天亮出柩才停止。但随着思想观念的更新以及葬礼习俗的演变，"唱夜歌"的生存空间越来越小。过去，唱夜歌被视为一份邻里乡亲应该奉送的人情，歌师们从不收孝家的钱，因此大多数人家都愿请唱，也请得起。自夜歌走向市场后，办葬礼请人唱夜歌逐渐减少，这样一来，年轻人对夜歌几乎无人问津，所以，"唱夜歌"这一古老的传播方式正面临着逐渐消亡的危机。另外，在 F 村，每逢外地游客或者贵宾到访，F

村农民艺术团还会献上一场原生态侗族歌舞表演，其中的侗族大歌是重要节目之一，在侗族传统村寨，侗族大歌不仅仅是一种音乐艺术，而且是侗族社会结构、婚恋关系、文化传承和精神生活的重要组成部分。虽然侗族大歌在 F 村更多是一种舞台表演，但客观上还是有利于侗族文化在 F 村的传播。村民 F 是 F 村农民艺术团的成员之一，她这样告诉笔者：

> 我们以前哪会唱侗歌哟，政府请贵州的老师专门教我们唱，现在村里很多人都会唱一些了，只要有贵宾来，我们就会出来唱，这也是一种吸引游客的方式嘛。

民间故事作为一种口头传播方式，不仅方便了人们的生产和生活，而且在传播文化方面有着特别的传播效果。F 村有很多流传已久的民间故事，比如关于灵屋的由来，关于一些地名的传说等，这些故事都在民间广为流传，成为当地人们常态生活的有机组成部分。作为一种复杂的文化和传播学现象，民间故事的产生、传播、搜集整理、文本化，以及在不同时代的接受者那里被反复解读、诠释、演绎，甚至成为"貌合神离"的崭新文本形态，每一个环节都深深地打上了时代性的印记。在 F 村，民间故事的传播已经慢慢淡出了人们的视野，只有少数老人还有对这些故事的记忆，作为故事的传播越来越边缘化。

二 现代媒介的入场与退场

从媒介变迁的角度看，人类的传播历程迄今大致可以分为 5 个前后相继又交叉重叠的阶段，即口头传播阶段、手写传播阶段、印刷传播阶段、电子传播阶段和网络传播阶段。本书中所指的现代传播方式是相对于前面所论述的传统传播方式而言的，包括以报纸为代表的印刷传播、以电视为代表的电子传播和以互联网为代表的网络传播，是最近二三十年来由于现代信息传播技术的进步和国家政策扶持，凭借外部力量而"植入"侗族乡村的一种传播方式。这是中国乡村，特别是少数民族乡村媒介发展的普遍现象。

（一）报刊图书的出现

中华人民共和国成立以前，恩施地区只有报纸，没有广播和电视。据考证，恩施地区第一份报纸是《施南日报》，1938年由国民党中央文艺委员会主席陶希圣拨款开办。抗战期间，湖北省委省政府临时迁往恩施，随之也带来了恩施报业市场短暂的繁荣，包括《武汉日报》《新湖北日报》，此外，还有一些私营报纸也开始出现了，比如《大同日报》《楚风周报》《工商日报》，这在一定程度上推动了恩施地区文化、经济和社会的发展，但当时报纸的发行量有限，并且恩施农村地区的识字率很低，并没有撬动恩施被作为大众传播遗忘地的尴尬境地。

中华人民共和国成立之后，报纸、广播、电视等大众传媒逐渐在恩施地区发展起来。1949年11月，《恩施新闻》正式创刊，后来改名为《恩施日报》，作为恩施专区的机关报，这份报纸一直延续至今。1995年，《恩施日报·晚报版》创刊，2001年改版为《恩施晚报》。据不完全统计，恩施地区先后创办了《新华电讯》《鄂西科技报》《信息》《清江日报》等。截至目前，恩施地区主要的报纸有《恩施日报》和《恩施晚报》，发行主要面向当地行政事业单位和相关社会组织。具体到F村，普通村民家中几乎看不到报纸，其主要读者是政府机关的公务员和学校教职人员。在高拱桥村委会服务大厅设有报刊架，免费供人取阅，报纸主要有《农村新报》《恩施日报》《恩施晚报》《湖北日报》《人民日报》《经济日报》，还放有几本杂志，分别是《恩施州人民政府公报》《湖北妇女》《中国人大》《人生》，在笔者调研期间，很少看到前来办事的村民阅读这些报纸和期刊。

图1-5　高拱桥村农家书屋

F村所在的高拱桥村的农家书屋是湖北省民宗委援建的，2017年建立了州数字农家书屋示范点，荣获湖北省"三十佳"农家书屋称号，农家书屋管理员FJW荣获"全国优秀农家书屋管理员"称号。农家书屋内主要有以下几种类型的图书：文化类、科技类、少儿类、生活类、政经类，还专门设置了未成年人优秀读物读书角和廉政读物读书角。书屋里的阅读人群主要是村里的小学生，每周六由老师集中带队到书屋里阅读，并有专门的读书笔记本，这在一定程度上促进了该村阅读氛围的形成。但调查中发现，村民主动看书的意识并不强，只有少数几个人说"去过，但次数较少"，绝大多数人回答是"从来不去"，书屋使用率不高，书的种类也缺乏针对性，带有很大程度的官方介入思维，没有能够真正走进F村人的日常生活，是一种"他们的图书和报纸"。

（二）广播电影的发展

在F村，广播的入场也是伴随着国家政策的强力推进而进行的。恩施地区的有线广播事业在1949年以后才得以发展，F村在1956年建立收音站，开通广播，1958年建立广播放大站，1959年建广播站，1984—1990年，有限广播入户率达到100%，在多快好省建设社会主义、"农业学大寨"和人民公社等运动中盛极一时。从当时的媒介发展情况来看，广播因为其自身的传播优势，弥补了农村受众文化水平不高的弱点，成为最适宜于在农村地区进行有效传播的媒体。村里老年人回忆：

> 当时这些喇叭就装在村头的树干上、电线杆上，我们当时在屋里、田里都能听见喇叭响，村里和队里的事情都是在喇叭里面通知的，有时候还放一些歌曲，还能听到外面的一些事情，毛主席去世的那天，我们就在田里锄地，听到喇叭里说这件事情的时候，我们都哭啦，到现在都记得。

显然，广播作为一种盛极一时大众传播媒体，在乡村的经济和社会发展中，发挥了重要的历史作用，但这也只是辉煌的过去，面对电视媒体的冲击，广播走向了没落。1991年后，F村有线广播逐步下降，1998年，芭蕉乡广播电视大楼落成，有线广播改为地播，靠地播调频收音，信号覆盖整个F村，

2000年后，有线广播停播。在调查中，F村仍有少数村民保持着收听广播的习惯，主要集中在30—50岁这个年龄阶段，收听时间一般在1个小时左右，主要是收听新闻和村里的广播。随着私家车越来越多，不少拥有私家车的村民偶尔也会听一下城市交通台，缓解开车的疲劳。从新中国成立到改革开放的30年间，广播作为国家与乡村村民之间重要的信息传递渠道，是国家在乡村地区进行社会动员的有效工具，但随着国家农村信息发展政策的转变，这种传播媒介难逃退场的宿命，再加上人们媒介使用习惯的改变，广播已经渐渐退出了人们的日常生活。

图1-6　悬挂在墙角的"村村通"广播

　　电影和广播一样，在F村也经历了一段辉煌的时刻。旧中国，F村的广大民众基本不知电影为何物，到了20世纪50年代，高拱桥村等地方有了县电影队的巡回放映，1965年，芭蕉乡组建了国营电影，使用16毫米放映机和三镜头幻灯机，常年在高拱桥各生产大队巡回放映。1974年，高拱桥和朱砂溪联办了芭蕉第一个社办电影队，主要在两社境内放映，每年放映场次达到400场次以上，室内室外座无虚席，是电影在F村最为辉煌的时刻。

　　20世纪80年代中期以后，随着电视机在F村的普及，电影迅速失去了市场。除了政府部门为了"送文化下乡"，偶尔到乡村巡回免费放映电影之外，再也很难见到商业放映队下乡。这其实和中国广大农村的经历相似，电影作为改革开放以前 F 村现代传播媒介发展中较为独特的存在，也是国家在广大乡村地区推进媒介化运动的产物，体现着国家权力对媒介的绝对掌控。在调查中，我们发现，电影作为一种"惠民工程"，近几年在乡村依然有着一定空间，但发展现状也不容乐观，当地的老百姓都说，现在人民的生活好了，家里都有网线，没有网线的也都有电视机，很多东西都看过了，根本没有价值。

（三）电视的普及

1979 年 3 月，恩施建立了第一家电视台，1981 年建成大微波线路，1984 年 8 月成立鄂西电视台，当时主要转播中央电视台的节目，还有少量新闻节目、专题节目儿和文艺节目，但当时电视的收视效果并不令人满意，很多乡村接收不到信号。F 村在 1983 年有了第一台电视机，14 英寸黑白电视机，主要接收市台发射信号，能够收看到 1—2 个台，信号很不稳定。1990 年，收视信号增加到 3—5 个节目，1994 年，收视信号扩至 6 套有线电视节目。现在，随着"地转星"的推进，F 村可以通过"天锅"收看到数十套电视节目，有线电视信号覆盖达到 100%。在 F 村，电视已经成为人们日常生活中的第一媒介，它是他们了解国家事件，晚餐后享受乐趣，打发时间的主要工具。在调查中，笔者统计了村民拥有的电视机数量：所有村民家庭都拥有 1 台电视，其中 16 户家庭有 2 个电视，10 户家庭有 3 个以上电视，这主要是开农家乐的家庭，大多数家庭使用的液晶电视，都接入了有线电视网。村民 F 是村里的一位手工制茶人，那天经过他家的时候，他正在外面的院坝炒茶，而屋里电视正放着湖南卫视的电视剧，于是笔者问他屋里为什么把电视开着，他告诉笔者：

> 我一个人在外面炒茶没得趣，电视放着就是图个闹热，再加上平时也没什么时间可以看，即使有时间，孙子们回来了就得让他们看。不管哪个台，只要有声音就行。我平时主要看中央电视台的节目，这是孙子们调的这个台，我还没时间去换。

在制茶老人的眼里，电视不再是获取信息的媒介，而是一个伴随物品，可以缓解一个人劳动时的孤独与无聊，并且电视已经从"屋里看"走向了"屋外听"，这种空间的位移，带来的不是物理空间的改变，而是建构了一个新的意义空间，电视被赋予了新的功能与意义。

（四）网络的进入

电脑和网络进入F村，是进入21世纪以后的事情。对于绝大多数F村村民而言，电脑和因特网已经不是什么陌生的事物。笔者调查发现，目前F存的网络信号已经全覆盖，当地多达60%的人以上有过上网经历，上网者多数是政府官员、公职人员、农家乐和客栈的老板、茶叶加工和生产者以及学生。村民Z在寨门口开了一家日用百货店，她告诉笔者：

> 村里网络都有，家里也买了电脑，但不是很会使用，更不用说用网络平台来做其他的事情了，以前有专门的人来教过我们，但不经常用也就忘记了，现在主要是手机上网，办个不限流量的，用起来比电脑方便。村里绝大多数人都是手机上网，用电脑的人比较少。村里90%的人都有自己的微信，我们都是用微信交流的。

这和笔者在微信群里的线上观察情况差不多，F村社员群比较活跃，几乎每天都会有人在里面"冒泡"，有的是发表语音，有的是发一些短视频，还有就是村委会干部发布一些通知，村民之间很多日常交流活动都基本在朋友圈完成。在调查中，当问及平时接触最多的媒介的时候，80%的人选择了"手机和电视机"，50%的人选择了"手机"。手机给人们的日常交流带来便捷，并通过微信朋友圈形成了一个新的交往空间，人们的日常生活被赋予了新的价值和意义。

三　空间媒介的混搭与传播

马歇尔·麦克卢汉（Marshall Mcluhan）认为服装、货币、打字机、照片、武器、铁路和飞机等26类工具机器皆是媒介，确立了一种"泛媒介"观念，德弗勒（DeFleur）也提出，媒介是"任何一种用来传播人类意识的载体或一组安排有序的载体"[①]。因此，空间无疑具有了媒介属性。空间作为媒介，传播各种信息，建构社会关系，在空间基础上的传播活动也就很难脱离对社

---

① ［美］德弗勒：《众传播通论》，颜建军等译，华夏出版社1989年版，第25页。

会的构建意义。作为一种空间媒体，乡村本身为我们提供了社会互动的领域。作为媒介的空间不仅反映了不同社会成员之间的关系，而且承载社会关系的空间媒体整合了农村人的文化认同，为处理"我者"与"他者"之间的关系构建了新的视角。一是物理空间的整体布局，包括具体的地理环境、景区规划和建筑外形设计，它们作为媒介的背景因子，成为符号集合体；二是社会空间的人际交流与个人建构。

（一）物理空间媒介

物理空间作为一种传播媒介，通过一系列符号向游客传递各种信息，形成了强大的多层次"符号场"。走进寨门，迎面就会看到广场上那套巨大的"紫砂"茶具雕塑，基座上详细介绍了恩施玉露茶的渊源和特质。从寨门口沿着景区人行道而上，在坡中一片茶园就会看见"茶圣"陆羽的雕像，旁边建有一座凉亭，具有很强的文化表征性。在行步道旁边，根据当地条件，树形栏杆和木质栅栏浇上土黄色的水泥，传达出人与自然和谐相处的信息。护栏板作为一种静态媒介，通过文字和图片的形式，向我们传递了侗族茶文化的发展历史，比如关于茶的诗词歌赋、对联锦句和逸闻趣事。另外，侗文化长廊不仅作为侗族文化的传播介质向我们传递了丰富的侗族文化，而且自身也演变为一种文化符号，向我们展示着 F 村独特的文化内涵。

在 F 村，在村民住宅比较集中的地方修建了戏楼，即踩歌堂，传统上，这里主要用于祭祀活动，但现在的踩歌堂已经失去了其最原始的符号意义，更像一个"再现的空间"。踩歌堂分两层，上面是戏楼，主要作为平时为游客表演节目所使用，有时村里的一些重要会议也会在这里召开，比如村民大会，现在更多的时候是作为村里妇女们跳广场舞的场地。在踩歌堂的下面，有农家书屋、农村青年书屋、电脑推广应用服务站、青年中心和 F 村的共青团支部委员会、党员活动中心。它不仅是村民们日常娱乐的生活空间，也是 F 村农民艺术团的文化展演空间，更是党和国家传达政策的场所。从某种意义上看，这一混搭的公共空间正在建构新的意义。

另外，在 F 村的景观步行道还立着很多宣传信息栏，主要涉及道路交通安全、森林防火、水源保护、健康养生、景区管理制度、计划生育、婚姻观念、法制教育、村务公开和党建宣传等方面，作为一种空间媒介向村民传递着相关信息，并同时向游客传递着乡村现代的生活方式，建构出一种独特的乡村形象。

图1-7　F村踩歌堂

F村有300亩茶园，既是村民进行生产劳动的场所，也是一个重要的交流空间。3月份正是春茶开采的季节，茶园里已经有不少人在采茶，村民们一边采茶一边聊着家常，他们告诉笔者，明前茶是一年中最好的茶，价格可以卖到50块钱一斤，所以这段时间是不会让游客进茶园体验采茶的，一般到了7月份，茶园就会提供给游客免费体验采茶，这传递给我们一个信息：茶园主要还是人们用来进行生计的生产场所，其次才作为一个自然景观向游客开放，正是这样一种与村民日常生活的嵌入，让自然景观具有了符号消费意义。

（二）社会空间媒介

列斐伏尔指出，空间并不是一个，而是许多社会空间，他认为纯物理空间逐渐向社会空间转换，人类逐渐成为社会空间的主体，社会实践逐渐成为社会空间的重要活动。F村旅游社区内不再只是一个单纯的物理空间，更是一个充满了社会实践的社会空间，主要包括公共空间的人际交流互动和个人空间的主体建构。

公共空间是社区内的人们可以自由进入并开展各种思想交流的公共场所，比如村子里的踩歌堂、鼓楼、风雨桥、侗族体育场、茶园、小卖铺等，那是村民和游客们聚集并相互交流彼此的感受、传播各种信息的地方，公共空间作为一种媒介，不仅提供了人们日常交流的场所，而且能够为人们的接触提供媒介，这种接触不限于个体之间的人际接触，而是指人与人、人与社会之间在身体、情感、知识和信息等诸方面联系的总和。

个人空间是以家庭为基本单位的活动空间，活动范围主要集中村民的住房里。个人空间在 F 村不仅是村民生活的场所，而且成为村民与游客交往的媒介，传递出独特的侗族文化内涵，是游客认知 F 村最直观的形象元素。现在 F 村的住房统一按照"青瓦斜面，木门窗，飞檐翘角，白墙白漆，咖啡墙裙"来设计，房屋里面也是按照城市人的标准进行设计，从一定程度上来说，个人空间作为村民生活场所的功能逐渐弱化，更多地传递出一种符号认知功能，具有了传播的可读性。在笔者调研期间，武汉大学城市规划团队正在对 F 村进行整体风貌改造和提档升级设计，他们谈到要再一次对民居进行统一改造，踩歌堂正对面有一栋西式风格的民居，政府要求务必把它再造成侗族风格。因此，在 F 村，个人空间已不是属于自己的空间，更多是一种空间的展演，是"他者"的空间。

第二章 物理空间的地方性建构：
旅游景观生产

从一般意义上理解，景观是一定区域呈现的景象，也即一种视觉效果，这种视觉效果反映了一定区域内空间及物质所构成的综合体，是复杂的自然过程和人为活动共同作用的结果。正如杰克逊在《发现乡土景观》一书中所言："景观是一个由人创造或改造的空间的综合体，是人类存在的基础和背景。"① 人类通过对物理空间的空间生产会形成不同的景观，根据人类对空间介入程度的不同，景观也会呈现出不同的特点。首先是自然景观，这是完全未受到或受人类影响较小的景观，包括原始景观和轻度改变景观；其次是人源景观，这是受人类社会经济活动影响较大的景观，包括自然—人源景观和文化景观。② 在本书中，乡村旅游社区物理空间通过人类行为的介入成为一种旅游景观，它是人类为满足某种需要而有意识地建立的景观，是一种文化景观。笔者把乡村旅游社区旅游景观形成的过程分为园林景观和建筑景观两个具体的维度，这是按照乡村旅游规划设计的实际操作层面进行的分类，不是一个严格意义上的学术分类。

---

① ［美］约翰·布林克霍夫·杰克逊：《发现乡土景观》，俞孔坚、陈义勇等译，商务印书馆2015年版，第11页。

② 参见 M. 查别林《景观学的一些问题》，载贝尔格《景观概念和景观学的一般问题》，商务印书馆1964年版，第10—25页。

第一节　园林景观的空间生产

"园林景观"的定义可以分解为"景观"和"园林"两个方面，即在一定的地段范围内，利用并改造天然山水地貌或者人为地开辟山水地貌、结合植物的栽植和建筑的布置，从而构成一个供人们观赏、游憩、居住的环境。园林景观不仅涉及设计层面的内容，还涉及规划层次的内容，是一个区域的总体景观设计。在本书中，景观的空间生产主要涉及乡村旅游参与者的"意义博弈"，地方政府、当地村民和外来规划团队在"意义博弈"的过程中，创造了新的文化景观。这些景观成了地方与社区认同的符号，并与其建设者、使用者连接成"行动者网络"，参与到乡村旅游社区地方性建构的过程之中。

一　政府自上而下的景观打造

孙立平指出，民间统治精英是定性国家基本制度框架的基本社会力量，政府作为一种基层统治力量，他们的行为对乡村旅游社区的地方性建构产生了直接的影响，一方面，政府的执政行为在很大程度上决定了 F 村旅游社区的景观风格；另一方面，这种行为也影响着居民的生活方式。

从本质上讲，旅游消费越来越成为一种象征性消费，旅游景观的创造已成为一种象征性过程。在 F 村，这种乡村文化旅游景区的象征性特征尤为明显。在对 F 村展开调研的过程中，无论什么场合，当地政府总是经常提到"打造"这个词。显然，在一个没有侗族文化根基的村寨建构侗族文化，这与政府行为密不可分。过去，F 村只是一个不为人知的小村庄，人们主要依靠粮食种植作为基本生计手段，有少部分人在城市务工，并且 F 村世居民族是土家族，侗族人口并不多。2007—2009 年，恩施市在鄂西生态旅游圈和新农村建设背景下，利用芭蕉乡侗族文化资源，在 F 村兴建侗族风情园，再造侗族景观，仅仅两三年时间，F 村便成为颇具侗族特色的民族村寨，成为一个旅游胜地。在这场景观再造运动中，政府主导了开发、利用、建构的全过程，提供所需的资金，进行基础设施建设，对村民进行侗族文化普及。有学者认为政府在 F 村的打造过程中充当着三种角色："产妇""接生婆"和"抚育人"，F村可以被比喻为政府一手制造和催生的"婴儿"。①

当地政府之所以抛弃恩施侗族原生地——黄泥塘，而选择并无侗族文化根基的F村建侗族山寨，政府和民间的说法各不相同。政府层面认为，选择F村是因为其相对优越的地理位置和优美的自然风光，这是进行旅游开发的核心资源，而在民间有一种普遍的说法，认为政府有一种地方保护主义倾向，因为F村在以前一直属于芭蕉管辖，在地缘空间上有"亲戚"关系。不论是官方的解释还是民间的猜测，这都说明了政府在F村打造中占据主导地位。

F村的打造从2007年元月开始，前后分为两期进行。无论是公路、房舍、建筑等硬件设施建设，还是文化、文艺、服务等软件建设，都主要依靠政府的资金注入，政府累计投入资金2000万元。政府通过对F村进行制度嵌入、意象建构和情景重塑，实现了F村的华丽蜕变，并实现了各种政策的村民内化，体现着政治资本在空间实践领域的建构逻辑。

（一）制度嵌入

"嵌入性"是经济学中一个重要的概念，强调人们的行为受到所嵌入环境的约束，包括正式制度与非正式制度。本节主要讨论正式制度对人的行为的约束。首先是国家层面出台的一系列乡村旅游政策。2006年，中央提出"建设社会主义新农村"的相关决定。2007年，为了实现城市和乡村的资源互动，达到共同繁荣和发展的效果，提出"魅力乡村、和谐中国"的乡村旅游战略。2009年，国务院第一次确定旅游业是"国民经济的战略性的主要产业和我国的服务业"的定位。2013年，国家提出大力发展旅游业、扩大旅游消费的一些措施。2014年，国家提出乡村旅游业的大力发展需要推动乡村旅游和新型城镇化两者相结合。2016年年底，国务院特别指出要加大乡村旅游规划的指导。2017年，党的十九大针对"三农"工作做出了重大决策部署，提出实施乡村振兴战略。

其次是地方层面出台的一系列旅游政策支持与发展规划。比如《恩施市城市总体规划（2002—2020）》《恩施州旅游业发展总体规划（2002—2020）》《恩施市旅游业"十三五"发展规划（2016—2020）》《恩施市全域旅游发展

---

① 向丽:《对民族村寨文化现代性建构的反思——基于湖北省恩施市枫香坡侗寨的调查》,《中南民族大学学报》(人文社会科学版)2014年第5期。

规划（2017—2025）》《恩施市芭蕉侗族乡社会主义新农村建设规划（2009—2013）》《枫香坡侗寨风情区控制性详细规划（2008—2018）》。2007 年，芭蕉侗族乡人民政府集中工作力量建设 F 村为侗族风情寨，市委、市政府领导多次到现场督办工作，市财政局、市发改局、市民宗局、市旅游局、市建设局、市新村办等单位领导及驻点工作队积极投入财力、物力、人力，支持 F 村建设，乡政府每个星期一晚上召开专题会议，明确部署阶段性工作，这为 F 村旅游发展提供了有效的政府支持。

如何将这些制度嵌入村民的日常生活中，涉及政府与村民之间的互动与博弈。村干部必须赢得当地村民的支持，才能使乡村和旅游业健康发展。当 F 村开始发展乡村旅游时，当地村民没有立即参与其中，而是持观望态度。当地一位茶农告诉笔者：

> 当时村里要我们把所有的田都用来种茶叶，说是要搞茶园经济，我们心里都没底，这要是种了卖不出，我们吃啥，最后村里干部率先改种茶叶，我们也就响应了政策，现在看来政府这项决定是对的。

对于当地政府而言，要达到发展乡村旅游的目的，首先就需要本地村民能够配合进行乡村旅游基础设施的建设与完善，比如开办农家乐、改造民居等。在改造民居过程中，当地村民最初的表现很不积极，一名村干部在回忆这件事情的时候这样说道：最初大家都不愿意花钱对房屋进行二次改造，最后政府承诺补贴一部分经费，大家才同意。随着发展成果的日渐显现，当地村民体会到了乡村旅游发展所带来的实实在在的利益，于是出台了一系列当地层面的制度。比如，村委会为加强对恩施市芭蕉侗族乡枫香坡侗寨旅游景区管理，根据《湖北省旅游管理条例》和《恩施州旅游条例》，结合 F 村实际，制定了《F 村侗寨景区管理规定》《F 村侗寨公共卫生管理制度》和《F 村侗寨安全管理制度》。另外，F 村的精英群体自发组织成立了 F 村侗寨景区农民经济合作社，制定了合作社章程，确立了合作社宗旨：树立"恩施玉露茶、硒都侗乡坡"整体旅游形象，打造"侗族美食多，吃在枫香坡"理念，鼓励社员从事第二、第三产业，积极开发农业特色旅游产品，切实增加绝大多数社员收入。

这些地方层面的制度主要嵌入在 F 村的管理中，它们随着政府与村民之间的博弈、协调，渐渐摸索一套行为规则，并逐渐内化为村民的行动惯习，为 F 村旅游发展提供了方向和保证。

（二）意象建构

1960 年，凯文·林奇（Kevin Lynch）对城市意象进行了探索，并在《城市意象》一书中指出，人们一般通过路径、边界、节点、区域和地标五个要素来建立自己的空间意象。[①] 在乡村旅游社区，路径即道路，这是形成意象的主导元素，游客通过在道路上的移动来认识乡村景观，其他要素都围绕道路展开布局；边界是一种线形元素，主要起到划分领域的作用；节点是一种点状要素，包括道路的连接点和景区内的中心点；区域是由一些共同特征组成的二维平面；地标具有极强的代表性和可意象性。在 F 村，政府主要通过对景区道路、景区边界、景区标志物、景区节点片区四个方面建构了人们关于侗族村寨的意象空间，实现物质空间载体的意象之美。

一是完善景区交通系统。从恩施和芭蕉到景区的公路全部实现"黑色化"，城际公交全线贯通，每隔半小时一趟，将 F 村与芭蕉乡和州城连成一体，并通过汽车、火车、飞机等交通媒介与其他地方产生联系。景区内道路分为交通道路和游览道路两大类。交通道路包括景区跨乡环形道和景区内循环道。景区跨乡环形道起于恩施六角亭街道巴公溪，途径高拱桥集镇，止于六角亭街道巴公溪，全程 62 公里。景区内循环道从芝麻岭隧道开始，经高拱桥集镇进入景区，又回到恩芭公路。游览道路属于村寨内部专供游客步行的旅游道路，主要集中在朱砂溪滨水带和山林步道。F 村现有两个大型停车场，位于 F 村入口西侧和侗乡楼门前，部分农家乐门前也设置了少量停车场位，共计可以容纳停车 90 辆。景区游览步道的路面除了从 F 村侗寨寨门到萨岁庙一段上山道路用条石和石板路面铺筑外，其他路段主要用卵石、石块等材料铺筑，铺设时根据景区自然起伏和有山有水等地理环境做了一定的装饰和美化，提升了整体景观效果。

二是确立景区地理边界。F 村侗寨旅游区共建有三个大门——景区外围大门，景区主大门以及景区后门。在芝麻岭隧道洞口处，建立景区外围大门，大门修成侗族牌楼样式，两侧写上景区的形象定位的口号："恩施玉露茶，硒

---

① ［美］凯文·林奇：《城市意象》，方益萍、何晓军译，华夏出版社 2001 年版，第 21—22 页。

都侗乡坡",洞顶写上景区名称"枫香坡侗寨"。景区主出入口大门为范家坝风雨桥。游客从芝麻岭隧洞洞口进入景区,沿公路通过高拱桥集镇,到达景区的大门范家坝风雨桥,由此进入景区游览。过了风雨桥,映入眼帘的就是侗族寨门,上面写着"侗乡第一寨"几个大字,这里是进入侗寨的必经之地。景区的出入口与大门作为一种边界划定了 F 村的地理范围,并在人们的心理层面建构了一个侗族村寨空间意象。

三是建造侗族建筑标志物。这些建筑多以木质材料为主,结构复杂,造型美观。F 村侗寨寨门修建在上坡前的平地上,典型侗族风格。寨门背靠古树,竹木森森,大有古寨意境。一进寨门,左边耸立着一排侗族建筑群,给游客以一种置身世外、融入乡村的愉悦感;侗族族风雨桥大多架设在村寨下方的溪河之上,既作交通之用,又有宗教方面的含义,它象征飞龙绕寨,以保年年风调雨顺,五谷丰登,吉祥幸福。范家坝风雨桥用水泥构筑,参照侗族风雨桥的样式增加桥体传统亭廊式建筑,桥廊两边有朱漆栏杆和长坐板,桥廊两端的两座亭子高耸出桥顶,飞檐翘角,画栋雕梁,让游客进入枫香坡侗寨伊始就感受到浓厚的侗族风情。鼓楼作为侗族地区特有的标志性建筑物,不仅造型美观,而且能够给游客提供活动的空间,是侗寨重要的公共活动场所。其他如花桥、踩歌堂、萨岁庙、侗族文馆等建筑也都呈现出不同的侗族文化韵味,整体上构成了一个与城市景观反差巨大的民族村寨。

图 2-1 F 村寨门

四是打造景区节点片区。F 村的节点主要是指有一定面积的、可供村民和游客活动的场所，主要是为了延长游客在景区停留的时间，包括寨门片区、博物馆片区和戏楼片区。首先，改变了景区的游览路线，旅游区出入口设在朱砂溪河畔的范家坝风雨桥处，由风雨桥改道，经古白果树，上山直达原高拱桥小学旧址与景区现有道路连接，撤除古白果树前的村民土屋，修建 F 村侗寨寨门，并通过引进外资，在寨门右手边修建了一条侗族建筑风格风情街。其次，利用萨岁庙前面的空地，建成景区唯一的民俗文化馆，该馆与萨岁庙一起整体构成一个有规模、有影响、相对集中的旅游景点。民俗文化馆建成两重四合院的形式，为一层和部分二层侗族风格建筑，建筑面积 600—800 平方米，中间留足表演和旅客观看场地。实景收集存放鄂西传统生产、生活物品，以供游客参观和进行各种操作性参与活动。最后，在戏楼片区修建踩歌堂和鼓楼。鼓楼高 20 米，共 9 层，鼓楼门前用青石铺地，留足游客活动空间，这里为景区中心和相对制高点，景观效果十分突出。踩歌堂位于 F 村景区轴线最北端，它是鼓楼、萨岁庙祭萨活动的延伸。

（三）情境重塑

情境重塑即对乡村所具有的非物质文化遗产的载体进行再生的过程，乡村的非物质文化遗产包括民风民俗活动、民间传说、历史事件等，代表着该地区主流或典型的文化，因此必须找到合适的载体对其进行保护或传承，即所谓的"物化"，而情境重塑是最典型的物化方式。在 F 村，政府通过合理引导与培育，再现侗族日常生活场景，并将其与当地生活有效衔接，重构和再现 F 村特色文化。一是让寨内村民穿戴民族服饰，并聘请贵州的专家教村民学唱侗族歌曲，学跳侗族舞蹈，学说侗族话，形成浓郁的民族风情；二是建设民俗文化馆，展示鄂西传统劳动生产工具，让游客真实体验茶事、农事活动；三是打造农家乐特色餐饮服务，展示侗族饮食文化；四是组建农民艺术团，在戏楼、鼓楼等地方为游客表演民族歌舞。

F 村不论是物质空间意向的建构，还是文化的物化过程，都带有极强的政治和商业目的，与原住民的日常生活情境有很大距离，这也是当下 F 村发展受限的主要原因。政府自上而下主导了侗族文化在 F 村的移植，这些标志性符号被即时地拼接和组合，仅彰显了物态的、表层的、具有观赏性的外显文化，其深层的文化内涵并未相应强化。另外，政府赋予了 F 村一个新的文化身份——"侗族第一寨",这也给当地村民带来了困扰,即面临着侗族身份与土家族身份的双重尴尬。村里的年轻人因为"情景工具利益"的考虑,更多会选择回答自己是侗族,似乎侗族身份更受到重视。在和一个女老板聊天的过程中,笔者问她是什么民族,她犹豫了一下,然后说道:

> 其实我是土家族,因为我们这里是侗族村寨,不是侗族怎么能成称为侗族村寨?所以我们对外来的游客都是说我们是侗族。

正如陈心林所说:"在一个文化移植之地,人们对文化'真实性'的感受则会根据场景的差异性呈现出多义性特征。"[①]

在中国乡村旅游发展过程中,空间重建的主要方式是自上而下的。建设"上层"的许多指导原则都是基于对城市的实证研究。从这个意义上说,"自上而下"甚至可以被理解为"从城市到农村",这不可避免地导致脱离乡村现实的倾向。

二 村民自下而上的空间展演

游客和目的地村寨是乡村旅游发展的关键点,而目的地村寨尤其是当地村民对于旅游影响具有积极影响和消极影响的两面性。乡村旅游的核心吸引物是乡村的乡土风情和传统文化,而这两点的承载主体就是当地村民,目的地村民总是扮演着复杂的角色。在旅游发展中,他们不仅是村寨文化的主体,还是服务提供者、手工艺者和文化表演者。他们通过具体的文化实践和地方实践表征乡村旅游社区的地方性,并在与外界的联结中重新建构对地方的认同。因此,将F村的地方转变为可以看到、触动和聆听的外部象征,重建侗族村寨文化,将成为一个自下而上实现F村旅游定位的重要策略,这一策略将会给游客提供一个充满符号想象的旅游文化景观。F村是传统乡村文化的聚集地,这是一个当地村民居住的文化社区,它是一系列具有特色产业定位、景观旅游和生活功能的项目,它也是乡村旅游业发展的空间基础。游客凝视

---

① 陈心林:《村落旅游的文化表述及其真实性——以鄂西枫香坡侗寨为例》,《西南民族大学学报》(人文社会科学版) 2013 年第 11 期。

着 F 村的侗寨文化，引起了越来越多的人的关注，F 村逐渐发现了自身的旅游价值，当地村民自觉利用旅游规划、旅游产品设计、文化表现等手段开发 F 村的旅游资源，以达到获得经济效益的目的，并对 F 村的地方性文化空间进行仪式空间与日常空间的解构与重组。本书中的村民是一个广义的概念：一类是当地的原住民，他们是 F 村自然资本和文化资本的拥有者；另一类是乡村新农人，它们是乡村的精英群体，主要以知识分子为主，他们具有"城市里的农村人"与"农村里的城市人"的双重特性，具有一定的文化资本、经济资本和社会资本，能够与当地政府、外来者和村民很好地沟通，在乡村旅游社区发展过程中发挥了重要作用。

（一）原住民的空间展演

原住民指的是一个地方最早居住的族群，在 F 村，主要为世居土家族，明代、清代时期，侗族、苗族为躲避战乱，从黔东、湘西等地陆续迁入，汉族则从湖北荆州地区、河北、江西等省迁至域内，形成了"大杂居、小聚居"的民族区域特点。世居和陆续迁居 F 村的土家族、侗族、苗族、汉族长期居于此地，繁衍生息，为域内原住民基本构成。在漫长的民族融合中，域内原住居民逐渐形成以汉文化为基础的与大中华一脉相承的统一性，同时又保留着各自民族的独特性和相交形成的融合性。2007 年，恩施市政府依托芭蕉乡独特的侗乡文化资源，开始引领和重点建设 F 村作为侗族村寨，为了配合侗族村寨的建设，当地政府动员当地村民改变民族构成，这明显增加了户籍上侗族人口的比例。在旅游部门的政策支持下，开发商注资和当地村民的参与，形成了一整套"侗乡文化"。随着旅游开发的不断推进，侗族文化与村民的日常生活相互渗透，形成了一个新的文化空间。因为 F 村不是真正的侗族聚居地，所以作为建构出的侗族文化传统，当地村民对其缺乏认同，在日常生活中，当地村民为了迎合游客凝视的需求，将其以一种"舞台真实"的方式展演在游客的面前。

1. 日常生活空间再造

日常生活空间是当地村民日常生活的场所，主要包括个人空间和公共空间。个人空间在 F 村主要表现为以家庭为基本单位的个人私密活动空间，主要在个人住房里面活动。公共空间是相对于具有一定封闭性和私密性的个人空间而言的，主要指当地村民可自由进入并开展各种思想交流的公共场所。

在 F 村，不论是作为村民个人活动空间的住房，还是公共空间交流的场所，建筑都是最典型的表现形式。

当地村民通过对住房进行侗族风格化再造，使建筑成为一种表演符号，个人生活空间也具有了表演性。F 村的个人住房是一种木质结构的房屋，青瓦白脊、飞檐翘角，装饰飞禽走兽的图案，一般为两层干栏式吊脚楼，层层出挑，上大而下小，每层楼上都有挑廊，廊上安装栏杆或栏板。住房原本是为当地居民提供居住和安全的空间，随着旅游业的发展，住房由居住空间变成了消费空间。在 F 村，很多村民的住房都变成了农家乐和客栈，私密的个人空间变得不再私密，这里成为人们交流互动和消费的场所，居住空间与消费空间合二为一，村民的日常生活也成为被消费的一部分。住房的建筑复制的是侗族文化符号，作为移植的文化，当地村民对其文化内涵并不十分清楚，但村民都乐于在自己的住房中添加这样一些文化符号。村民 Z 告诉笔者：

> 其实我们也不知道侗族的房子是什么样子的，反正我们不需要花钱，政府帮我们都弄成了现在这种侗族风格的样子，外面来旅游的人喜欢，我们也乐意。

显然，这些为了旅游需要而移植到村民居住空间的侗族文化符号已经不再是一种居住文化符号，而是演变成了一种消费文化符号。

公共空间是一个社区存在的基础，这里不仅是人们交流的场所，也作为一种媒介传递着价值和意义。在 F 村，公共空间主要包括侗族寨门、风雨桥、鼓楼、戏楼、花桥等村民可以自由进入的场所。作为一种移植的文化符号，这些公共空间建筑与村民的日常生活融为一体，也成为表演的一部分。风雨桥是游客进寨前就能体验到的一处特色建筑，以前是一座石桥，参照侗族风雨桥的样式增加桥体传统亭廊式建筑，让游客进入 F 村侗寨伊始就感受到浓厚的侗族风情。过风雨桥后，呈现在大家眼前的是 F 村寨门，寨门上面写着"侗乡第一寨"，这是游客们主要拍摄的景点之一。鼓楼耸立在村头最显眼的位置，高 20 米，共 9 层，层层而上呈宝塔形。戏楼是侗寨平常最热闹的地方，戏台与茶园相望，呈现了优美的茶园风光与文化表演浑然天成的画面。F

村公共空间的建筑展览是一种具有地方色彩和侗族文化特色的文化现象，最终体现了什么样的民族文化内涵，对当地人和游客来说可能不是很清楚。然而，这种文化符号的功能在于它既能满足游客的心理需求，又能为当地村民带来经济效益。村里的老人们告诉笔者：

> 我们这里以前哪有这些东西，都是后来修的，主要是为了吸引游客，游客们来了会在这些地方拍照，我们平时不忙的时候也会去坐坐，戏楼去的人最多，村里有时候会在这里开会，还有一些妇女晚上在里面跳舞。

另外，F村的特色饮食也被作为一种民族文化向游客展示。F村的饮食文化自成一体，在与当地土家族饮食文化相融合的过程中，不断创新，成为建构地方记忆的重要文化符号。随着农家乐的发展，当地饮食也从村民的日常生活走向了台前，成为各家农家乐的特色菜品。农家乐的经营者和厨师主要是本地村民，除了提供餐饮服务以外，部分农家乐还提供住宿、娱乐、休闲等服务。在农家乐里，游客可以吃到很地道的农家菜品，菜品种类丰富，腊肉是最具特色菜品之一，再就是酸菜鱼，还会搭配一些家常炒菜和小凉菜。每家农家乐都有自家的菜园，游客可以自己到菜园采摘自己喜欢吃的时令蔬菜。侗家人饮食以酸辣为主，所以几乎每家每户都置有五六个酸坛或酸罐用以腌制菜。当客人进门入座后会唱敬酒歌，酒席上还有"鸡头献客""油茶待客""吃合拢饭""喝转转酒"等规矩。这些当地村民的日常饮食成为一种文化符号，不仅具有满足人们味觉需求的功能，更能为人们提供一种符号的想象——原生态和民族性。

2. 仪式空间场景化

仪式空间主要指举办一些仪式活动的场所，包括婚礼、葬礼和重要的节庆活动等。对于当地村民来说，不论是在日常生活，还是在婚礼、丧礼和传统节日等重要时刻，这些仪式场所都发挥着重要的作用。在F村，当地政府依托特定的仪式空间场所，充分挖掘民族文化元素，作为文化的主题和线索，吸引游客和当地村民积极参与，使游客亲身体验民族文化的内涵。2014年农历腊月廿二，笔者亲自体验了一场F村的过年仪式展演活动。据了解，此次活动是由恩施市旅游局联合市旅游协会、农家乐协会、旅行社协会、导游协会联合举办的，把"灶台"搬到了F村，在这里举行"土家年菜大比拼"活动。几十名选手在120分钟内完成原材料选择和十道菜肴的制作，并通过选手介绍食材、菜品展示、专家点评和观众有奖问答等环节，展示当地饮食文化的魅力。

侗族农事有"开秧门""开荟门"等，茶事、麻事、桑事都要"开园"。在F村，茶园开园也就成为一个重要的仪式，每年3月，F村都会举办春茶开采仪式，茶园里穿着侗族服饰的姑娘与游客一起在茶园采摘茶叶。村里老年人回忆，以前茶园开园要唱采茶歌，比如"正月采茶是新年，金簪一点开茶园；一点茶树十二亩，茶园姐妹貌若仙；二点茶园虫病死，留得茶园四季鲜；三点茶园四季发，头茶二茶三四千；金簪每年点过后，茶树兴盛万万年"。村民F告诉笔者：

> 以前茶园开园都会唱采茶歌，现在会唱的人不多了，那个时候开园是一种神圣的农事仪式，主要是祈祷茶叶有更好的收成，现在已经淡化了。每年三月电视台会过来做一次春茶开采的节目，这都是表演给别人看的，也没有人唱采茶歌。

在当地村民看来，茶园就是一道景观，春茶开园更像一场没有经过艺术加工的舞台演出，演员既包括当地村民，也包括游客，他们一起参与其中，共同完成一场仪式的再现与传播。春茶开采在政府与媒体的推动下，不仅成为F村的特色仪式活动，被赋予了独特的民族文化内涵，而且直接推动了当地乡村旅游的发展，因此，当地村民也非常乐意配合演出。在2017年春茶开采的时候，笔者正好在茶山，偶遇了采茶老人F，当媒体要给他几个镜头的时候，老人欣然同意，茶园里还有另一名带着花斗笠的妇女，当镜头推向她的时候，她也是那样的从容自然。

乡村有"六风"，即田园风光、乡村风貌、民间风物、乡土风俗、民族风情和传统风味，而这些文化元素都离不开原住民，如果乡村旅游没有原住民的参与，就只剩下一个空落落的村落空壳。原住民以自己的日常生活文化为内容，通过展示民族村寨中的民族文化，满足外来游客的猎奇心理。这样一种"舞台表演式"的空间实践行为，不仅重构了乡村日常生活空间，也赋予乡村以新的文化内涵。对于当地村民来说，F村的侗族文化只是一种文化符号的借用，通过在日常空间的展示、舞台上的表演和仪式活动中的再现，接受游客的审视与消费，乡村文化空间已经蜕变为一种消费文化空间。

图2-2　春茶开采仪式上的老人和妇女

3. 舞台表演

舞台表演作为一种重要的文化展演方式，主要以舞台为依托，通过歌舞表演等方式，融合民族语言文字，借助舞台技术设备和现代表演艺术呈现民族传统文化。在F村，这种舞台表演主要有戏楼的歌舞表演和日常生活空间中的歌舞表演。F村组建的农民艺术团主要是以当地村民为主体，表演的节目有《拦路酒》《拦路歌》《侗族大歌》《侗族板凳拳》《板凳龙》《请喝侗乡罐罐茶》《干龙船》等，内容多与当地居民的日常生产生活相关。正如一位记者的评价："F村的舞台表演，山水是最好的布景。"除了当地农民艺术团以外，当地很多农家乐的服务员也会根据游客的需求表演歌舞，他们会在客人入座后表演《敬酒歌》。农家乐还会进行茶道表演，主要通过制茶、泡茶、倒茶等几道程序来体现侗族人勤劳、好客的美德，客人一到先献上待客的油茶汤，然后举行敬"三道茶"独特的待客仪式。民间歌舞表演已经成了当地村民一种生活方式，游客对歌舞的欣赏也是经历"异文化"的体验。对于当地村民来说，通过舞台表演形式，实现了自己与游客的持续互动，在获得经济利益回报的同时，歌舞也成为一种日常交流的手段，在一定程度上，能歌善舞也是一种文化资本的象征。M 是村里的外来媳妇，因为能歌善舞，逐渐被基层政府培养为 F 村民族文化发展的组织者和带头人，也被媒体当作 F 村侗族文化的传承人而重点宣传。

旅游的加入，改变了原住民对 F 村的传统认识，他们通过把日常生活空间和仪式空间搬上表演的前台，建构了新的物理空间，物理空间作为一种客观存在的实体被赋予意义，被打造成旅游文化景观，不仅改变了原住民惯常的生活场景，也改建构了他们的地方性，这样的重构可以揭露隐藏的记忆，想象着不同的未来。

（二）新农人的空间重构

新农人是当代乡村的精英群体，笔者将其概括为乡村社区中精明能干、具有较高威望的人，他们以其德行和才干赢得了乡村社区成员的认可与尊重，而其行为对地方的认同又起到了较大的文化示范和引领作用。新农人既包括村干部这些体制内的乡村精英，也包括具有较强创新精神、生态精神和乡土精神的乡村文化领袖，这个群体是中国当代乡村建设新一波的推动者和引领者，本书中的新农人主要是指后者。他们的空间生产植根于自然、土地和当地知识，空间实践始终与当地的生态环境、文化传统、特殊资源和技能相关，创造了旅游的差异和经验，建立了新的社交关系。

1. 空间解构与重组

新农人对乡村旅游地文化空间的日常空间和仪式空间进行了解构和重组。日常空间是人们工作、居住和娱乐活动等所占据的空间，主要涉及的是常人的、世俗的、日常的活动。随着乡村旅游的发展，在游客与村民的双向"凝视"中，乡村旅游地日常空间更加趋向于满足现代人的生活需求。新农人为了满足现代人对乡村生活的想象和期待，对日常空间进行了改变。他们根据自己的生活哲学和文化追求，将当地的文化符号外化，并根据情感表达的需要呈现出来，创造出更加精致细腻的文化元素来营造个性化的生活方式。茶花山居是 F 村的一个特色精品名宿，被评为湖北省首批"金宿"级民宿，"恩施州十佳精品民宿"。2007 年投资 40 多万元修建，依山而建，占地 1000 多平方米，是一座古色古香的侗家木楼建筑，共有 13 间客房，房间命名被赋予了独特的内涵，给客人提供了不同的意境，分别为云落、风起、见山、听雨、光影、小雅、草色、入帘、远眺、推窗、茶香、慢行、闲歌，营造了一种"云落了，长风起，见群山巍峨，听雨而安眠。光影似梦，人生如戏，常怀小雅之情，坐看草色入帘青。极目远眺，推窗品茗，一路慢行，一曲闲歌"的人生意境与生活态度。茶花山居还提供雕刻、绘画、茶艺等体验互动活动。茶花山居老板 M 是 F 村新农人的代表，她如今有多重身份：不仅是 F 村农家乐和精品客栈"茶花山居"的老板，还是湖北大学商学院的特聘讲师，而且是 F 村农民艺术团团长、F 村农业观光旅游合作社理事长。M 结合自己过去的工作经验，将乡村文化资源进行个性化的整合，把乡村文化符号进行资源化利用，突出了其媒介化和舞台化的功能，让自己家的日常生活空间成为外地游客寻觅"他者真实生活"的一扇窗口。M 告诉笔者：

> 我认为民宿最重要的理念就是"接地气"，要展示真实的生活状态，茶花山居是我一手打造的，家里的装饰都是就地取材，房子也是我们自己建的，我希望客人在我这里能够找到家的感觉。"远眺群山，推窗闻茶香"便是茶花山居的设计理念。我觉得要留住客人，最重要的就是提供给客人不一样的体验，民宿不仅仅是一个产业，还是一种文化，是一个民俗和文创产品的综合展示平台。

仪式空间是乡村旅游的真正本土知识，包括乡村自然物、建筑、生态景观环境、习俗、礼仪等，包含深刻的宗族仪式思想、环境生态观和民间信仰等文化传统。在乡村旅游产品的生产中，新农人广泛吸收当地的文化元素，以乡土特色、建筑空间或自然景观传达一些乡村地方文化意图。M 在农家乐的经营中，把侗族饮食、唱侗族敬酒歌、吃合拢宴等民族文化事项尽情展示，把仪式化的侗族传统文化娱乐化，并且为游客提供茶叶采摘、打糍粑、推磨等农事体验活动，把乡村日常生活游戏化。同时，新农人对仪式空间的塑造进一步融入了自身的价值理念，由对乡村地方文化元素的简单模仿与再现，转变为解构后再重组的方式。M 在谈到这个问题的时候告诉笔者：

> 我们一方面需要保留传统文化，因为这是吸引游客的根本；另一方面也需要不断接受新事物，学习新理念，对传统文化进行合理化重组。

因为我身处旅游区，所以买了照相效果很好的手机，并学了一些基本的视频和照片处理软件，我也在不停学习，在变化。

在与 M 交谈的过程中，可以看出她对 F 村具有较强的文化认同和情感依赖，随时以主人翁的姿态思考着 F 村的未来发展。F 村的地方特色影响着这些新农人地方情感的形成，地方意识塑造了他们的生活方式和生活态度。面对外来文化的影响，这些新农人主动识别当地的身份、自我强化当地情感的表达，可以说，旅游业重塑了这些新农人的地方感，吸引他们留在 F 村，积极配合政府工作，促进地方的和谐发展，最终增强了他们对这个地方的情感依恋。

2. 社群的自组织化

社群作为各种利益关系和各种社会资本运营的一种相互交织的关系，在社会整合中发挥着越来越突出的作用。在乡村旅游目的地，社群已成为自然环境和社会环境、"我者"与"他者"相连的节点。乡村旅游社区包括正式组织和非正式组织，正式组织的特点是政府、社会、学者和非营利组织与当地村民的合作，共同创造和重建乡村旅游业、乡村生活环境和生态环境。这些正式的社区组织增强了农村社会的凝聚力和组织能力。F 村乡村旅游农民经济合作社就是社群正式组织的表现形式。该合作社由 M 等 67 人发起，于 2008 年 12 月 6 日召开成立大会，办公地点为 F 村侗寨踩歌堂一楼。合作社的宗旨是树立"恩施玉露茶、硒都侗乡坡"整体旅游形象，打造"侗族美食多，吃在枫香坡"理念，鼓励社员从事第二、第三产业，积极开发农业特色旅游产品，切实增加绝大多数社员的收入。新农人代表组建的农村合作社是乡村旅游产业发展的基本模式，不仅直接推动了乡村旅游社区经济的发展，也一定程度上增强了当地村民对乡村旅游社区的认同感。但由于合作社缺乏龙头企业的加入，主要依靠乡政府，再加上利益分配不均等问题，合作社组织出现了分化，很多人退出了合作社，并且在事关 F 村发展的很多问题上很难达成一致意见。2018 年 3 月，笔者碰巧参加了 F 村乡村旅游农民经济合作社的一次讨论大会，主要的议题是关于 F 村的新一轮发展，召集人是 M，到会一共 23 人，会议开了 2 个小时，但最终没有达成一致意见，主要分歧点在于"谁受益"的问题。在笔者看来，这种组织内部的分歧正好体现了社员对于地方的多元认同性。虽然他们相互间有很多交集，但他们也都是独立的个体，他们将自己定义为不同情境中特定地点的一部分，从而通过地方在 F 村社区的发展中建立自己的地位与角色，显示在 F 村发展中的发言权。

非正式组织是基于共同兴趣与目标组建的。随着移动网络和移动终端等新媒体的迅速普及，形成了一个新的社交互动模型网络社区，"F 村侗寨农家乐群"就是这样一个组织，也是这些新农人群体实现共同在场的重要方式。这个群的发起人是 F 村"五谷丰墩"的农家乐老板，主要的群成员包括 F 村的农家乐经营者、茶叶经营者、村委会工作人员，作为 F 村一个重要的社群自组织，它以"传播正能量"为主要宗旨，以业务交流为主要的群活动。K 作为群管理者，认为微信群是一个重要的交流平台，不仅有利于日常交流和情感的维系，还有利于形成产业发展的整体布局意识，易于强化一种集体认同。"F 村侗寨农家乐群"成为乡村精英讨论 F 村发展大计的重要场域，群成员经常就 F 村村民存在的问题以及 F 村面临的发展困境展开讨论，并通过线上和线下的共同作用，最终达成集体共识。2019 年年初，群成员召开了开年发展大会，并最终以会议纪要的形式将讨论内容在群里进行了公示。M 认为：

> 凡是发展就有矛盾出现，只能慢慢来调整和解决，其实老百姓需要的也只是言语上的尊重和政策上的公平，所以心平气和与心胸开阔都是做农村工作的人所不可缺少的。我们作为寨子里最先享受到旅游带来好处的人，也算是率先致富的人，更应该发挥积极带头作用，不仅要自己率先示范，更应该做好其他村民的思想工作，毕竟景区发展是我们自己的事，没有景区也就没有我们。

另外，"F 村侗寨农家乐群"构建了乡村精英在虚拟空间进行信息分享的场域，并且促进了成员之间线上和线下的公共交往。在微信群管理者 K 的带动下，微信群信息分享逐渐成为一种交往方式，比如国家的惠农政策、地方政府的重要通知、本地的一些重要信息都分享在群文件中。"F 村侗寨农家乐群"不仅在线上交流频繁，在线下也有很多交流，每年冬天，也是 F 村旅游最淡的季节，群管理者都组织开展一次大型的冬季游学之旅，主要是去全国其他乡村旅游地开展学习与考察。

对于这些新农人群体而言，社群自组织作为乡村旅游社区持续发展的一种增量要素，有利于促进新农人群体之间的信任、互惠、合作机制的形成，增进社区资本积累，从而形成一种集体认同。正如群成员 L 所说：

> 乡村的发展离不开政府的支持，但主要还是我们自己要团结合作，不论线上的微信群讨论，还是线下合作社召开的讨论会，都给我们提供了交流的机会，有时候看见群里面发的信息，让我觉得心里暖暖的，犹如三月的阳光，所以更有干劲了，大家互相鼓励，互相支持，一起共谋发展，这才是发展的真理。我对我们 F 村的发展非常有信心，现在政府又开始重视我们，所以下一步就看我们自己如何大干一场了。

3. 文化生产与传播

乡村旅游目的地的文化在互联网上越来越多地表现为一种符号化存在。例如，一张图片、一段文字、一段视频、一张日志等都可以用来展示这个地方的自然风光、民俗风情和有趣事物。由于互联网的便利性、娱乐性和低门槛，人们可以通过微博、QQ、短视频、微信、美篇等方式参与文化内容的创意与生产，这使乡村旅游地文化生产的主体不再局限于特定的乡村文化工作者或群体，新农人成为乡村文化生产和传播的主力军，在互联网上，他们介绍当地的新鲜特色农产品和当地美食，上传用手机拍摄的精彩民间表演，并发送有关乡村的宗族历史、人文景观，甚至村里大事小情的信息，扩大了乡村旅游文化的生产和传播。

为了调查新农人是如何对乡村文化进行生产和传播的，笔者对 F 村新农人代表 M 的微信朋友圈进行了一年多的观察。在笔者考察阶段，M 一天忙得焦头烂额，不是外出进行培训和学习，就是参加州里、市里和乡里的各种会议，还要接待各种来 F 村的考察团，然而不论如何忙碌，M 每天都会更新自己的朋友圈，有时候一天还会发送多条朋友圈信息。M 毕业于湖北钟祥师范学院，当过小学音乐教师，也当过导游，并且在外省做过生意，是村寨里受过高等教育又接受新事物较早的人，因此也是较早使用微信的人。她发布微信朋友圈的总量和原创内容非常多，内容多与她所从事的工作和个人的兴趣密切相关，其微信中最常出现的内容除了自己作为农家乐和乡村民宿老板娘的日常生活之外，最多的就是她对F村侗族文化和富硒茶文化的介绍与推介，还有自己作为侗寨乡村旅游农民经济合作社理事长的工作内容，甚至她还运用抖音、美拍等软件拍摄制作精美的短视频，展示侗寨乡村精致的慢生活以及其他社会习俗。每年三月，茶叶刚抽芽，她都会在朋友圈对F村所蕴含的丰富茶文化进行广泛宣传，也会对每年的春茶开采活动进行现场报道。

图2-3　MSE的乡村生活

　　2015年3月29日：芭蕉的山，芭蕉的水，芭蕉的鼓楼芭蕉的柳。侗乡的河，侗乡的人，侗乡的茶市侗乡的情。

　　2016年3月20日：春分至，玄鸟归，霏霏雾雨杏花天。一盏芽色，喜迎远客。

　　2017年3月22日：春来侗乡山花俏，人情景美茶飘香。

　　正如M在朋友圈所说："你卖的是茶。我们传播的是：精致，情怀，品质，健康，绿色，走心的生活态度。"如这些微信所显示的，她在微信叙述中俨然是一位F村茶文化的宣传大使和代言人。此外，在M的转发信息中，内容最多的是和乡村发展相关的国家政治、社会发展信息以及关于恩施乡村旅游的推介，比如对"花开乡院"微信公众号的关注。这些内容的选择是符合她对自己的角色期待的。在朋友圈中，M总是喜欢穿侗族服装，时而漫步乡间，时而独坐院落，时而茶园采茶，时而展示制茶技艺，有传统美食，也有文化风俗，总是从不同视角呈现侗寨精致而又令人神往的生活。M对于侗寨而言，不仅是代言人，其本身也成为一个文化符号、一个传播侗族文化的符号。当地政府一名干部这样评价她：如果F村没有了M，也就没有了未来。当然，在她的身上，也体现着传统文化与现代文明碰撞而来的矛盾与纠结，她在朋友圈如是说：

> 美丽背后的荒凉和遗忘，何处才是美好的家园，都在向往田间乡下、农家闲情，那只是我们一厢情愿的小资文艺的幻想，人们更关注的是如何走出大山、如何脱贫致富。

三　规划师由外至内的规划引导

乡村规划是乡村建设的龙头和基本依据，"一张蓝图绘到底"的刚性约束力，要求乡村规划具备科学性和严肃性，保证规划编制的高水准。但由于乡村对规划人才的缺乏，政府组织外来专家团队编制乡村发展规划已经成为一个基本的工作模式。

在乡村规划阶段，芭蕉侗族乡政府特聘请三峡大学旅游规划与发展研究中心15名专家团队共同编制《F村侗寨休闲旅游区控制性详细规划（2008—2018）》（以下简称"规划"），从宏观上搭建了F村建设"侗族风情寨"的框架体系，包括规划原则、规划定位、规划任务、规划目标等，提出要通过十年努力，以最经济的代价，创造出最符合游客需要的休闲农业游憩空间，塑造F村旅游区"恩施玉露茶、硒都侗乡坡"的整体旅游形象，最终将F村旅游区建设成国内闻名的旅游目的地，并通过旅游开发，树立玉露茶的市场品牌形象，提高玉露茶的知名度和美誉度，促进地方经济的发展，从而实现F村旅游开发的经济效益、社会效益和生态效益协调统一和跨越式发展。

在"规划"的基础上，乡政府制订了空间布局规划、功能分区详细规划、旅游基础设施规划、环境保护规划、营销规划、旅游开发保障规划等。通过规划期内的建设，营造了一个原生态、实景式、古朴侗族山寨，展现给游客一幅原汁原味的具有侗族山寨意境的全景图。

表 2-1　F 村侗寨"一轴四区"构成及其功能

一轴	景观轴	风雨桥、寨门、陆羽茶亭和茶文化长廊、萨岁庙、侗族鼓楼、踩歌堂、农事博物馆	让游客尽览枫香坡侗寨全景区风光
四区	高拱桥旅游服务区	旅客接待中心、农家乐、美食一条街、各类商店、景区厕所	提供游客提供衣、食、住、行等方面的便捷服务
	朱砂溪清水游乐区	供游客从事垂钓、踩水车、摇水车	享受亲水活动的快乐
	范家坝茶文化休闲区	生态茶园与体验种茶、采茶、看茶、制茶、品茶、购茶、销茶的茶文化的特色观光体验型区	了解茶文化、欣赏茶园风光，品茶、购茶
	枫香坡侗寨侗文化体验区	与民俗活动相关的娱乐体验型项目，例如推磨、榨油、推独轮车和打一杵等	集中展现侗文化，将侗族文化"物化"和"活动"，让游客切身体验原汁原味的侗族传统文化

（资料来源：笔者根据"规划"内容整理）

如表 2-1 所示，F 村旅游区规划成"一轴四区"的空间格局。"一轴"即由范家坝风雨桥进入景区，沿山脊延伸而形成的"S"形轴线，它是游客最主要的游览线路，也是游客的感观体验线和心灵体验线，游客可以在此尽览 F 村的全景风光。"四区"即高拱桥旅游服务区、朱砂溪亲水游乐区、范家坝茶文化休闲、枫香坡侗文化体验区。

2018 年，在国家提出的乡村振兴和全域旅游发展背景之下，恩施市政府将 F 村作为恩施乡村振兴的示范点，这也是全域旅游示范区中乡村旅游的一个重要节点，聘请了武汉大学和四川乐山师范学院的规划设计团队对 F 村侗寨整体风貌进行提升改善和提档升级，制订了《F 村侗寨改造方案设计》，在景区原有基础之上，从总体规划、环境改善、建筑整治、市政设施、节庆活动五个方面开始了新一轮的发展布局，将 F 村旅游形象总体定位为"乡村休闲会客厅"。

"规划"给 F 村的乡村旅游发展绘制了美好的蓝图，并成为建设过程中的主要行动纲领。旅游带来的乡村规划思想，与村落原有的规范体系不同，体现出外来资本和外来经验的强势性。来自城市规划设计团队的整体改造方案，一方面带来了水电、道路、桥梁、停车场、厕所、垃圾场等基础设施的改进；另一方面大动干戈地对整个村落进行整体改造，令村民既感到新鲜，也感到困惑，当地村民普遍觉得自己不能像以前一样自如地管理自己的生活空间。村民F告诉笔者：

> 我们以前哪知道垃圾要放到垃圾桶，都是哪里有空地就往哪里丢，更不用说什么分类不分类的，现在你如果乱丢了，那是要受到村干部的批评的，还有就是我们现在也不能随便修建房子，必须用规划用地来修，否则就是违规修建。我们以前只要是自己的地，想怎么修就怎么修，哪有这么多条条框框。

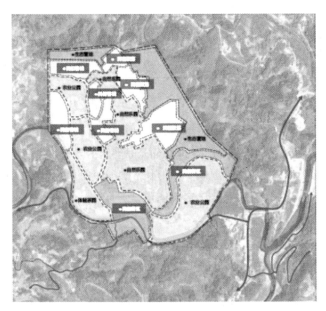

图 2-4 F村提档升级整体功能布局图
（资料来源：武汉大学和四川乐山师范学院规划设计团队提供）

然而，并不是所有的新式规划都能被成功引入，有的方案在执行过程中遭遇了村民的反抗和抵制，也有的方案在执行一段时间后便销声匿迹。

2009年，笔者曾带华中师范大学的教授去F村参观，当时F村给我们留下了深刻的印象，一是当地村民的服务热情很高，在农家乐就餐，服务员都会穿着侗族服装过来唱《祝酒歌》；二是在戏楼，当地村民放下手中的农活就会上台演出，不论男女老少，都能上去表演一段，有的甚者是一家人上台演出；三是当地村民的旅游服务意识很强，当我们的小车经过范家坝茶园的时候，几个正在茶园采茶的小孩主动向我们敬礼。7 年之后，当笔者再次进入 F 村，农家乐还是以前的农家乐，但没有了侗族山歌；戏楼也还在，可是演出已经不复存在。地方政府和当地村民在谈到这个问题时都有不同的怨言，地方政府觉得当地村民没有长远眼光，只看重了眼前利益；当地村民觉得自己永远是吃亏的主体。

F 村所有规划案的共同特点是规划者都来自城市，虽然在规划过程中有本地人参与，但是规划的主导话语权还是这些城市人。他们对 F 村的历史和文化有所了解，在规划中也有所体现，但是他们的了解更多是停留在文化的表征上，而不是 F 村乡民关系的实质构成和运作方式上。芭蕉乡文明办的一位老同志在谈到 F 村规划问题时这样说道：

> F 村现在的问题不是怎么规划，而是这个规划怎么落地，比如规划用地，你要村民们在规划用地上建房子，不是所有的村民都乐意，他们不愿意搬离以前的地方，这在村里是常态。关键是要让村民们能够看到这样做的好处，如果经营效益不提升，所有的规划都是一张废纸。

当地村干部也表达了管理中的困难，很多村民不按照规划方案执行，在景区内乱搭乱建的现象尤为普通，很多村民认为在自家房前屋后搭建房子是自己的权利。但从政府和规划层面而言，这又破坏了景区的整体风格。矛盾的出现一方面源自村民对于利益分配不均的焦虑；另一方面也上升到了谁具有民居改造权的话语权层面。

第二节　建筑景观的文化表征

建筑是人类活动需求和创造能力在环境中的具体体现，它们是直接的物质创造，是人类创造活动的体现和不同文化体系的展示。列斐伏尔认为空间是生产的，建筑景观的文化表征实际上是空间的再生产过程，也是文化的再生过程。F 村作为一个再造的侗族旅游社区，在文化移植的过程中，建筑作为民族文化的重要载体，成为不可或缺的展示文化的固定物。牌楼、风雨桥、寨门、鼓楼、萨岁庙、叮卡谷花桥、踩歌堂等侗寨标志性建筑是建构侗族文化的"表现文化"，它们在无声地传递着侗族文化的同时，也在进行着空间生产，建构着乡村旅游社区的传播网络和集体记忆，以此加强当地村民对于新的社区和地方的认同。

一 建筑景观符号的生产

（一）场所的告白：自然与人文的双重背景

场所是大环境的具象表达，是 F 村形成侗族风格建筑的具体地理背景，反映了自然环境对建筑的空间生产所具有的影响。作为建筑空间，可以从两个方面进行理解——作为因变量的空间和作为自变量的空间。建筑空间作为因变量，受所在社会的自然环境影响，即社会文化环境和自然环境决定了建筑空间；建筑空间作为自变量，既可以限制或疏导人们的行为活动，也可以通过与周边环境的合理配置构筑一个新的场景。[①]

F 村是芭蕉侗族乡的一个自然村寨，这里有山、有水、有茶园，再加上距恩施市区仅有 10 公里的距离，有着得天独厚的区位优势和交通优势。为了方便生活，利于生产，侗族村寨一般选址在缓坡上、山坳和谷地之中，背靠起伏的大山，面临蜿蜒的溪河，强调依山傍水，尤其讲究山与水的和谐配置。F 村正是因为这种得天独厚的自然环境和地理位置，成为政府打造侗族村寨的首选之地，政府工作人员 F 告诉笔者：

> F 村优美的生态环境和厚重的农耕文化，对于芭蕉侗族乡的生态旅游开发具有重要的示范价值，这里依山傍水，地势平稳，茶园飘香，形成了自然与人文的完美架构，具有侗族文化所依存的自然根基。

F 村以鼓楼和寨门为中心，形成了"上面"和"下面"两大聚落区，房

---

① 陶伟、程明洋：《地方性空间与旅游发展中的地方性研究：从空间与空间句法谈起》，《旅游学刊》2013 年第 4 期。

屋的修建一般依山就势、顺应自然，朱砂溪从村寨穿过，范家坝风雨桥横跨朱砂溪，将河两岸连接为一体，充分彰显了侗族"亲水"的文化传统。朱砂溪是 F 村境内的一条主要河流，和芭蕉河交汇后，流经 9 公里峡谷汇入清江，溪流曲折逶迤，水量充盈，水质清澈，岸边植被青翠，一派宁静恬美的风光。一路下来，溪流同周边山景、石景、竹林以及农庄一起构成了丰富而多姿的景观。

"规划"在制定过程中也是充分考虑了 F 村建筑空间生成的背景。Z 是规划组组长，他认为 F 村作为芭蕉侗族乡的一个自然村落，具有可以挖掘的旅游文化资源，包括地文景观、水域风光、生物景迹、建筑与设施、旅游商品、人文活动等 8 个类型，这是 F 村建筑空间形成的基本区域背景。（见表2-2）

表 2-2 规划区旅游资源分类表

主类	亚类	基本类型	现有资源	新增资源
A 地文 景观	AA 综合自然旅游地	AAA 山丘旅游地	枫香坡（茂林秀竹，满目苍翠。该处曲径通幽，景色颇佳。翠树苍郁，景色宜人）	
	AC 地质地貌 过程行迹	ACA 凸峰		
		ACE 奇特与象形山石		
		ACN 岸滩	石滩	
B 水域 风光	BA 河段	BAA 观光游憩河段	朱砂溪河道	
	BC 瀑布	BCA 瀑布		拦河坝瀑布
C 生物 景迹	CA 树木	CAA 林地	竹林，次生林	
		CAB 丛树	松、杉	
		CAC 独树	白果树（该树树龄在百年以上，根深叶茂，躯干粗大，挺拔，整体浓荫如盖）	
D 气候 景观	DA 光现象	DAA 日月星辰观察地	√	
	DB 天气与 气候现象	DBA 云雾多发区	√	
		DBB 避暑气候地		

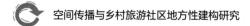

续表

主类	亚类	基本类型	现有资源	新增资源
F 建筑与设施	FA 综合人文旅游地	FAB 康体游乐休闲度假地		
		FAC 宗教与祭祀活动场所	踩歌堂	
		FAG 社会与商贸活动场所	芭蕉茶叶批发市场	侗乡特色一条街
		FAH 动物与植物展示地	富锌茶叶种植基地	
	FB 单体活动场所	FBC 展示演示场馆	榨坊、茶坊、磨坊及农事活动	
		FBB 祭拜场馆		萨岁庙
F 建筑与设施	FC 景观建筑与附属型建筑	FCK 建筑小品	棋盘	
	FD 居住地与社区	FD 传统与乡土建筑	侗族特色的寨门	侗族鼓楼、枫香坡寨门
		FDB 特色街巷		枫香坡美食街
		FDC 特色社区		枫香坡侗寨
	FF 交通建筑	FFA 桥	普通公路桥	风雨桥
		FFC 港口渡口与码头		
	FG 水工建筑	FGA 水库观光游憩区段		
G 旅游商品	GA 地方旅游商品	GAA 菜品饮食	地方特色菜	
		GAB 农林畜产品及制品	茶、桔、柚	
		GA 中草药材及制品		
		GAE 传统手工产品、与工艺品		
H 人文活动	HA 人物	HAA 人物		
	HB 艺术	HBA 文艺团体		
		HBB 文学艺术作品		
	HC 民间风俗	HCA 地方风俗与民间礼仪	婚、娶等风俗	
		HCB 民间节庆	春节、端午节、中秋节	
		HCC 民间演艺		山歌,民间戏剧,侗族歌舞

（资料来源：笔者根据"规划"内容整理）

Z 认为 F 村有两大文化特色，一是富硒茶文化；二是侗族民俗文化，因此在打造 F 村标志性建筑的时候，要充分考虑这两种文化符号的强化，营造和恢复侗族传统生境。他告诉笔者：

> 对部分民居住房进行侗族风格的装饰和改建，要求以后新建房屋严格审批手续，力求整体建筑风格统一，侗族文化特色突出，与 F 村侗寨景区协调一致。另外，侗族是个亲水的民族，河流、竹林、船（竹排）、竹排、风雨桥、堤坝、水车、鱼塘、水井等是 F 村展示侗族水文化的主题元素。通过这些元素的综合运用，营造出侗家山寨意境，从而提高旅游产品的文化含量。

这正如迈克·克朗（Mike Crang）所说，不能将地理景观仅看作"物质地貌"，而要将其作为一种可以解读的文本，对它们的解读可涉及文本背后的文化、权力、政治等各方面。[①]

（二）符号的集合：侗族建筑的空间语言

麦克卢汉认为："作为居所的住宅是人体温度控制机制的延伸。"[②] 换言之，建筑本身便是人类知觉的延伸，各种各样的符号就是感知建筑的外在形式。建筑作为一种文化符号的集合，通过其外在表征传递信息和建构意义。

1. 民居建筑：一种消费文化符号

在传统侗族村寨，民居建筑主要是一种杆栏式建筑，这种建筑取材一般是木头，一是为了防潮，二是为了防止蛇虫猛兽的攻击，这是由侗族居住地区的地理地貌、气候条件、生态环境、森林资源以及文化传承等诸多因素决定的。这正如列斐伏尔所说，"自然界是被天真的赐予的语境"，自然界是第一性的，但空间的生产实际上却是"人化的自然"。这种对自然界的"人化"，显示了不同的空间规则，精密地整合着人、自然、社会、心理等要素。

建筑的空间规则不是一成不变的，随着社会、经济、文化等要素的改变，空间规则也在随之发生改变。侗寨民居是侗族文化的最重要载体，由于芭蕉侗

---

① ［英］迈克·克朗：《文化地理学》，杨淑华、宋慧敏译，南京大学出版 2003 年版，第 3 页。

② ［加］马歇尔·麦克卢汉：《理解媒介——论人的延伸》，何道宽译，译林出版社 2011 年版，第 145 页。

族乡的侗族为外来移民，在与土家族、汉族长期文化交流的过程中，建筑风格
发生了很大的改变，因此，F村在打造侗族村寨的过程中，并没有严格按照传
统侗族民居的"干栏式"建筑特点进行居住空间的打造。首先，对已有民居的
建筑风格进行改造，添加了一些外显的侗族文化符号，比如要求青瓦白脊、飞
檐翘角。其次，要求新建民居一律建成侗族建筑风格的木结构房屋，一般为两
层干栏式吊脚楼，每层楼上都有挑廊，廊上安装栏杆或栏板。在调研过程中，
笔者发现F村也修建了几栋与整个侗族村寨风格完全不同的居民建筑，比如欧
式建筑风格，其中罗马柱是最具典型性的符号元素，村里的干部告诉笔者：

> 这都是没有按照我们统一规划建的房子，完全与周围的环境不搭
> 调，现在也不知道怎么办，只能在外包装的时候叫他们想办法弥补。在
> 规划中明确要求要按照侗族风格修建住房，并且要办手续，但是很多村
> 民就是要别具一格。

传统的建筑规则正在被改变，新式的建筑形式隐藏着社会关系、历史和
环境变迁的信号。当地村民对于村里修建的欧式建筑风格的房子，大多数的
评价是觉得"很豪华""很洋气"，也有部分村民认为这种做法破坏了F村的
统一风格，不利于乡村的进一步发展。

另外，随着当地旅游业的发展，当地村民居住的场域不再是一个私密的
空间，建筑特色也在悄然发生改变。很多家庭将房屋的一部分建成家庭宾馆，
以供游客食宿，满足游客体验侗乡风情的需求。有的家庭在修建住屋时改变
了原有的院落形态，扩大了建筑空间范围，形成多个院落，并在院落中增加
了餐厅、洗浴空间、娱乐空间、休闲空间等。原本较为封闭的家庭空间变成
了半开放空间，居住空间部分变成了消费空间。有时游客会参与到F村当地
人的住屋空间中一起用餐，这也打破了传统的堂屋周围的空间秩序。茶花山
居是许多精致的小院落组成一个大院落群，在院落里修建了花园、公共厨房、
凉亭、木刻房、书画室等公共区域，游客和当地人在一个空间中生活，传统
的空间秩序、社会关系被打破，正在建构着新的社会关系。

为了集中展示侗族村寨的特色建筑和生活方式，开发商在F村开发了19
套特色民居，组成了一个侗族特色建筑群，负责项目开发的恩施市F村民族

旅游发展有限公司的 H 总告诉笔者：

> 这些特色民居主要都是外地人过来投资购买的，用来自己居住的比较少，大多数都是用来开农家乐的，虽然叫民居，其实是商用。

这些特色民居位于寨门右侧，前面是朱砂溪，河流两边是茶园，房屋建筑风格一样，都是木墙、灰瓦、翘脊、花格窗，每套民居都有独具特色的命名，比如一鸣惊人（鸡庄）、二泉映鱼（鱼庄）、三羊开泰（羊庄）、四季发财（药膳）、五股丰墩（庖汤）、六牛大顺（牛庄）、七味无穷（腊肉）、八仙过海（海味）、九经烤炼（烧烤）、十犬食美（狗肉）。命名是赋予空间以意义，使之成为地方的方式之一，这些别具特色的店名背后体现了侗族的饮食文化特色，形成了"吃在枫香坡"的品牌概念，构成了独特的名号文化表征。这些特色民居主打不同的美食品牌，集中展示了恩施各地的特色美食，具有居住空间象征意义的特色民居变成了消费空间，当地村民的生活方式作为符号的构成规则具有了商品属性，侗族文化符号演变成了消费文化符号。

2. 标志性公共建筑：集中展示与符号强化

"各种传播媒介会根据各自的传播目的选取那些极具城市特质的地点或标志性的建筑与构造，来表达某种既定的意义。"[1] 在乡村旅游社区，各种传播媒介也通过对极具民族特色的标志性建筑的凸显，来呈现完整的侗族文化符号。侗族建筑艺术有三大瑰宝，分别是风雨桥、鼓楼和凉亭，这也是 F 村作为一个侗族村寨所具有的标志性公共建筑。在 F 村，具有侗族建筑特色的公共建筑作为一种侗族文化符号的集中展示，强化了当地村民对于侗族文化的认知，也强化了外地游客对于 F 村侗族村寨的品牌记忆。在调研的游客中，当问到最能代表侗族的文化符号是什么的时候，80% 的游客回答依次是：风雨桥、鼓楼、踩歌堂、寨门、萨岁庙等。

侗族风雨桥大多架设在村寨下方的溪河之上，既作交通之用，又有宗教方面的含义，它象征飞龙绕寨，以保年年风调雨顺，五谷丰登，吉祥幸福，故人们称之为风雨桥、回龙桥、永济桥、赐福桥等。风雨桥功能较多，既可

---

① 邵培仁：《媒介对世界的描述与解释》，《当代传播》2010 年第 4 期。

通行、避雨，又是村民集市贸易、休憩纳凉、谈天说地的场所。F村建有两座风雨桥，一座命名为范家坝风雨桥，横跨朱砂溪，是村民和游客进出村寨的必经之地；另一座命名为叮卡谷花桥，建在干谷上，谷深50米。负责F村旅游规划的三峡大学教授Z告诉笔者：

> 叮卡谷是紧靠旅游区景观轴线东边的一条山谷，叮卡谷南边的山坡上为次生林，林深树密，整个山谷植被覆盖，山上有许多野茶树，非常具有观赏价值。谷底上窄下宽，长约一公里，修建一座景观风雨桥连接山谷两边，可以将景区旅游主轴与现在的农事体验区连在一起。

村民F在叮卡谷花桥旁边修建了一个农家乐，命名为"花桥人家"，他认为修建这座风雨桥一是为了风水的需要，因为侗族有"接龙脉"的说法；二是为了旅游的需要，能够给游客提供一个休息和游玩的场所。

图2-5　F村侗族风雨桥

侗族风雨桥是侗族建筑的代表，体现了一个民族的文化特质，充分体现了侗族的自然崇拜性和天人合一性。F村风雨桥状如鼓楼，像一棵棵大松树，这是树崇拜的一种体现。风雨桥的取材除了石砌桥墩外，都是来自山里的木材，取材自然，不用一钉一铆，全靠凿桦衔接。另外，风雨桥主要建在青山绿水之中，好似自然的延伸。对于当地村民而言，风雨桥主要是一个社交场所，农闲的时候可以坐在这里娱乐和休息；在旅游旺季的时候，可以为游客提供茶水服务。对于游客而言，这里是自然山水与侗族文化完美结合，可以享受田园的休闲乐趣。在调研期间，多次碰上一名恩施城里来叮卡谷花桥吹大号的老人，他告诉笔者：

> 这座风雨桥是侗族民族工艺与自然景观的完美结合，再配上两岸的风景，真是美不胜收，每天都像在画里生活一样，在城里根本找不到这样的地方，既可以欣赏优美的自然风光，又可以感受独特的民族文化，有时候还能碰上几个志同道合的人，我吹他唱。

正说着，一名武汉的老人拿着手机走了过来，他主动要求和老人合作一曲《北国之春》，在激昂而又深情的歌声中，叮卡谷花桥犹如在沟通世界。

图 2-6 风雨桥上表演的老人

鼓楼是侗族地区特有的一种民族民俗建筑物，在南部侗族地区几乎村村寨寨都能见到，成为侗乡的标志。鼓楼文化活动分为两类：一类是侗家自娱自乐的歌舞活动，游客应邀参与或主动参与，主要是满足寨民的文化活动需求；另一类是在祭萨活动中，作为主要的歌舞场所，侗族男女青年在此携手围圈旋转，由歌师领唱迎萨岁进场歌，男女齐唱三首迎萨岁入堂歌，尔后唱赞颂萨岁生平事迹歌。迎萨岁礼仪毕，接着唱劳动歌、生活与吉祥歌等，最后唱散堂歌。数十名寨老盛装入座鼓楼塘长凳，以示威严庄重。当地村民对于拔地而起的鼓楼有不同的认知，大多数村民认为这是一个旅游景点，对自己的日常生活并没有带来直接影响，其中一位村民告诉笔者：

> 鼓楼是给游客上去玩儿和拍照的，我们基本不上去，没有啥意义，都是旅游开发搞起来的，但只要游客喜欢，我们还是蛮高兴的。

图 2-7　F 村鼓楼

还有一部分村民认为鼓楼就是侗族文化，应该保护和传承好这种文化，也认为侗族文化是乡村旅游能够持续发展的根基和动力。

图 2-8　F 村在戏楼召开村民大会

在 F 村，在村民住宅比较集中的地方修建了戏楼，又称"踩歌堂"，与鼓楼一起构成了 F 村的"心脏"。当地一位研究民族文化的老人告诉笔者，踩歌堂（哆耶）并不是一种建筑，而是一种艺术形式，它是侗族传统的民间风俗性歌舞，与宗教性的"祭神堂"结为一体，其歌词可以看作一部长篇抒情的叙事诗。根据侗族文化传统，这里是用于祭祀、节庆和日常交往的地方，即踩堂歌的地方。戏楼主要由用优质杉木修建而成，楼顶盖小青瓦，翼角高翘，潇洒轻盈。戏台台面两侧及台中后部用杉板装修，上部装饰木雕花窗，台前罩面枋上也用木雕装修，彩绘龙凤呈祥、人物故事、花鸟虫鱼，富有浓郁的民族风格。作为一种公共空间，它的存在与当地村民的农耕生产和日常生活似乎没有直接关系，但它作为一个实实在在的地点，却又与当地村民发生着千丝万缕的关联，成为一种"再现的空间"，它的存在必须通过想象才能成立。

在调研期间，戏楼里已经没有了农民艺术团的演出，当地村民在回忆戏楼这段演出历史的时候，大多数都有一种自豪感，也流露出一种惋惜之情。在当地村民心中，戏楼是 F 村的中心，也是一个重要的社交场所，村民 H 告诉笔者：

> 戏楼现在虽然不演戏了，但晚上会有很多妇女在这里跳广场舞，村里开会和培训也在这里，游客玩累了也会坐在这里歇歇脚、照照相。

另外，戏楼一个比较有意思的场景引起了笔者的注意，一是在戏楼大门口有四块做工精致的政策宣传橱窗，二是在靠公路一边的外墙上写着一句宣传标语，即"圆好团结梦，追寻发展梦，实现中国梦"，在标语下面写着"小马姐姐茶叶铺"。政治话语、商业话语与村民的日常交流空间相映成趣，构成了 F 村一道特殊的景观。

F 村的标志性景观建筑组成了一条侗族文化符号主轴线，好似一条出入山寨的巨龙，鼓楼就是龙头，侗族民居、寨门、鼓楼、萨岁堂等就是龙的身体，风雨桥则是龙的尾部，呈现了一个符号象征。侗族文化符号在建筑中的凸显和强化，给游客提供了可识别的符号元素，也加强了当地村民的文化认同感和自豪感。

3. 乡村民宿：地方性再生产

民宿是旅游者深入了解旅游地民俗文化的重要工具之一，根据民宿所处的地域差异可以分为城镇民宿和乡村民宿。乡村民宿通过向游客展示并邀请游客体验当地村民自然的生活场所以及生活方式，让游客感受更具本土风情的体验，提升了旅游的价值。在F村，主要有两种类型的乡村民宿，一是以"茶花山居"为代表的主题精品民宿，二是以"侗族人家"为代表的普通乡村民宿。茶花山居规模不大，只有13间房，主要接待散客，每个房间的装修和布置都体现了老板的文化品位和别有用心，展现了经营者追求的"精致慢生活"的生活方式。侗族人家属于大众型的乡村民宿，可以接待团队旅游，价格经济实惠，内部装修比较简单，以标准化为主，主要是作为住宿场所出现的，但因为位于乡村田园间，也能够激发游客对乡村田园的想象。

在F村乡村民宿的构建中，民宿建筑是营造氛围的重要内容，木质结构的"飞檐翘角"是具有特色的建筑形式；通过传统的戏台、凉亭、鼓楼等传统的建筑文化，营造出独特的侗族文化氛围。茶花山居与戏楼、鼓楼遥相呼应，中间点缀着大片茶园，侗族人家旁边是陆羽雕像和凉亭，门前是一片竹园，屋后也是大片茶园，形成了具有浓厚侗族文化氛围的外围空间。除了建筑构造在氛围营造上的作用，当地的饮食、民间艺术、生产工具等非物质文化形式也对F村民宿氛围的构建具有重要的作用，侗族独特的饮食文化以及吃"疱汤"、点篝火、唱敬酒歌等民俗文化营造出一种鲜活、有趣的文化氛围，游客通过民宿感受这一系列饮食、风俗上的文化，深入了解本土生活和文化，产生了一种文化认同感。除了特色的侗族文化氛围构建以外，F村在进行过民宿构建时，保留了原生态的自然内容，如窗外的茶园、后山的竹林、门口的菜园和民宿原生态花草植物等，这些符号元素都很好地营造了乡村民宿氛围。

另外，作为传播媒介，F村乡村民宿的深层结构不仅包含F村的本土文化意识，同时也体现了侗族文化、本土文化与外来文化的融合，表达了一个开放包容的空间。茶花山居总体风格体现着侗族"青瓦斜面，木门窗，飞檐翘角，白墙白漆，咖啡墙裙"的风格，在细节上充分挖掘乡土元素，院落中种满了时令蔬果和花草，土瓦罐当花瓶，野花成瓶中之装饰，木质树叶作为菜谱，侗族银饰装饰门帘，房间内现代化的居住设施一应俱全，城市现代元素扑面而来。侗族文化符号、乡土文化符号与城市文化符号完美结合，呈现出一个多元文化并存的居住空间。现在，茶花山居成了一个旅游观光景点，成为促进 F 村旅游发展的重要媒介，这其中无不折射出经济资本与文化资本在旅游地的生成作用。

图 2-9 茶花山居民宿

乡村民宿作为一种旅游文化符号，通过展示当地有个性的生活方式符码，满足了游客特定的文化需要，并通过在客栈的命名、外部装修风格、内部基础设施以及服务经营理念等方面的特色强化，建构了 F 村的符号表征。不论是"侗族人家"，还是"茶花山居"，其命名都体现出了民族和地方特色，丰富了当地的地方性。在茶花山居，几位北京来的老人坐在院子里，因为停电，他们一边摇着蒲扇，一边聊着天，满院子的京味儿带来不一样的文化冲击。一位大爷在微信中这样写道："这才叫作真正的乡村生活，大家围坐在一起，满院子的星空，满院子的欢声笑语。"

（三）符号的意义："真实的复制"

列斐伏尔认为空间是实践的空间，空间也是符号的空间，空间的意义是在人的实践活动中产生的，而空间本身也是符号的象征，是展示人类文化的密码。建筑作为人类一种重要的空间实践形式，从一产生就携带着历史、政治、文化等符号语言，赋予了建筑空间不同的文化意义。F 村在发展乡村旅游的过程中，通过对建筑空间的打造与展演向当地村民和外来游客展现了自身的"真实性"和"原生态"，给他们带来不一样的符号体验。

对于游客来说，当他们到乡村旅游时，吸引他们的往往是那些与乡村文化氛围相称，并能反映地方特色的建筑物。因此，建筑成为一个重要的文化展演符号，F村建筑所展演出来的是一种兼具地方色彩和侗族文化特色的符号表征，它到底体现出什么样的民族文化内涵，当地村民和外来游客都存在不同的解读，并且亦真亦幻，模糊不清。但是，"这种被建构出来的文化符号的功能在于：满足旅游者休闲、猎奇的心理需求；回馈东道主对政绩和经济利益的追求"①。

乡村旅游的发展及当地村民市场经济意识的觉醒，使得他们对F村侗族特色建筑文化的内涵存在不同的解读。D在村里经营着一家农家乐，鼓楼占用的就是他家以前的房子，于是他就在鼓楼旁10米的地方建起了一栋新宅。

笔者：修建鼓楼占用了你以前的房子，你觉得划得来不？

D：我觉得是好事啊，鼓楼是我们F村的标志性建筑，很多游客都是冲着这个来的，没有鼓楼，我的农家乐生意哪会这么好，很多游客看完了鼓楼，就直接到我这里来吃饭了，比我以前的那个房子放那儿值钱多了。

笔者：你觉得当初为什么要在你房子那里修建鼓楼？

D：有些人说是因为风水好，说我那个老房子位置在整个村里像个龙头，现在不光修房子看风水，搞旅游也看风水的。

笔者：你们平时会不会去鼓楼？

D：很少去，一般都是游客上去，有时候不忙的时候村民们也在里面溜达一下，主要是没有什么好看的，我们经常看，也不觉得有啥稀奇。

笔者：你知道鼓楼在侗族有啥意义不？

D：知道一点，都说鼓楼是侗族建筑艺术的三大宝，所以要建侗族村寨，肯定少不了鼓楼的。另外，鼓楼也是吉祥的象征。

随着F村乡村旅游的发展，当地村民的经济收入都有了很大提高，从中

---

① 陈心林：《村落旅游的文化表述及其真实性——以鄂西枫香坡侗寨为例》，《西南民族大学学报》（人文社会科学版）2013年第11期。

受益的村民对于这些复制的建筑文化符号给予了高度的文化认同，并极力推崇这种"真实文化"，以强化对游客的吸引力。但一些并未从旅游开发中获益或获益很少的人并不认同这种建筑文化符号。一位正在萨岁庙前采茶的当地村民告诉笔者：

> 这萨岁庙我也不知道是干啥用的，里面啥都没有，我们以前听都没听说过萨岁，观音娘娘倒是听说过，主要是为了吸引游客，旺季的时候我这个茶园里挤满了人，都想在萨岁庙前拍张照片，有时候把我茶园搞得乱七八糟的。只要他们觉得好就行，反正我们无所谓。

在范家坝风雨桥等公车回程的时候，一名老人和笔者攀谈了起来，当他得知这是调研时，他笑着说道：

> 这里有啥调研的，都是假的，有什么好看的，这风雨桥是专门给游客照相的，以前我们土家族也有凉桥，那是我们赶场的地方。鼓楼我们从来不去，就刚开始修起来的时候我去看了一下，就是个摆设，啥作用都没有。那个踩歌堂有一阵子还挺热闹，我们也经常去，现在还不是不跳了。

这正如陈心林所言："当地人对于文化真实性的认可具有场景性与选择性。"[①] 游客作为建筑文化展演的受众，对于这种符号文化内涵也赋予了不同的意义。

个案 1：武汉 H 先生，52 岁，萨岁庙前。

> 笔者：你为什么要在萨岁庙前拍这么多照片？
> H：一是觉得这里具有很好的色彩搭配感，绿色的茶园与红白相间的建筑搭配在一起，就是一幅美丽的画卷；二是觉得这个萨岁庙位于山

---

① 陈心林：《村落旅游的文化表述及其真实性——以鄂西枫香坡侗寨为例》，《西南民族大学学报》（人文社会科学版）2013 年第 11 期。

脊，地理位置突出，应该有啥象征意义。

笔者：你觉得这里是侗族村寨吗？

H：我去过黔东南的侗族村寨，建筑跟这里差不多，但那边更有特色，建筑也更有历史感，但我觉得这其实不重要，这里空气好，也不像其他景区里人那么多，安静，也很随意，饿了就吃饭，累了就休息，感觉心情舒畅就行了，也不一定非要纠结是真的还是假的。

个案 2：南京 S 先生，48 岁，侗族文化博物馆。

我是专门带学生过来考察民族建筑的，但说句实话我非常失望，首先是复制的痕迹太明显，完全没有文化内涵，看起来非常别扭。我走到这里已经不想再上去了，估计这就是一个人造侗族村寨。这里的民居也不像贵州那边有民族特色，总觉得很杂，好像和汉族、土家族没什么区别。

以上案例说明，不同的游客在看待这些侗族建筑的时候，他们所获得的"真实感"是不同的，这与他们对于旅游地文化的期望度有很大关联，对于大多数游客而言，这些建筑符号是不是真实的并不重要，重要的是给他们提供了一个不一样的体验空间，从中获得了不一样的生活体验，或新奇，或刺激，或宁静；对于少部分游客而言，他们更关注符号的真实性，因此他们的满足度更低，这部分人往往是这些领域内的研究者。

二 作为媒介的建筑景观

建筑是人类实践活动的产物，它从诞生之初就被打上了人类实践和社会关系的烙印，建筑在空间生产的过程中又不断产生新的意义，承载诸多文化符号。因此，不仅建筑本身具有意义，它还承载着人类文化的符号，具有媒介属性。郝朴宁认为："信息必须借助于一定的媒介才能进行传播，关于媒介，现代传播学研究更多地注意到了语言文字、印刷、新闻、广播、电视、网络等。但从历史与文化的角度来看，信息传播的媒介远不止这些。特别是我们的祖先与其他民族相比，具有更强的信息传播意识，创造出了一些其他民族所没有的媒介。"[1] 郝朴宁等人还指出："特别是那些古老的民族文化，从传播学角度审视，本身就具有特殊的介质意义。"[2] 他们认为云南民族文化原传介质包括体态、声讯、石介质、民间艺术和民族节日等，并认为这些原传介质都是民族文化的储存器。因此，李丽芬等人认为"少数民族建筑同样具有民族文化储存器的功能"[3]。

侗族建筑作为侗族文化的储存器，传达了多层次的符号信息，显示了侗族地区的民族文化特征，成为一种表征侗族文化的符号集合，具有共时性和历时性的传播特征。建筑是对自然空间的再创造过程，作为一种"人化自然"，它在对自然空间改造的基础上，建立了人与自然的生境空间关系，它不再仅仅是一个静态自然景观环境的营造体，而是具备了联结历史、社会与空间能力的综合关系体。

（一）双向传播：共时性的关联

建筑类型和形式是社会、历史和空间三重作用的结果，在深层次上与历史、社会、文化等各个要素相关联，是多种信息的糅合。从传播过程来看，这种关联主要体现在传播者与受者的关联层面。建筑的传播者与报纸、广播、电视这些媒介的传播者显然不同，前者是建筑的设计者与营造者。在 F 村，传统的民居建筑主要是为了满足村民的日常居住，公共建筑也仅仅是作为交通和休息的需要，比如范家坝风雨桥，以前只是一座石桥，当地村民回忆：

> 以前范家坝这里就有座石桥，主要是为了过朱砂溪方便，后来在建风情寨的时候，对这座桥进行了装饰，并增加了一些长坐板，还做了翘角，所以现在就叫作风雨桥。

范家坝风雨桥作为一座普通的石桥，其主要功能是供当地村民过河，体现出来的是一种实用功能，这个时候的传播者角色也就显得很模糊。然而，随着打造风情寨的需要，民居建筑和公共建筑的功能不断发生演变，逐渐被赋予一种象征意义，建筑的设计者和营造者成为重要的信息传播者。建筑物

① 郝朴宁：《传播理论》，云南美术出版社 2006 年版，第 372 页。
② 郝朴宁、李丽芬等：《民族文化传播理论描述》，云南大学出版社 2007 年版，第 210 页。
③ 李丽芬、邱昊、谢晓霞：《民族文化传播研究》，人民出版社 2017 年版，第 50 页。

的观众是与建筑物有关系的人，他们是建筑物的使用者、鉴赏者或评论员，在建筑物功能演变的过程中，其受众角色不断变化。作为一种建筑范式、一个有名的景点，一批又一批的游客过来参观、拍照、评论，涉及各个阶层、各个地域，他们构成了一个庞大的受众群，以自己的方式与这些建筑发生着某种关系。

首先，建筑的生成过程是多元信息的聚集过程，这些信息通过建造者的翻译而物化于建筑。在 F 村，不论是作为民居的建筑还是作为公共空间的建筑，都体现了信息的物化过程。政府和乡村规划者是传播的主体，他们在对 F 村自然生态、文化特征、社会经济和旅游发展四个方面分析的基础上，提出了 F 村建筑空间营造的规划和措施。当地村民告诉笔者：

> 我们哪知道什么是侗族，政府叫我们怎么修房子我们就怎么修，政府还专门给了房屋改造费，加上这些装饰，还是很有特色的，的确比以前好看，并且我们这一片都是一样的，显得整齐干净。

当笔者问到风雨桥、鼓楼、踩歌堂有什么文化内涵的时候，一位村民说道：

> 我们只知道这是侗族的特色建筑，是为了吸引游客专门打造的一些景点，具体有啥含义，你们可以问问村里的干部们，他们清楚得很。

通过政府工作人员和规划者对侗族建筑文化的翻译，F 村形成了独特的建筑文化景观。当建筑建成后，建筑本身作为承载各类信息的媒介，再次将多元信息传播给与它发生关联的人，游客是其中最主要的代表。当游客进入 F 村，首先引发他们想象的就是建筑。在调研过程中，很多游客都会谈到 F 村建筑充满民族特色，并且通过对游客发表的游记和微信内容的观察，笔者也发现了侗族建筑的高频曝光率。D 先生是笔者在鼓楼调研时碰见的一位老人，一般游客在鼓楼上逗留的时间不会超过 10 分钟，主要是拍照和上楼顶看一下外面的茶园风光，但这位老人在里面足足待了 30 分钟还没有离开，于是笔者便和老人攀谈了起来。

笔者：您是不是做民族文化研究的呀，我看您在里面观察了很久？

D：做啥研究哟，我们宣恩也有鼓楼，我就是想来看看有啥不同，觉得好玩儿。

笔者：您知道这个鼓楼是后来修建的不？

D：应该是后来修的，这些木材、图案，还有门口的对联都看起来没有几年的时间。有年代的东西我们一眼就看得出来。

笔者：那您觉得这些后来复制的建筑有意义不？

D：咋没有意义呢，你认真看这些上面的图案和雕刻，还是能学到些东西的，再就是门口的对联：敬老尊贤继承中华传统美德，少生优育弘扬神州时代新风，这都是在告诉我们要尊老爱幼。

建筑作为一种媒介，在与游客的互动中，传递着多重信息，显然，这些信息要通过游客的解读才能成立。另外，建筑所传播的内容会被传播者不断地补充和修改，这就导致了建筑的历时性发展，在新的时期被赋予了新的文化内涵。鼓楼作为传统侗族村寨的政治中心和文化中心，最初是氏族首领召集大家聚众开会的场所，后来发展成一个祭祖、聚款、歌舞娱乐、迎宾送客的场所，具有多重社会功能和文化内涵，因此，"在侗族人民看来，鼓楼修建得不好，不但丢了寨人的丑，也丢了民族的丑；不但当代人脸上无光彩，而且损害了祖先的名声。用最好的材料，请最好的工匠，成最好的建筑，这是大家的共同追求，共同心愿"[1]。鼓楼也修建在 F 村的正中心，传递了其所具有的政治中心地位，但鼓楼在 F 村已经丧失了基本的社会功能和文化功能，比如聚众会议、击鼓报警、举办仪式等功能已经不复存在，而变成了一个消费文化的空间，供游人参观。当地村民都认为鼓楼是修建给游客看的，对他们的日常生活并没有什么影响，最主要的功能就是能够吸引游客过来消费，从而提高整个乡村的文化附加值。

（二）时间偏倚：侗族文化的传承

英尼斯（Harold Innis）在《传播的偏倚》一书中论述了传播媒介的偏倚性问题。他认为了解各种传播媒介、传播思想、控制知识和垄断文化实质的

① 杨春风：《广西侗族民族建筑及色彩文化研究》，《小城镇建设》2001 年第 11 期。

根本，必须先认识媒介的时间偏倚（time-bias）和空间偏倚（space-bias）特性。时间偏倚的媒介质地较重、耐久性强，较适于克服时间的障碍，能较长久保存；空间偏倚的质地较轻、容易运送，较适于克服空间的障碍。因此，任何传播媒介若不具有长久保持的特性来控制时间，便会具有便于运送的特点来控制空间，二者必居其一。

在F村，作为村寨标志的公共建筑一般体积较大，耐久性强，不是实时消费的媒介，比如前面所论述的鼓楼、踩歌堂、萨岁庙等，依照英尼斯的理论，F村这些标志性建筑属于一种偏向时间的媒介，这使得乡村的发展历史可以在乡村地标性建筑身上得到呈现。在地标性建筑建成之前，乡村建筑规划师将侗族的文化予以抽象，然后融入乡村地标建筑的设计之中，从而使得这些地标性建筑能够在物质与精神层面表征一个F村侗族村寨的文化特色。萨岁庙作为村寨里具有浓厚民族特色的传统建筑，在它的文化内涵中，显示出侗族母系氏族时期遗留下来的印迹。对于当地村民而言，萨岁庙只是一个可供游人参观和拍照的建筑景观，但作为一种地标性建筑，随着时代迁移，通过对其进行保护、创新、传承以及受众的重新解读，萨岁庙也会成为F村历史的见证人。村里的新农人群体表达了他们对这些具有时间偏倚性建筑的期待性，他们告诉笔者：

> 我们一定要保护好这些侗族标志性建筑，这不仅是吸引游客的文化因子，也是我们村寨的文化遗产，再过一百年，这些建筑就会成为活化石，文化都是需要时间来沉淀的。

同时，加上其他媒介的影响，这些地标性建筑及其影响能够长久持续，能够唤起当地村民对于乡村的记忆和文化认同，也能强化游客对F村的形象认知。在调研期间，笔者正好碰上了对F村进行二期规划的武汉大学规划设计团队，LW是团队负责人之一，他认为，不论是城市还是乡村，标志性建筑都是一种重要的传播媒介，不仅能够传递信息，而且随着时间的推移，其传播价值会不断提升。出于乡村地标性建筑的持久性，它能够见证整个乡村的发展历程，成为记载乡村发展的历史符号。

另外，这些具有时间偏倚性的地标性建筑在乡村传播中具有"准大众媒介"的特质。传播学意义上的媒介往往指涉报纸、广播、电视以及当下的网络，其实，"建筑既是可以直接作用于人的一种实体，又是一种存在于一些人与另一些人之间的媒介，建筑本身也是信息的载体"[1]。在传统的乡村传播观念中，乡村媒介主要包括乡村电视、乡村广播、乡村报刊、互联网和手机媒体、乡村影视等大众传播媒介，乡村建筑的媒介属性在乡村传播中并没有得到凸显。F村的标志性侗族建筑一般位于乡村的核心位置，比如山顶、人群聚集的中心、寨门口等，这些地方一般游客最多，受众群广泛，可以利用人流变化的特征，将建筑的各种信息传递给社会各个角落里的受众。另外，建筑传递的具体事件信息较少，更多的是抽象的信息，赋予了建筑更多的人文内涵。

在调查中，笔者发现，不论是当地政府还是当地村民，对于建筑的这种媒介属性并没有给予高度的重视，忽视了其建构乡村形象功能的作用，从而出现了对乡村标志性建筑空间管理不规范的诸多问题，比如寨门口乱摆乱放、侗族农事体验区农具大量破坏、踩歌堂功能闲置，这些问题都成了制约乡村旅游发展的重要因素。农家乐老板K告诉笔者：

> 我这里主要接待旅游团队，他们一般是晚上来我们这里住宿，第二天一大早就去了恩施周边的其他景区，很多游客就只在寨门口拍个照，一般都不上去，所以寨门是一个重要的景点，当地有些村民在寨门那里随便摆摊，搞得乱七八糟，给游客传递了不好的信息。

（三）符号标出：侗族村寨的形象传播

"形象是人们在脑海中描绘的现实，是主客观的合一。形象是在一定的社会契约中形成，在特定的政治经济体内具有共性和集体意义，但每一个个体对客观事物的形象感知又存在差别。形象的形成得益于具体的可感知的符号。"[2]在F村，建筑空间的符号标出性，成为乡村形象传播的重要元素。

旅游是一种观察世界的方式，通过旅游世界与日常生活世界形成的反差来确立自我认同，因此，旅游目的地的文化标出性成为游客体验的核心要素；

① 周正楠:《建筑的媒介特征——基于传播学的建筑思考》，《华中建筑》2001年第1期。
② 刘娜、张露曦:《空间转向视角下的城市传播研究》，《现代传播》2017年第8期。

对于民族村寨而言，这种文化标出性主要指的是文化的原生性和民族性。少数民族本身是作为除主体民族以外的民族，本身就具有"标出性"含义，在社会性使用过程中，演变成具有"少数民族"内涵丰厚的符号。经过文本间性的大量使用，侗族特色变成了某种品质的代表，建筑成为承载侗族文化符号的载体；通过建筑符号的标出，传递出 F 村"侗族风情寨"的旅游形象，建筑符号呈现出来的民族性正是各个乡村形象之间风格差别的刺点。

"刺点，是文化正常性的断裂，是日常状态的破坏，是艺术文本刺激'读者性'解读，要求读者介入以求得狂喜的段落。艺术是否优秀，要看刺点安排。"① 建筑作为一种文本，通过各种符号的设计与安排，带给游客文本解读中的快感，成为一个个刺点，不断推动和建立 F 村乡村形象的传播格局。比如，将恩—芭公路 12 公里处的芝麻岭隧道作为进入 F 村侗寨景区的第一道大门，建立景区牌坊。牌楼两边写着景区的形象宣传口号"恩施玉露茶、硒都侗乡坡"，楼顶是景区的名称"枫香坡侗寨"。这一入口牌楼成为 F 村第一个有代表性的景观，充分体现了景区内涵和侗文化特色。在景区入口修建范家坝风雨桥，参照侗族风雨桥的样式增加桥体传统亭廊式建筑，让游客进入 F 村伊始就感受到浓厚的侗族风情——拆除古白果树前的村民土屋，修建 F 村侗寨寨门。寨门修建在上坡前的平地上，从前面的景区公路看上去非常醒目和气派，具有典型侗族风格；寨门背靠古树，竹木森森，大有古寨意境。当重要游客到来时，按照侗族迎客习俗，在寨门前设拦路茶，欢迎客人的到来。在山顶上修建萨岁庙，向西俯视风雨桥和朱砂溪，北与鼓楼遥相呼应。祭萨活动既是侗家弘扬传统民族文化的活动，又是吸引外地和周边游客的主要措施。利用萨岁庙前面的空地，修建景区唯一的民俗文化馆，形成两重四合院形式。鼓楼是侗乡具有独特风格的建筑物，高耸于侗寨之中，其功能主要是侗寨公共活动的场所。踩歌堂位于枫香坡景区轴线最北端，踩歌堂歌舞活动是鼓楼、萨岁庙的祭萨活动的延伸。

作为一个复杂的象征性集合，F 村形象建构积极转向符号表意层面，对于游客而言，旅游意味着追求目的地形象的象征意义，代表着少数民族异质性的概念，这是一种值得人们追求与自己生活方式不同的方式的象征。

第三章 交往空间的地方性建构：日常空间实践

旅游地空间一方面是基于自然资源禀赋的景观空间，另一方面是基于人与人之间交往的关系性空间，这个关系性空间主要通过社会行动者主体的日常空间实践和社会互动建构起来。在德塞图看来，人们的日常空间实践，同其他日常活动及特殊活动等行为一样，都是构筑自我认同的手段，通过不断的实践，人们将"外在于我"的东西纳入"我"的范畴之中，也将自我的意义熔铸于地方之中。因此，F村旅游社区的地方性建构也就是人们在日常生活空间通过人际交往建构意义的符号化活动。日常空间实践作为一种非结构性动力，在F村旅游社区地方性的形成中具有重要的作用，这些行动者主体通过日常交往不断强化着F村的地方性，并建构出新的地方性。

第一节 乡村内部日常交往与地方实践

一 新旧乡贤的资本转换与乡土再造

"乡贤"是国家对有作为的官员，或有崇高威望、为社会做出重大贡献的社会贤达，去世后予以表彰的荣誉称号。明清时期，各州县均建有乡贤祠，用来供奉历代乡贤人物。2016年全国"两会"期间，"乡贤文化"成为一个热议词，很多议员认为要发挥新乡贤的桥梁与纽带的作用，破解乡村治理之困境。因此，乡贤成为一个时代需求。乡，就是对乡土有很深的感情，愿意扎根乡土；贤，就是在乡村中具备一定的资本，包括政治资本、经济资本、文化资本，要能在村庄的发展中发挥积极作用。

本书将乡贤分为新乡贤和旧乡贤。新乡贤主要是指那些具有创新思维、文化情怀和治乡热情的新时代文化精英。旧乡贤主要是指村里那些具有较高文化素养、德高望重的长者，他们要么一直生活在乡村，要么是在外工作退休后返乡居住的老年人，他们对乡土怀有最朴实的依恋和认同。不论是新乡贤还是旧乡贤，其核心主题是"贤"，即以德为先、以德为上、敢于担当、甘于奉献。

（一）新乡贤的资本转换逻辑

"走过了多少路，爬过多少坡，远方的客人来到侗家楼，来到侗家楼就是好朋友，我敬好朋友一碗酒。MSE甜美的歌声总让远方的客人情不自禁端起酒杯，一饮而尽……"[①] 这是民族大家庭对F村致富女强人M作的一个专题报道，题目为"村姑的精彩蝶变"。

在F村，M凭借自己的聪明才干和致富能力获得了村民的认同和基层干部的认可，成为新乡贤的代表。2007年，F村建设侗族风情寨，曾经在桂林当过景区讲解员的M找到了自己的用武之地，根据自己的工作经验，她提出要发展好旅游，必须打好民族特色牌，于是当地政府组织到贵州侗乡进行考察，M成为这场文化再造过程中的民间领头羊。她带头组建了"农民艺术团"，后来又组建了芦笙仪仗队、开寨门迎宾队、茶文化表演队等，对F村的民俗文化表演充分地挖掘和展示。随着F村知名度的提升，在外面做过生意、有一定经营头脑的M又投资开了一家农家乐，她把自己房屋按照侗族传统民居结构进行了改造，在饮食特色上也着力突出侗族"无酸不成宴、无糯不成侗、无酒不成席、无茶不成喜"的饮食文化特点，还给外来游客增加了采茶、打糍粑、推磨等农事体验活动。2008年，她又组织成立了农业观光经济合作社，担任理事合作社社长一职。2014年，随着乡村民宿的发展，M又开始着手打造F村的精品特色民宿，3年来，她跑遍了杭州、厦门等地的特色民宿，实地考察学习，不断请教老师、同行，参加民宿界的多种活动、培训。2017

---

① 张云、伍功勋：《村姑的精彩蝶变——农民马苏娥何以走上湖北大学讲堂》，《民族大家庭》2012年第4期。

年年底，茶花山居建成了。房子依山而建，13 个具有不同意境的别院组成一个整体，采用中国风的装修，院子里种满了花花草草，后院的小山坡可以让游客散步于松林间，感受大自然的宁静，客栈大堂是一个品茶室，游客可以在这里品茶、聊天、发呆。M 告诉笔者：

> 做百年精品老店是我的经营目标，在我看来，民宿必须集群化经营才有长远效益，一个地方如果只有一两家民宿，不会取得很好的效益，也不能形成产业，希望通过我的探索，找到一种好的民宿发展模式，把这里打造成民宿集群。

M 结合自己过去的工作经验和文化积累，在自己理解的框架之下对 F 村的旅游文化资源进行个性化整合，把一些关键文化符号进行了资源化利用，不仅增加了个体文化资本、社会资本和经济资本，同时对外传播了乡村文化，形成了 F 村对外文化传播的一个景观符号。很多游客专门去参观 M 所建的茶花山居，茶花山居的管家 Z 告诉笔者：

> 很多旅游的人过来拍照，有时候满院子都是人，也不消费，就是过来看看，为了不影响在这里住宿的人，我们还专门在门口立了个牌子："欢迎参观，请勿大声喧哗"，有人来参观，就说明我们这里有特色嘛。

在 M 个人家庭富裕起来之后，她于 2008 年组织村民成立了农业观光旅游经济合作社，积极带领全体村民一起传承民族文化，走向共同富裕，在很多村民眼里，M 是个"有板眼"的外来媳妇，不仅人长得漂亮，而且能说会道，能唱会跳，这也是她能够在 F 村新一轮发展中脱颖而出的主要原因。正因如此，她先后获得"恩施州青年岗位能手""恩施州十大杰出女性""恩施市十佳新型青年农民""恩施市十大创业女明星""恩施州劳动模范""恩施市优秀共产党员"等荣誉称号。在茶花山庄大堂的墙上，贴满了 M 这几年获得的荣誉证书和与一些名人的合影，在 M 眼里，这是一种荣誉的象征，不仅给其精神层面带来了满足，也提升了其个人品牌影响力；在游客眼里，这些荣誉称号成为一个可供凝视的符号，很多人去山庄吃饭，都会去大厅的照片墙参观和拍照，游客 Z 先生很幽默，他一边品茶，一边欣赏着这些照片，对笔者感叹道：

> 美女与茶香共舞，何其美哉！老板娘是个有情怀的人！一般的人家如果把这些东西挂在墙上，我们会觉得很俗气，但这些照片挂在这里，却是给这个山庄增加了一抹亮色。

在当地村民眼里，这些荣誉证书体现了 M 在 F 村的政治地位，很多村民认为 M 是享受了政策的红利，如果没有政府对她的支持，她也不会有这些可以用来展示的文化资本。

图 3-1　茶花山庄里的荣誉墙

M 作为乡村本土文化的新生代精英代表，在文化传播与社区重建中具有高度的自觉，能够基于乡村文化的现实语境，利用自己已有的文化资本，寻找新的文化权利空间，在不断的传播与建构中积累出新的文化资本，并把自己的文化资本转换成经济资本、社会资本和政治资本等。这种资本转换路径有利于 F 村村民对移植的民族文化的认同，在不断的文化调适中实现自我身份的转换。文化认同是旅游社区地方性重构的基础，只有构建起基于共同理解的经验共同体，在双向互动的传播实践中，才能激发起对于共同的地方的理解与阐释。

（二）旧乡贤的资本转换逻辑

村民 F 是村里旧乡贤的代表，从恩施市邮电局退休之后就回到了村里，在叮卡谷旁边的花桥率先创办了农家乐，命名为"花桥人家"。老人会唱很多当地山歌，被称为 F 村的山歌王，对 F 村的社会习俗和发展历史非常了解。认识纯属偶然，国庆期间，笔者带女儿去 F 村体验少数民族风情，刚走到花桥人家，就看见一位穿着少数民族服装的老年人站在那里，没等笔者开口，老人就即兴唱了几首当地的山民歌，笔者女儿问他会不会唱恩施民歌《六口茶》，老人说他可以用不同曲调来演唱，他告诉笔者，现在电视里面唱的都是新调子，以前的土调更好听，并马上给我们唱了一段，在老人表演唱的时候，很多游客也停了下来，老人更加有了兴趣，在我们的掌声中唱了一首又一首。老人侃侃而谈：

> 我们 F 家在这里是世代居住，F 村打造风情寨的时候，政府征求大家的意见，要给 F 村取个好听的名字，我当时就说，还有啥讨论的，以前这里有棵枫香树，就叫"枫香坡"，政府最后也采纳了我的意见。以前是政府说要申报我为山民歌的非遗传承人的，不知道什么原因没报，现在会唱的人已经不多了，村里对这些也不感兴趣，我们这些都是"老哈数"，现在流行的都是新的东西，赶不上时代了哟。以前有啥接待或者采访的，都会来找我，现在都去 M 家里了，我也就自己唱着自娱自乐哈。

在和我们聊天的时候，又进来几个吃饭的客人，老人走过去接待，并且也给他们表演了几首山民歌。当地村民对 FXL 老人的评价相当不错，也都称他是"有板眼儿"的人。F 的侄女告诉笔者：

> 我大伯退休之后就回到了村里，在刚刚建寨的时候，当时村里意见很不统一，很多人都在观望，他就率先站起来支持政府的决定，带头种茶叶、修路、建农家乐。我大伯是名老党员，在村里还是有一定威信的，村里的大事小事都会问他的意见。

从 F 这里，我们也看到了文化资本在现代传播场域中的转换。他充分利用侗寨文化和自身所掌握的民间文化资源，在同外来者的社会互动过程中，将其进行主动展示，并采取不同的话语策略，吸引对方注意自己的文化资本价值，从而增加文化资本转换为经济资本的可能性。我们从村民 L 的谈话中就可以发现老人对于文化资本价值的经济转换需求。当笔者提到 F 表演山民歌的时候，L 笑着告诉笔者：

> 这是他们家的经营特色，只要你去花桥人家吃饭，老人都会给你唱歌，有时候一到吃饭的点儿，他就会站到门口亮几嗓子，吸引客人嘛，这也是一种好的手段。

（三）新旧乡贤的乡土再造逻辑

不论是 M 还是 F，他们都在村里具有很高的影响力，都是村民眼中"有板眼儿"的人，他们都善于将自己所拥有的文化资本进行展示，从而积累新的文化资本，并实现文化资本向经济资本、政治资本和社会资本的转换。但在调查中，笔者也发现，以 M 为代表的新乡贤和以 FXL 老人为代表的旧乡贤之间也存在很多冲突，出现了村庄内部的精英分层，这种冲突体现出旅游发展语境下的乡土再造逻辑。

从 M 身上，我们可以看到代表国家符号的体制精英与代表乡土社会符号的非体制精英的跨界重叠，在 M 不断地成长过程中，她不但具备了文化精英的身份，还具备了政治精英的身份，她加入了中国共产党，被选为第八届恩施州人大代表，这些都是她作为跨界精英的象征。FXL 老人退休之后返乡，已经基本丧失了体制之内的话语表达权利，会唱山歌让他具备了一定的文化资本，辈分较高、在城里工作过的经历、熟悉社会文化习俗等让他掌握了一定的社会资本，这些都是他作为单一文化精英的象征。一般而言，跨界精英在资源整合、个人能力和关系构建方面，比单一精英更具有话语权和影响力。当地村民 H 就表达了此类看法，她告诉笔者：

> F 以前在村里很德高望重，但是现在总是喜欢乱说话，该说的不该说的都在说，有的事情他又不是很懂，也在那儿说，他儿子和儿媳妇有时候都拿他没办法，不是所有人都喜欢听他唠嗑的，很多去他家里吃饭

的客人都不满意。只要外面有领导过来视察，他就会故意做出一些事情来，主要是为了引起领导的注意。

正如 H 所言，F 需要一个表达自我的舞台，因此他总是利用一切可以表达的机会进行自我表达，这当中也折射出旧乡贤在新的时代语境下被迫退出历史舞台的无奈。笔者每次去调研都要经过花桥人家，老人只要一看见笔者，就会出来聊上半天，有时候他会说一些陈年旧事，笔者一般都会很认真地聆听，老人用这样一种方式与他熟悉而又陌生的乡村互动着，即使这样，老人还是对未来充满了积极的期待，但偶尔老人也会流露出不满，他告诉笔者：

> 没有党的好政策，F 村哪有今天的好生活，我相信生活会越来越好的。发展是好事，但不能瞎搞，有些人仗着政府的支持，只给自己谋好处，几个人富了有什么用。

新旧乡贤代表着不同的精英群体，他们之间有合作，也有冲突，这种冲突集中体现在新旧文化的冲突方面。新乡贤善于把乡村本土文化与外来文化进行融合，通过一个合适的路径予以呈现，旧乡贤对传统乡土文化有一份执着的坚守，当地村民也认为这些人对乡村社会习俗和文化最具有发言权，所以村里的任何红白喜事等仪式活动，F 都会到场，他作为这方面的权威具有绝对的话语权。笔者在刚进入田野的时候，想找人了解 F 村社会习俗方面的情况，很多当地村民就向我推荐了 F，这也折射出了当地村民对 F 的尊重和信任。

新旧乡贤以自己的身份和手段，在传统与现代的转化语境中，不断地建构和表述着 F 村的乡村文化身份，在这个过程中，他们自身也被其同化和形塑，这种形塑过程也是传播的运作过程，从中也显示出了资本转换的逻辑，在多重互动与行动实践中，新旧乡贤也体现出了文化的冲突，冲突表征着这些精英代表的内部分层和乡土再造逻辑。

二 基层干部的中介传播与社区认同

乡村基层干部既是村民信任和依赖的地方权威，也是乡镇政府赏识的乡村带头人，作为连接政府和村民的纽带，他们在乡村日常人际交往中发挥着中介传播和"意见领袖"的作用。"村看村，户看户，群众看村干部"，这句俗语就是对村干部作为"意见领袖"的生动描述。

通过对部分村干部的走访调研，笔者认为 F 村的乡村带头人普遍有以下几个特点：一是他们虽然文化水平不高，一般是都是初中或者中专文化学历，但他们具有较强的创新精神和奉献精神。二是很多村干部个人就是企业经营主，对茶叶经营和农家乐经营有较强的经验。村干部 F 作为 F 村的主要基层负责人，在寨门口开了一家农家乐，可供住宿、吃饭，由家人经营，还建有自家茶场，不仅会手工制茶，还学会了利用网络等手段来进行销售。三是有胆识，有创见，敢想敢做。F 村起初是出了名的穷地方，这里既没有名山大川，也没有文物古迹，更没有对外开放的知名度。祖祖辈辈守着几亩薄田，没有人干过旅游业，确切地说，人们根本没有旅游这个概念。2006 年恩施市开始提出号召发展乡村休闲旅游业，芭蕉侗族乡第一时间捕捉到这个讯息，决定做第一个"吃螃蟹"的人，一方面积极争取各级各部门的重视与支持，求取政策倾斜与资金帮助；另一方面果断定点，把 F 村作为打造区域，挨家挨户，给老百姓做工作，引导其转变观念，尝试发展乡村旅游。在 F 村，作为"意见领袖"的村干部在乡村社会发展中主要发挥了政策宣传、社会动员与文化传播的作用。

（一）政策宣传与社会动员

社会动员是通过有目的的社会引导使社会成员积极参与重大的社会活动，涉及社会成员的态度、期望和价值取向不断产生变化的过程。在政府主导的 F 村旅游村寨建设过程中，最核心的问题是如何让当地村民认同这一发展模式，这就必然涉及通过一系列政策宣传，从而形成有效的社会动员。Z 告诉笔者：

> 政府最初选择在什么地方打造侗族风情寨的时候，首先想到的还是黄泥塘，因为黄泥塘侗族人口最多，并且也是侗族文化保存最完整的地

方，有一定侗族文化根基，但是当时政府在做工作的时候，当地村民都非常不配合，最后实在没有办法，才选择了在 F 村建侗族风情寨。当时 F 村的基层领导非常给力，家家户户做工作，领导第一个站出来，需要占地就占地，需要出钱就出钱，所以领导工作做得到位很关键。

这说明在 F 村打造侗族风情寨的过程中，必须通过有效的动员方式，唤起当地村民积极参与乡村旅游社区的建设。主要包括两个方面：一是在乡村内部的社会动员，主要通过引导乡村干部、村民的认知和思想认同，转变他们的态度，从而引发一致的社会行动；二是通过与乡村外部成员的交流与互动，引导他们对乡村的认同，提升乡村的旅游形象。在乡村旅游社区建设的整个过程中，基层干部通过与大众媒体和社区自治组织的合作，通过政策宣传，有效地实施了乡村内部与外部的社会动员。

在 F 村，村干部进行政策宣传的方式主要包括宣传橱窗、入户宣传、广播宣传、手机宣传等。在村委会外面，建有 50 米的文化长廊，文化长廊设有精准扶贫政策、村规民约、高拱桥村历史文化、侗族文化、玉露文化、群众文化、旅游景点介绍等 10 多个版块，版面新颖、图文并茂，从不同的角度展示了高拱桥村的历史文化和美丽乡村建设的风貌。在 F 村设立健康步道、健康长廊各 1 处，有固定的宣传栏、橱窗等健康教育宣传阵地，开展相关知识宣传，定期更换宣传内容，每年为每户居民发放一种以上健康生活方式宣传材料。在运动场上立着 11 块红色的宣传展板，中间一块上写着——"践行社会主义核心价值观"，其他展板上写着对时代先锋人物的介绍。在戏楼的外墙上写着——"圆好团结梦，追寻发展梦，实现中国梦"。这些以宣传标语为主的政策宣传和氛围营造深深地烙在了村庄的记忆和日常生活中，实实在在地代表着国家权力的"在场"，它作为无处不在的展示国家权力的景观、符号和话语，"打开了一本供人阅读的书籍"。

入户宣传是村干部最常用的一种宣传和动员方式，尤其是在精准扶贫期间，村干部家家户户宣传和调查已经成为每天的日常工作。在调研期间，许多村民都谈到了 F 村在发展旅游之初村干部挨家挨户做工作的情况，为了让村民配合发展旅游，村干部一边宣讲国家支持乡村发展旅游业的好政策，一边给村民普及旅游的基本概念和发展旅游的利处。村民 H 回忆道：

我们当时很多人根本不知道啥叫旅游，一下子要我们搞旅游，确实大家都不适应，村里的干部就不厌其烦地来给我们做工作，一遍不行就两遍，甚至三遍，还真是不容易。当初 Y 主任动员大家将水稻改种茶树，很多人不理解、不配合。后来发现种茶叶效益好得多了，大家才觉得 Y 主任了不起。

图 3-2　运动场上的宣传展板

在调查中我们了解到，为了支持和配合乡里把 F 村打造成侗族特色村寨的需要，村组干部挨家挨户地给村民做工作，给村民宣讲发展乡村旅游的好处，并通过各种大会小会传递 F 村的发展愿景，村民在期盼发家致富的愿景之下，开始在自己的日常生活中融入更多的侗族习俗，有的甚至连民族身份也发生了改变。村里很多人都认同了 F 村的侗族村寨身份，并非常享受这种身份带来的好处。年长的 M 姓村民告诉笔者：

乡里要打造侗族风情寨，来给我们做工作，说必须要侗族人口占到一定比例才行，我们就都改成了侗族。我还是蛮支持政府工作的，因为这毕竟是对我们有利的事，至少比以前多挣好几倍的钱。

随着手机在村里使用的普及化，通过手机进行宣传和动员也成了一种重要的传播方式，一是通过打电话或者发短信的方式发布通知和宣传政策；二是通过手机的微信平台进行政策传播。笔者对 F 村社员群进行了为期半年的观察，群成员一共有95人，除了大家的日常交流之外，这个群也是基层干部传达信息的平台。在观察期间，村里的干部FJW一共发布了8次正式通知：关于计生保险购买的通知；关于做乳腺癌筛查的通知；关于扫黑除恶方面的宣传；关于进行退伍军人统计上报的通知；关于残障儿童统计上报的通知；关于摩托车年审的通知；关于缴纳农村合作医疗的通知；关于后备干部选拔的通知。村干部F告诉笔者：

> 现在有什么需要通知的事情，我首先在微信群里通知，少数没有进群的我就打电话，或者去家里，那比以前省事儿多了。以前都是挨家挨户地上门通知，累得够呛。

虽然微信作为一种交流手段给村干部的工作带来了极大的便利，但交流却存在一定程度的断裂，笔者发现村干部发布的内容，群里普通村民回应的人很少，而村民在群里的日常交流，村干部也极少参与，因此，很多村干部表示，最有效的宣传和动员方式还是入户宣传，这种基于面对面的人际传播方式，更能引起作为受众的村民的共鸣和反馈，在互动中达成意义的共享，形成统一行动。

（二）文化传播与建构认同

作为"意见领袖"的村干部对内主要实施政策传播，从而促成村内的统一行动；对外主要发挥文化传播的作用，增强村民的文化自信，构建村民的社区认同。村干部大多具有较强的创新意识，能够结合乡村的实际情况，探索有利于塑造乡村旅游形象的文化传播方法，并能运用新的传播技术向外传播本村在文化特色和文化建设方面取得成绩，对乡村文化传播起到助推器的作用。

近年来，F村可谓远近闻名，当地在对外宣传中将其发展速度冠为"F村速度"，成为恩施乃至周边地区新农村建设的样本，这也是恩施自治州生态文化旅游和休闲旅游的样本，每逢上级领导或者专家来恩施视察工作，F村就会成为一张名片呈现在大家面前。村里的干部也非常善于与这些领导、专家和学者打交道，在调研期间，笔者曾多次陪同F主任接待媒体的采访，作为一名村里的干部，他体现出了积极的宣传意识，并且具备优秀的传播素养。

F不仅会手工制茶，还会跳侗族舞蹈，作为一名村主任，经常亲自为F村文化代言，穿着侗族服装，在侗族民俗文化馆表演手工制茶过程。他还与村里的农家乐老板一起前往全国各地参观和学习，在交流互动中传播F村的旅游形象。另外，微信也是FJW传播F村茶文化和侗族文化的一个重要平台，他的第一条微信发布的时间是2015年10月3日，主要是四张F村的图片，分别是寨门和特色民居。他发布的微信朋友圈总量和原创内容并不是最多的，但微信内容几乎没有脱离F村的文化语境，与他作为一个乡村文化传播者的身份是完全匹配的。

从F那里了解到，自从2007年4月F村开寨迎宾以来，州内外有三四十个访问团在当地政府的组织下先后造访F村，其中多次被媒体报道，还有很多媒体代表团专门对F村进行采访报道。当与村民谈到媒体对F村的报道的时候，很多村民都持积极的认同态度，认为这是一种荣耀，一种被政府重视的象征。

图3-3　村主任F在手工制茶

（三）村委会办公室：公共空间的人际交流

作为"意见领袖"的村委干部，不仅在制度的约束下必须与村民进行沟通，同时也有自己固定的办公室，办公室作为一个公共空间，成为村民与干部之间进行交流的场所和媒介，村委会也有各种展板，呈现村庄的发展规划和每家每户的信息，并且各种政策在乡村的第一落脚点就是村委会，而乡村的情况也通过村委会的干部向上传达。

F村村委会位于高拱桥集镇，离F村有1公里左右的路程，它是恩施州村级综合文化服务中心示范点之一，有1200平方米的文化广场、标准化篮球场、多功能体育健身器材、乒乓球桌、标准化村级文化活动室、农家书屋等。在村委会办公室，村民可以通过面对面的方式与村干部进行交流，并且通过村干部的现场解读对本村的公共事务和发展现状有更直观的认识，从这种意义来说，村委办公室成为一个信息场，具备了公共空间的文化传播功能；另一个层面，村委会也给当地村民提供了一个日常交往的公共空间，大家可以在一起健身、打球、跳广场舞等，有助于形成一种和谐的人际氛围。

在调研期间，笔者发现来村委会的人并是很多，基本上都是有需要咨询和办理的事情才会过来，篮球场、健身场地、文化活动室、农家书屋的利用率也不是很高，村民L告诉笔者：

> 村委会我们平时去的不多，有重要事情要咨询时就去一下，毕竟是个办公的地方。那些文化活动和体育活动场所我们平时也不去，一是离我们侗寨还有一定距离，二是觉得村委会毕竟是办公的地方，没有在其他地方那么随意。

L向我们传递了两个信息：第一，村委会是上级政府向村民传达新政策的集中性场所，也是村民了解政策的信息场，具有公共性；第二，村委会作为一个公共服务机构，既具有公共性，也具有一定仪式性，因此村委会中的人际交流更有仪式感。

第三节　"他者"的介入与地方性生产

F村在发展乡村旅游以前，是一个典型的熟人社会。人与人之间的关系基本上是基于血缘关系和亲缘关系而存在，主要有三大姓氏：冯氏、范氏、金氏。由于城市化进程与旅游业的发展，部分村民到城里定居生活，旅游从业者不断涌入乡村，乡村社区成为一个更加开放的社会空间，新的社会关系形成，F村逐渐成为陌生人社会。

F村里明显的陌生人就是那些缺乏"共同地域"和"共同口音"的来F村投资或者定居生活的外地人，他们以其所拥有的经济资本优势或者社会资本优势，对乡村旅游社区的地方性施加着行为介入性影响，成为推动乡村旅游社区地方性生产的主要力量之一，我们把这部分人叫作"内部（的）他者"。另外，游客通过消费凝视，成为建构乡村旅游社区地方性的重要力量，虽然游客与村民之间的交往不具有日常性，也不会对F村村民的日常生活造成深度的直接介入，但游客作为一种间接性力量，对乡村旅游社区成员的价值观重建、生活方式和文化调适都会产生重要影响，我们把这部分人叫作"外部（的）他者"。

一 "内部他者"的日常介入与地方认同

在哲学层面，他者是一个与主体既有区别又有联系的参照，用以确立自我存在的位置和价值。本书中"内部的他者"主要是指那些来F村投资的外地人及其家属，他们从不同的情景出发，一方面将自身看作F村的一分子；另一方面又将自己当作来F村的外地人，通过地方实践建构自身在社会中的位置与角色。

（一）"他者"的身份认同危机

侗族人家是F村最早开办的农家乐之一，是一座全木结构的具有侗族风格的建筑，地理位置优越，位于景观行步道的最前端，前面是一片竹园，旁边有大片茶园和陆羽茶亭。在这里，可以一边品尝着色香味俱全的美食佳肴，一边倾听身穿侗族服装的少男少女动情地欢唱歌谣。老板是芭蕉黄泥塘村人，因为F村发展旅游业，他们就来这里办起了农家乐，他告诉笔者，为了让客人领略到原生态的侗族风情，他们专门到贵州的铜仁、黎平等地聘请了侗族舞蹈、乐器老师到店里来进行指导和教学，并购买了专业乐器，为员工缝制了全套的民族服装，还为游客提供推磨、风车、农田内摘菜、摘果、采茶、做茶等农事体验活动。在调查期间，笔者发现侗族人家的场坝里增加了一个很大的凉亭，里面卖有茶叶等旅游产品，一名操着外地口音、穿着侗族服装的小妹引起了笔者的兴趣，便和她聊了起来。

笔者：您是哪里人？怎么想到来F村生活了？

W：我们是浙江的，前几年来 F 村旅游，觉得这里自然风景好、空气也好，适合养生，所以就想在这里定居生活，正好侗族人家的老板不想做了，所以我们就和他签了 10 年的经营合同，一边做生意一边享受生活，其实赚不赚钱无所谓，关键是身体要健康，心情要舒畅。

笔者：来这里有没有觉得和当地人相处有什么问题？

W：我们刚来不久，现在觉得还可以，大家见面了都会打个招呼，只要大家面子上过得去就行，他们心里怎么想的我们无法知道，做好自己的事情是最重要的。

笔者：你们是准备长期在这里生活吗？

W：我们的家还在浙江，肯定是要回去的，先做完这个 10 年再说。

L 是侗族人家以前的老板娘，能唱能跳，笔者过去的时候，她正带着游客们在坝子里跳广场舞，闲下来的工夫，我们聊了起来。

笔者：L 姐，您这里生意这么好，怎么租给别人来做了？

L：这几年生意不好做，再加上几百万贷款的压力，我也是不得已把店租给了外地人，其实心里还是蛮舍不得的，已经经营了十年了，我这个"侗族人家"的招牌都成了 F 村的一个景点了，很多游客从这里经过，都要在我门口停下来拍照，旺季的时候满坝子都是人，还是有感情的，所以我还留在这里帮他们打工，很多客人还是对他们有排斥的，上次四个城里人来这里吃饭，一看到是几个浙江人在经营，他们站起来就走了。我还是希望他们能把这里经营好，但他们毕竟不是这里人，能留下来多长时间都说不准，说不定哪天就走了，他们能走我不能走啊，我还是想继续做的。

笔者：他们过来有没有给这里带来一些什么新的变化？

L：浙江毕竟比我们这边要发达，他们也见过世面，所以肯定会注入一些新的元素，他们想主打旅游产品，所以建了这个亭子，还对房间进行了改造，摆上了很多绿植和鲜花，准备在外面弄一个很大的 LED 显示屏，放一些音乐，晚上游客们可以一起跳跳舞、唱唱歌，还想在房屋旁边的空地建一个小型儿童游乐园，我觉得这应该是一些新的东西，但我也担心这会不会破坏这里以前的环境，以前这里大家主要是喝茶、打牌、聊天，比较安静，很多人也就是冲着这份安静来的，所以我还是有些顾虑的。

当地村民对于侗族人家租给浙江人经营这件事情私下也有谈论，当地村民普遍认为浙江人在这里不会待很长时间，认为他们主要是为了赚钱。K是F村五股丰墩饭庄的老板，也不是F村本地人，2007年来F村经营农家乐，2009年认购了F村民族旅游发展有限公司开发的特色名居，从事餐饮和住宿，他对这件事有不同的看法：

我觉得当地人对我们还是有些戒备心理的，虽然平时也在一起聊天、打牌，但在有些问题上还是达不成共识。浙江人来这里生活的还是蛮多的，一鸣惊人的房主就是浙江人，因为得了癌症，所以来恩施养病，最后就喜欢上了F村，然后就在这里买了这套房子，我认为他们还是因为喜欢才来这里的，你说如果赚钱，比这里好赚钱的地方多了去了。

村里和K一样投资购买了F村特色民居的外地人很多，有来自浙江、湖南、武汉的，也有来自恩施州其他县市的，他们有的是为了投资做生意，有的是为了自己居住。X先生是恩施利川人，退休后就在这里定居了下来。

笔者：利川的自然环境不比F村差，你们怎么想到来这里定居了？

X：最初过来还是因为觉得有投资前景，后来觉得这里真的蛮适合养老，而且离恩施城也近，我开车30分钟也就到了。回老家生活都是熟人，这事儿、那事儿的比较多，没有这里这么清闲，人们之间交往也简单，相比回老家更不受打扰。我以前在城里工作，大小也是个领导，过烦了那种一天应酬的生活，老了就想过几天清闲的生活。

笔者：您和村里的人接触得多不多？

X：村里本地人和我们接触得不是很多，有时候当地开农家乐的老板会找我聊天，主要是听听我对于F村未来发展的意见，总体来说，住在下面的还是经常聚一下，尤其是我们这些购买了这个特色民居的人，和住在上面的那些人联系不多。

笔者：你们准备一直待在这里？

X：暂时不会走，如果死了，估计还是要叶落归根的。

三羊开泰山庄也住着两位老年人，老家在恩施红土乡，老年人的儿子作为经营性投资购买了这栋特色民居，后来农家乐经营不景气，索性就让两位老人过来常年居住于此看家护院。老人不是很善谈，我过去的时候他们正在外面晒太阳。他们告诉笔者：

> 我们也是没办法，总不能让房子空着吧，买这房子是为了做生意，现在生意没做起来，也只能自己住了。这里自然环境还是可以，跟我们红土差不多，青山绿水的，空气蛮好，就是晚上闹得很，旁边有开农家乐和住宿的，如果客人来得多，就吵得要死。

在 F 村，像 K 这样的"内部的他者"虽然不是很多，但他们凭借自己所拥有的经济资本优势，介入当地村民的日常生活，对当地村民的日常交往施加着行为介入性影响，成为推动乡村地方性建构的重要力量。当地村民小 F 告诉笔者：

> 我还蛮喜欢和这些外地人聊天的，他们见多识广，想法也比较多，并且很善于交流，跟他们聊天总有一些意想不到的收获。

这些外来投资者对 F 村日常生活的介入，使得 F 村人与人之间的关系从血缘、亲缘关系向现代社会关系演进，一定程度上有助于村民养成更加开放的社会心理。但另一方面，我们也发现，这些外地人来 F 村投资，也给当地村民带来了竞争，互助互让、重义轻利的淳朴乡风，在激烈的旅游市场竞争中出现了退化，这改变了村民平和淡然的生活态度，乡村人际交往中多了一些市场竞争思维，而少了一些朴实和真诚。K 在访谈中不止一次地表达了这种观点：

我们想把当地村民的资源整合起来，但总是力不从心，当地村民想法比较多，如果短期内看不到效益，他们就不会做，这也造成了现在景区内没有规划，当地村民在这里支个摊位卖茶叶，又在那里支个摊位卖山货，就连寨门口都摆着这些东西，很多游客连个照相取景的地方都没有，并且也直接降低了这些茶叶的价值，感觉像地摊货，我曾经建议建一个旅游商品街，大家集中在一起卖东西，但没有人听，所以还是得政府出面引导才行。这几年 F 村旅游发展还是遭遇了一些瓶颈，村民的参与、政府的引导都存在问题。如果做不好，我是准备离开的，一家人毕竟还要靠我养活。

从上述的访谈记录中也能看出，这些"内部的他者"对 F 村没有稳固的地方认同感，这也让他们出现了自我认同危机：

我来 F 村 10 年了，其实户口也转过来了，我都不知道自己现在到底是哪里人。

我们的家还在浙江，肯定是要回去的。

如果死了，估计还是要叶落归根的。

如果做不好，我是准备离开的。

不论是浙江的 L 女士，还是湖北利川的 X 先生，抑或是湖北建始的 K，F 村于他们来说可能更多只是另一种生活方式的选择，虽然长期生活在 F 村，但对自己的身份定位，始终还是外来者。由于文化背景的差异，他们与当地村民的交往总是停留在面子层面，没有过多深入的互动与交流，有时候会选择与自己文化背景和工作范围相关的当地人交往，这也是基于一种资本互换的考虑，比如 KDF 会主动和村里农家乐协会成员一起外出学习和交流，平时生意上也会互相照顾。因为都是外来者的身份，他们与自己文化背景相似的其他"内部的他者"的交往更加频繁，在调查过程中，笔者发现 KDF 对这些购买了特色民居的外来投资者的情况非常了解，平日来往也比较多。

（二）他者文化与本土文化的碰撞与融合

这些外来投资者虽然选择了新的生活方式，但原来的文化背景还是在他们的日常生活中留下了深深的烙印，并对当地村民的日常生活施加影响。L 是恩施板桥人，来 F 村之前是一名老师，自己也潜心研究了国学很多年，后来选择在这里开了一家心院学堂，主要给 6 岁以下的孩子进行国学启蒙，有时候也给成年人讲课，他对笔者说道：

> 我就是要建构一个回归中国传统文化的空间，让孩子们远离电视、电脑这些现代电子产品，学会中华文化的传统礼仪，让他们养成崇尚自然的生活理念，来这里学习的孩子都实行全脱产，费用比较高，主要是城里一些有钱人家的孩子来学习。我也会利用周末免费给村里的孩子培训，来的人还蛮多的，当地村民也比较认同。

当地村民对此也有不同的看法，有的人认为这是一种噱头，有的人觉得这是一种很好的教育方式，孩子们可以接触到学校范围之外很多新的东西，有的人甚至觉得这是一种很"高档"的生活方式：

> 现在有钱人都把孩子送去学这些传统的东西，比如学茶艺、花艺，练毛笔字、背诵古文经典、学习中华礼仪等，你看湖南卫视都有这样的节目，我们乡下的孩子也能接触这些，可以见见世面了。

侗族人家三个浙江人的到来不仅给侗族人家带来了新的文化元素，也给当地村民的日常生活带来了一定影响。从饮食方面来看，以前侗族人家主要以恩施土味菜为主，味道偏酸和辣，现在增加了浙江地区的一些饮食元素，清炖类的菜品增多了。在侗族人家的场坝子里，以前放的是恩施的民歌，跳的是侗族的舞蹈，现在放的是时下流行的歌曲，跳的是现代广场舞。浙江人 L 先生对此有自己的看法：

> 我觉得来旅游重要的是要体验，以前几个服务员在哪儿跳侗族舞，游客们只能看，自己根本无法参与，现在广场舞一放，很多游客就站起来开始舞蹈了，大家都觉得很快乐。

在侗族人家这个既个人又公共的空间里，民族与现代、本土与他乡各种文化元素的混搭，给这个空间带来了新的活力，但也出现了很多不协调的地方，L 对此也很有抱怨，她认为农家乐还是要立足于 F 村乡土本色，不能做成像城里的大宾馆，这会缺乏特色，也不会体现出竞争差异。

这些外来者在 F 村经营着自己的生意，带来了与当地传统生活截然不同的饮食、经营和服务理念。当地村民也在向外来者学习的过程中，不断进行着外来文化与本土文化的对话，一方面学习他们的经营和服务理念；另一方面也在对这些外来文化进行本土置换，带来了外来文化与本土文化的碰撞与融合，使 F 村旅游在发展过程中呈现着形式各异的文化新现象：多元文化丰富地方性、传统文化与现代文化融合重构地方性，这些"内部的他者"通过与当地村民的人际交往互动，在传播中构建了新的日常交往空间和文化生产空间，在 F 村的地方性重构中发挥了重要的作用。本土文化不再是 F 村唯一的特色，"内部的他者"带来的"饮食文化""消费文化"丰富了 F 村的地方意义，使 F 村呈现出多元文化并存的样态。

"内部的他者"的出现，从表面上来看，只是旅游发展语境之下人口的正常流动，但其实他们带来的是文化的流动与生产，这样的文化再生产活动，悄悄改变着当地的民族文化、地方文化和生产生活方式，使 F 村的文化向多元化方向发展。

二 "外部他者"的消费凝视与地方重构

在城乡二元对立的背景之下，乡村成为很多城市人集体记忆的源泉，单调乏味的城市生活使市民产生了逃离的欲望，乡村自然成为城市人"诗意的栖居"的最佳场所，这直接催生了乡村旅游产业的发展，乡村旅游地成为城里人回望乡村的载体，他们在其间建构属于自己的意义空间，并反作用于乡村，通过各种方式传播"他们眼中"的乡村，对乡村进行社会性的重构。游客作为"外部的他者"成了 F 村旅游社区的空间消费主体，虽然没有直接性地作用于空间生产，但游客通过旅游凝视行为参与到乡村旅游社区的社会性建构中去，成为乡村旅游社区地方性建构的重要力量。

20 世纪 60 年代末，法国哲学家、社会学家米歇尔·福柯（Michel Foucault）提出了"凝视"的概念，凝视作为一种目光投射，是主体施予客体的作用力，象征着一种权力关系，不仅是一种压制，也是一种生产。[①] 游客的凝视主要强调的是旅游者施加于旅游目的地的一种作用力，凝视的主体是游客，旅游地是凝视的对象，目的是视觉体验及对旅游目的地进行社会性的重构已达到得到愉悦体验的目的，带有极强的主观色彩。

F 村作为一个政府打造的乡村旅游地，因为其独特的文化表述和优美的自然空间，最近几年成为游客凝视的对象，平均每年旅游的人数达到 20 万人次。在 F 村发展成旅游地的过程中，政府的打造与推销是主导力量，游客的凝视是根本动因。游客在旅游地的景观凝视使得旅游者自身获得新的文化体验，还使得其成为一个意义生产者，能够不断地对民族文化展演文本的意义进行生产和增殖。旅游者不只是在消费地方，还通过诉说、出版等文化生产方式建构他们的地方。迈克·克朗（Mike Crang）指出，旅游业不仅是消费地方，还是创造地方的动态力量。[②]

（一）选择性凝视

厄里认为游客的凝视是通过符号建立的，游客凝视就是某种特定景点意义符号的生产与消费。索绪尔提出，符号是由能指与所指组成的。能指，是符号可感知的部分，是形式层面。所指，是指我们在感知能指的时候，所唤起的心理概念，是符号的内容层面，而能指与所指联结成一体的过程和行为被称为意指。游客凝视即对旅游地自然和文化要素的符号意指过程、编码过程和形象建构过程。微博自 2006 年出现以来，因其主体的多元化和平民化然，已然成为真正的草根媒体，便捷多样化的传播手段，让每个个体都能发表自己的言论，不仅开创了人际传播的新模式，也成为网络口碑传播的重要形式。因此，很多游客都选择微博记录自己的旅游经历，内容涵盖人物、景点、行为、服务等各方面，通过图片和文字的形式呈现自己的旅游体验，建构旅游地形象，通过对游客撰写的微博进行文本分析，我们可以解读游客凝视的过程。

本书主要选取了 2014 年 12 月到 2017 年 12 月这段时间游客所撰写的关于 F 村侗寨旅游的微博，一共 27 篇，具体微博内容见附录。这些微博并不单

① 刘丹萍：《旅游凝视：从福柯到厄里》，《旅游学刊》2007 年第 6 期。
② 唐顺英、周尚意、刘丰祥：《孔子故里文化景观发展的历史层累及其机制效应》，《热带地理》2016 年第 36 卷第 2 期。

纯依靠文字，照片成了最重要的叙事要素，照片与文字相互阐释，建构了一个媒介文本世界。很多人认为照片是事实的再现，但照片在拍摄过程中，其实融入了拍摄者的很多个人主观立场，照片成为拍摄者表征的一种文化符号。首先，在27篇微博中，共有照片116张，照片所占的比例越来越大。这些照片拍摄效果较好，有的还显示出专业的拍摄水平，而且大部分都利用修图软件进行了处理。另外，值得注意的是，照片上都被加了标签，有的是博客网址或博主昵称，也有为特定目的地专门制作的图案。正如厄里所说，摄影不仅是对被拍摄对象的挪用，而且是一个主动意指行为的产物。其次，拍摄的对象比较集中，主要以茶园和侗族建筑为主。与茶（茶园、制茶、采茶、饮茶）相关照片36张，以侗族建筑作为背景的照片38张，萨岁庙出现了8次，寨门出现了7次，鼓楼出现了6次，踩歌堂出现了5次，风雨桥出现了3次，以侗族日常生活为背景的照片26张，包括F村侗族的特色饮食和服装、日常生活场景、农家乐场景等。通过对这些照片进行分析，笔者发现游客凝视的对象主要包括以下两个方面：侗族文化（建筑、服饰、日常生活、民风民俗）和茶文化（采茶、制茶、茶具和茶园），这与政府提出来的紧扣"富硒茶文化、民族文化"两大主题完全相吻合。最后，微博中的文字呈现出跳跃性，在形式上往往表现为服务于照片需求的碎片化语句。文字记录中出现的高频词主要有"茶园""侗寨""幽静""无污染""山清水秀""纯朴""自然"等，表达了博主对F村自然景观和文化景观的喜爱。博主们通过文字和图片再造了一个F村图景，虽然与现实有很大相似性，但绝不是真实的现实，而是博主通过自己的叙事方式建构的真实。

另外，通过对微博和游记的内容分析，我们不难发现，游客对旅游地的感知形象与政府对旅游地的宣传形象有很大的契合，这也进一步验证了厄里关于游客凝视就是收集符号的过程这一观点。在实施旅游行为之前，游客首先通过各种方式找到旅游目的地的相关信息，提前注意旅游目的地，设计他们认为更合理的凝视方法和凝视对象。来到旅游目的地后，游客开始寻找选择的凝视对象，然后将二者进行对比，并展开评价，构建与理想凝视目标高度兼容的凝视对象，并以文字和图片的形式传播出去，使其成为更多游客的凝视对象。F村就在这样循环往复的游客凝视中，被建构成一个具有侗族风情特色的旅游符号，并通过网络和口头的方式逐渐传播出去。

图 3-4　游客的微博

　　"凝视"是个隐喻的概念，它不仅包括游客通过目光施加的行为力量，还包括表情、动作、口头表达等多元化的方式，将旅游动机、旅游诉求、旅游体验融合并表达出来，向旅游地、当地居民施加影响。为了进一步调查游客凝视对 F 村的建构作用，笔者对游客的旅游动机和旅游体验进行了访谈。访谈采取便利抽样的原则，分为三个时间段进行，涵盖的空间包括高拱桥集镇、F 村和恩施市。第一个访谈对象是在 F 村花桥长廊上遇见的 W 先生，他正和四个年轻人坐在花桥上聊天。

　　　　笔者：你们是从哪里来的？

　　　　W：我是河南的，因为孩子在这里读书，我就利用年假过来看一下。

　　　　笔者：恩施有那么多有名的景区，怎么想到来 F 村游玩了？

　　　　W：孩子老师推荐的，一是离学校比较近，二是这里有很多特色的土家族美食。然后我又在网上看了一下介绍，觉得蛮有民族特色和乡土气息的，总觉得跟我们那里不一样。

　　　　笔者：您觉得这里怎么样？

　　　　W：总体感觉还可以，这些建筑蛮漂亮的，东西也好吃，但景区设施还有待加强，再就是这里除了转一下之外，可以玩的东西太少了，那个农事体验的，很多东西也坏了，根本玩不了。

笔者：您认为这里是侗族吗？

W：不是很清楚，应该是吧，网上说风雨桥、鼓楼、寨门这些建筑都是侗族特色的。我觉得可能是后天打造的，这里的人好像跟我们差不多，没有什么区别。

笔者：您会跟朋友推荐这里吗？

W：应该会，这里又不要门票，然后环境也蛮好的，尤其是这漫山遍野的茶园，让人心里蛮舒畅的。

笔者：您会发微博或者微信来推荐吗？

W：一般不会，我不喜欢发朋友圈。

笔者：那您会拍照片吗？

W：拍了呀，我今天就拍了很多，茶园、风雨桥、鼓楼，还有很多吃的，我都拍了，回去给老婆看一下，也做个纪念。

W 先生的儿子在恩施一所大学读大二，他告诉笔者，他们很多同学来过这里，大家都觉得这里东西好吃，而且不贵，吃完东西还可以爬爬山，走走路。笔者后来关注了这个学生的微信，他在微信中是这样记录的："枫香坡一日游，空气清新，环境棒棒哒。"

第二个访谈对象是在高拱桥集镇遇见的 Z 阿姨，65 岁，来自重庆万州，她正在集镇的一家便利店买东西。

笔者：阿姨，您是来 F 村旅游的吗？

Z：是的，我们昨天去了恩施大峡谷，今天就来这里了。

笔者：您怎么想到来 F 村旅游了？

Z：旅行团带过来的呀，我们反正是跟着导游走。

笔者：那您觉得这里怎么样？

Z：还吧，环境蛮好的，到处都是绿色。

笔者：您觉得这里是侗族不？

Z：这个我就不清楚了，你们本地人应该比我清楚吧，但这些木房子还是蛮有特色的，我们那里反正看不见。

笔者：您会发微信记录您的旅游不？

Z：肯定发呀，你看我带了这么多条丝巾，就是为了拍照的，姐妹们都要看的。

笔者加了阿姨的微信，微信朋友圈发了几条关于她这次在 F 村的旅游，全部是照片，没有任何文字内容，照片主要是阿姨在不同景点的摆拍照，虽然照片拍摄的效果并不是很好，但红色纱巾与茶园互相衬托，给了我们一种美的想象。

L 是笔者在恩施一家酒店门口遇见的，她们刚从 F 村回来，手上提着一大盒辣椒酱，这是 F 村茶花山居老板娘自己制作的土特产。

笔者：您是不是刚从 F 村回来？

L：是的，你怎么知道的？

笔者：因为您手上提的这个辣椒酱，我一看就知道是茶花山居的出产之物。

L：看来这个东西还是很有名气的，我吃了一下，觉得好吃就买了，准备带回去给家里尝一下，你们这个 F 村还是很有特色的，尤其是茶花山居，很有侗家风情。这次是过来出差，朋友带我过去吃饭，准备五一带家人过来住几天，放松心情。

因为投缘，L 主动加了笔者的微信，打开她的朋友圈，呈现给笔者的第一条微信就是关于 F 村的："在茶花山庄，你能品尝到当地的农家美食，也能尝到当地人自己采摘的花茶，茶余饭饱之后可以逛逛枫香坡。"照片拍摄得很有专业水准，屋顶、野花、农具，全景、近景、特写、虚化，给我们提供了一个乡村民宿最美的角度与瞬间。

以上案例说明，在游客凝视过程中，凝视什么、怎么凝视是不同的，但在游客凝视的背后却隐藏着共性，即游客凝视的选择性，在 F 村侗寨旅游过程中，游客凝视只是带走"他所希望看到"和"他所想展示"的那一部分民族符号和地域符号，比如侗式建筑、生态茶园、当地美食。另外，"游客凝视"不是一种单纯的旅游现象。事实上，激发游客凝视消费活动的东西，已经变成了一种综合性的文化工程，分析发现，绝大多数游客认为 F 村就是一个典型的侗族村落，具有浓郁的侗族风情，这与对 F 村进行全方位侗族文化打造有很大关联，首先是增加一些侗族标志性符号，比如游客提得比较多的风雨桥、寨门、鼓楼等；其次是在村民日常生活中融入侗族文化元素，比如游客提到的农家乐侗族美食、农家小妹穿的侗族服装等；最后是增加一些能够代表侗族文化的文化表演，很多游客提到了"原汁原味的侗族歌舞""侗族小妹的歌声""寨门拦路酒"等。还有部分游客也对这种侗族文化提出了质疑，这说明，游客在凝视过程中，不同的主体对于 F 村是否"真实性"的建构是不同的，越是关注与自己真实生活有反差性的人，越容易将 F 村侗族文化当成"真实的"来接受，他们会选择将这些文化加以放大，用不同的话语符号赋予一个新的"真实"，这样正好印证了游客凝视的"反向生活性"。

（二）地方的消费与重构

游客的社会阶级、性别、年龄、种族身份、个性特征、审美倾向等决定了他会以何种方式凝视，并不自觉地构建出自我意识中的旅游地形象，再通过现代媒体和人际交往等传播渠道影响其他人，这种劝服便是游客凝视的作用力。旅游地在旅游者的凝视下被消费，旅游者凝视引起旅游地文化向"舞台化""表演化"方向发展，使得旅游地在时间上和空间上被建构，最终发展成为一个与传统生活状态存在巨大差异的地方。旅游者的凝视是一种消费，更是一种生产，有学者认为摄影与图片是旅游地形成和发展的强有力媒介。一方面，旅游目的地被游客的访问所消耗，结果是该地方被社会重建。同时，各地需要为外来游客和当地村民提供各种消费者服务。另一方面，随着外来游客的持续凝视和消费，这个地方的原始状况将被逐渐磨损和吞噬，最终演变成"被消费的地方"。在这个过程中，权力的运作与当地的建设有着千丝万缕的联系，必须符合游客凝视的愿望。因此，厄里认为："筛选与排除某些景点、意象便成为建构旅游欲望、树立旅游地形象的重要过程。"[1]这种筛选与建构，虽然能满足游客凝视的欲望，但也会在一定程度上带来无地方性。

---

① 刘丹萍：《旅游凝视：从福柯到厄里》，《旅游学刊》2007 年第 6 期。

1. 消费凝视与民族文化商品化

在旅游发展语境下，乡村民族文化的商品化是游客凝视带来的一个必然结果，对于政府和开发者而言，如果文化不能作为一种商品被生产和消费，这种文化必然不具有任何价值，因此将乡村原有文化进行二次开发，挖掘针对潜在旅游者最具旅游价值的主题，通过文化采借、移植和拼接，并把这种混搭的文化标上价格，进行买卖，成为乡村旅游社区文化发展的必然路径。一定程度而言，促使这种文化商品化的最主要原因是对"利"的追求。旅游的直接目标是获取视觉愉悦，实现心理满足；当地村民的直接目标是"利润"的满足，为了使二者完美结合，文化商品化已成为最终的吸引力。在游客与村民的不同诉求中，游客的凝视是最主要的，它贯穿于整个文化商品化的过程，成了文化商品化的原动力。以下是关于乡村文化商品化的一个例子。

F 村于 2007 年组建了 53 人农民艺术团，八成成员是本地村民，主要为女性，年纪最大的 74 岁，最小的 8 岁，艺术团一般在周六、周日的时候演出，如果节假日游客增多，也会增加演出场次。笔者还清晰地记得 F 村开寨时农民艺术团进行表演的画面，当地村民披着蓑衣，扛着挖锄，挽起裤脚，迈着两条泥巴腿子大踏步走上舞台，给大家呈现了一台精彩的《欢迎您到侗乡来》原生态歌舞，受到了所有观众的认可。艺术团成员回忆，她们都是在平时劳动的间隙到踩歌堂进行侗族歌舞排练和演出。到了 2013 年之后，艺术团逐渐解散，不再例行表演，一名艺术团成员告诉笔者：

> 我们平时都不演出的，只有大的团过来，并且给我们演出费，我们才会表演；再就是大领导过来，我们也会演。以前是政府给我们开工资，但那才几个钱，所以大家都不干了，现在有钱就演，没有钱就不演。

从这个例子我们可以看出，政府为了凸显当地文化的价值，组建农民艺术团，模仿贵州侗族进行民族歌舞表演，当地村民基于"给钱就演，不给钱就不演"的考虑，将当地文化资源变成一种交换品和消耗品，这是基于一种游客凝视的地方消费视角，会对乡村旅游社区的地方性带来一定的影响。

图 3-5　F 村 2007 年农民艺术团的表演

2. 消费凝视与乡村文化传播

厄里认为旅游凝视是一个收集照片和收集符号的过程。游客通过摄影的有形和具体行为凝视乡村文化，他们将看到与日常生活完全不同的当地习俗、文化习惯、文学艺术等可以表明乡村文化的景观通过摄影的方式被保存下来，回到日常生活环境后，他们会将旅游过程中收集的照片和录制的文本通过现代媒介或方式予以呈现，或通过口头交流推荐给亲人和朋友。从我们整理的116 张照片中可以看出，照片的主题主要集中在"侗族文化""茶文化""乡土文化"这三个方面。这些不同主题的照片正是不同游客对 F 村侗寨凝视的结果。这个过程是游客向乡村地区借用文化元素的过程，即传播乡村文化，从而使得乡村文化得以广泛的传播，这也间接地为乡村旅游业的发展起到了宣传作用。同时，游客又将自己所携带的文化带到旅游目的地，并通过自己的言行举止有意无意地传播给当地村民。在这样一种双向交流与互动中，乡村文化不断发展，游客成为文化交流的使者。

3. 消费凝视与乡村旅游产业的发展

游客凝视看似是一种纯个人主观行为，实际上受到当地政府、村民和其他利益主体的诱导，他们掌握了游客的心理，为了迎合游客的凝视需求，建构出一个与游客期望相似的旅游场景，并从而获得相应的经济回报。游客为了满足自身精神层面的需求，在旅游过程中会通过支付货币来购买各种物质产品和服务。旅游目的地的时间和空间因为游客的凝视而发生了改变，时间分为旅游的淡季和旺季，空间体现在专门供游客活动的区域出现。游客来到F村后，会有消费欲望，包括吃饭、旅游、玩耍和娱乐，为了迎合游客的消费欲望，F村的经济结构发生了巨大的变化，从以种植业为主发展成一个以旅游业支撑产业的新型旅游村寨。TF是F村一家农家乐的服务员，也是F村人，她告诉笔者：

> 我们村现在大多数人都不种田了，吃的粮食、肉和菜都是买的，地里主要种茶叶，村里的人要么在村里的农家乐打工，要么就去城里打工，或者自己做点儿小生意，开农家乐的人家有时候会种点菜，因为城里人喜欢这些纯天然的东西。

4. 消费凝视与旅游社会关系的建立

乡村旅因游客的到访而成为一个被消费的符号，在被消费的过程中，该地方被社会性的重构。当地村民为了满足游客凝视的需求，会提供一些新奇的特色产品供游客凝视，当游客看到这些原生态的、新奇的乡村文化产品时，购买行为随之产生，而在旅游者购买欲望及当地居民对"利"的追求的推动下，当地村民会把传统的价值观抛之脑后，更多考虑的是市场逐利规则。它已经超越了简单的经济范畴，嵌入旅游的社会关系之中。F村侗族民俗文化馆里有很多卖茶的本地人，因为都打着"恩施玉露"这个牌子，很多游客都会在这里买一些茶，茶叶的价格不等，从上千元一斤到几十元一斤，村民F告诉笔者：

> 这些茶都是卖给外地游客的，很多茶都不是手工制作的，大家也说是手工炒制的，这样价格就卖得高一些，现在村里会炒茶的人并不多，以前还会有人表演炒茶技艺，会摆一些炒茶用的工具，来旅游的人就以为这些茶都是手工炒出来的，其实根本就不是这么一回事。

当地村民发现游客对茶园和茶叶充满凝视欲望，于是开始在茶叶种植与生产方面大做文章，"茶园采摘""手工制茶""体验制茶"等都成为一种可供消费的文化符号，市场规则逐渐取代了传统的交往规则。

"凝视"是一种通过这种权力和力量参与旅游目的地社会建设的力量，游客对当地文化和经济的凝视是社会建构的结果，它们之间是相互有条件的、互为目地和手段的，且在某些条件下会相互转化。在游客的注视下，F村已成为一个象征，一个消费的目标，一个具有旅游功能的消费空间。

第三节　乡村日常人际交往的表现特征

改革开放以前，F村和其他传统乡村社会一样，是一个建立在"血缘"和"地缘"关系基础上的乡村共同体，村民之间的日常交往主要以"血缘"和"地缘"关系展开，交往范围局限在乡村内部熟人之间。改革开放以后，尤其是随着F村乡村旅游的发展，乡村的日常交往不再拘泥于传统，出现了一些新的表征，构成了以血缘、地缘和业缘为主的社会关系网络，日常交往方式和生活方式呈现出城市化的特点，但笔者也发现，F村原有的社会关系网络并没有因此而发生断裂，依然体现出乡土性浓厚的血缘和地缘社会意识，显示出F村地方性强大的文化生命力。

一　血缘、地缘到业缘的介入

在传统的乡村社会中，血缘关系和地缘关系是村民交往的主要联系纽带。这在F村无一例外，即使是现在的F村，建立在血缘关系和地缘关系基础上的人际交往依然发挥着作用。当地村民以侗族民俗文化馆为分界自觉把整个村寨分为"上面"和"下面"，这种区隔主要就是建立在血缘关系和地缘关系之上的，"上面"以冯氏家族为主，村民之间的交往密切，关系相对和谐；"下面"主要以范氏为主，但因为外来者较多，这一区域的人际关系显得更加多元和复杂。比较有意思的是，上面的村民与投资购买了特色民居的外来者之间的关系没有下面的村民与他们的关系亲密，平时走动也比较少，彼此也不是很熟悉。这其实就验证了一句熟语：远亲不如近邻。外来投资者K告诉笔者：

我和下面寨门口这一带的人接触多一些，平时经常在一起聊天、喝茶，家里有什么事情也经常走动，上面主要是和几家经营农家乐的老板有联系，我们毕竟有生意往来，再就是要共谋发展。

在调查中，我们发现，虽然F村的人际关系以血缘关系和地缘关系为主，但一种基于新的社会关系的制度体系正在形成。F村人口中一定程度的流动性和混合性并存是其主要原因。在新的人际交往中的，基于工作关系而建立起的业缘关系在F村社会交往中占据了重要地位，在这些以业缘为基础建立起的社会关系中，最具典型意义的是村内从事农家乐经营而组建的小团体。这是一个自发组建的团体，不仅线下来往密切，而且专门组建了线上的"侗寨农家乐"微信讨论群，相对于"F村社员群"，这个群发布的信息都与乡村发展有关，村里有什么突发的事情都会在这个群里第一时间通知，群公告里写着"传播正能量"。群主K这样说道：

> 我们这些农家乐经营者经常在一起聚会和讨论，如果有时间，我们还会组团出去参观学习和技能培训，哪家有什么事情，我们能帮的必须帮，跟对待自己家里的事情一样。

据笔者了解，恩施市还组建了农家乐协会，F村的农家乐经营者都加入了这个组织，不仅会定期举办一些活动，还会组织各地的农家乐老板互相走访学习。不论是"侗寨农家乐"微信讨论群，还是市里的农家乐协会，都反映了以业缘为基础的人际交往方式已然成了乡村日常交往中一种重要的交往方式。

二 个人情感与市场理性的混合

在F村，传统的基于血缘关系、地缘关系而建立的交往关系中，情感因素是村民选择交往对象的主要影响因素。随着乡村旅游的发展，在市场经济以及大众传媒的双重冲击下，乡村社会交往关系呈现出较为明显的功利性和商业化倾向。据笔者了解，在村里没有大面积种植茶叶时，很多年轻人都选择在外面打工，村里青壮年劳动力缺乏，这种换工现象是一种常态。换工体现出的是村民人际交往中的人情往来，人际互动富于情感化。老人告诉笔者，那个时候家家都有一本或明或隐的"人情账",这里的人情不仅仅是礼尚往来的"随礼",也有相互之间不计报酬的"换工"等非物质性交换。在传统乡村社会的人际传播中,情感性人际关系是一种重要的人际互动关系,在乡村社会交往中发挥着纽带作用。

随着 F 村茶叶种植和加工业、旅游餐饮业的兴起,村民在处理人情交往和经济交换关系方面已经与市场经济紧密地联系在了一起,体现出商业性和功利性。村里的农家乐都是请的自己的亲戚或者邻居来帮忙,这已不是传统意义上不计报酬的互帮互助了,而是需要按月支付工资,并且还要事先商量好价格,按时上下班,完全已经回归了市场理性。在"F 村社员群"里,到了旅游旺季的时候,农家乐经营者会经常在群里发布临时招聘服务员的信息,社员们问的第一句话都是"多少钱一天?"如果价格合适才会有人去帮忙。农家乐经营者 J 告诉笔者:

> 我们现在请工跟城里一样,找村里人买东西也是一样,春芽上市的时候,他们卖给城里 50 元一斤,卖给我们也是这个价,即使都在屋前屋后住。但这也能够理解,毕竟都是要赚钱养家糊口嘛。

有的人家茶园面积比较大,就需要请临工来帮忙,一般也是按天数来计价,并且主人家还要提供一日三餐,主顾双方都认为这是理所当然且必需的。从表面上看,这种经济交往似乎就是一种简单的金钱往来,就是一种工具性的交往关系,但如果深入乡村内部去观察,也会发现其中蕴含着多重文化内涵。C 一直在侗族人家帮忙,她笑着说道:

> 只要 L 姐在这里一天,我就不会去别家做事,这么多年了,谁还没有感情,再说面子上也挂不住。

这说明,即使市场行为逻辑在村里盛行,但情感与面子还是会左右人的行动策略,即把情感关系与市场理性相结合,既看重物质交换带来的利益诉求,也会考虑关系的远近、情感的亲疏。

三　礼物交换的仪式性与工具性

"礼物交换"是一种古老的社会习俗，从日常待人接物到仪式化的婚丧嫁娶，几乎渗透到了人类社会交往的方方面面。作为媒介的礼物，已衍生出了符号性意义传达、社会关系再生产、礼文化传播、仪式空间重构等社会功能。在 F 村，礼物交换主要也包括两种情境：一是重大仪式场合中的礼物交换，比如诞生礼、周岁礼、成年礼、婚礼以及葬礼等仪式；二是日常生活中非仪式性场合的礼物交换，比如美食交换和生病探望等。不论是仪式性礼物交换还是非仪式性礼物交换，其交换过程都具有社会仪式性表征，同时也是一种文化性的传播与传承。

在 F 村，办"祝米酒"是一个重要的人生仪式活动，就是在孩子出生后的头几天内办一次酒席来庆祝，日期多由外公确定，原则是"男九女十"，亲戚朋友和村里的人都会前来庆贺，客人到家时会向主人家道喜。村里的老年人告诉笔者，以前办"祝米酒"主要看"嘎嘎"——母亲的娘家一般会准备担子，担子越多表明娘家送的礼物越多，也越能显示女方家族的势力。随着时代发展，现在已经不流行挑担子了，礼物的类型也发生了变化，已经由传统的实物礼物变成了红包礼物，娘家人一般会包一个大红包，一般人家也会根据关系的亲疏送上不同份额的红包。对于娘家人来说，红包作为礼物，具有深刻的符号功能意义，不仅是一种家族势力的象征，具有一定的威慑力，也是一种面子的象征。对于一般人家来说，红包主要是用来传播送礼者的祝福与问候，用以增强人与人之间的联结关系。

春节是 F 村的一个重要节庆活动仪式，拜年就成了亲戚之间走动最为密切的礼物交换活动之一。当地流行一句俗语，"初一不出门，初二拜家门，初三初四拜丈人"，拜年礼物一般是糍粑、腊火肘、酒、面、糖、点心，其中糍粑是必带的礼物，称"拜年拜年，粑粑上前"，拜年客人回家时，带回粑粑，称作打粑粑神。女儿、女婿回家的时候，一般会准备猪后腿一只，娘家人会以一定数量的礼物或现金作为"打发"，现在一般都是给红包，当女儿有小孩时，红包就直接给了小孩。在过年这种仪式场所，红包作为一种礼物交换媒介具有了较强的仪式性，也必须遵从特定仪式规范，是一种特定礼仪文化的传播。

另外，"吃庖汤"作为 F 村一种民俗活动，也是 F 村日常生活礼物交换的

141

重要形式。"吃庖汤"一般都在农历冬月或者腊月,村民们会在杀猪那天请亲戚朋友去吃肉,主人家会把猪身上最好吃的部分拿出来跟客人分享,客人也会带一些礼物表达谢意。"吃庖汤"是一种常见的食物交换形式,客人在离开的时候,大方的主人家就会割下一些肉由客人带走。随着 F 村旅游业的发展,"吃庖汤"现在已经演变成一种文化民俗活动,很多农家乐到了冬腊月会推出"庖汤宴",成为吸引游客的营销手段。在村里,还有少部分家庭有这种"吃庖汤"的礼物交换形式,被邀者已经脱离了传统的血缘关系和地缘关系,更多是一种维持新型人际关系的手段。

在调研期间,笔者发现微信红包在 F 村也成了一种重要的日常礼物交换媒介。微信红包是基于微信内置的红包功能,向一人或多人发送均额或差额的虚拟红包,逢年过节或者日常交流中,微信红包都发挥着重要的交流功能。在调研期间,为了对村民们能够配合调查表示感谢,笔者在 F 村社员群发放了一个 200 元的红包,其中一个社员在收了红包之后,这样说道:红包都收了,那我还是应该认真配合才行。在这种情境之下,微信红包成为一种工具性的媒介。作为馈赠式的礼物交换,微信红包的发出者是不计回报的礼物馈赠,体现出的是两者之间的亲密关系,在 F 村,村民对这种礼物交换形式也比较认同,尤其是年轻人,村民 F 告诉笔者:

> 我们平时遇到朋友生日或者同学结婚,如果不能亲自到场,就会发一个红包表示祝贺,非常方便,不像以前,如果不能去,还得找个人带人情。

村里年纪大一点的人对微信红包还是不信任的,他们普遍认为这种送礼方式不正式。在这种情境之下,微信红包则是一种巩固关系、维持联系的媒介。

F 村作为一个乡村旅游社区,随着城市化的推进,城乡社会流动性的增强,日常交往呈现出更多现代化特质。"工具性关系"向"情感性关系"的渗透与融合,催生出一种介于经济理性与人情关系之间的"混合型关系",折射出 F 村在现代化发展中所蕴含的深层文化逻辑。另一个层面,礼物交换作为 F 村一种传统的人际交往方式,不论是礼物交换的场所,还是礼物交换的类型,也都在发生着现代化变异,这是乡村在现代化场域中的主动调适。

第四章　媒介空间的地方性建构：
空间拓展与再现

　　"媒介空间既是社会的建构，同时建构着社会。"① 依据麦克卢汉的观点，房屋、道路、交通工具等都是媒介，它们共同构筑了各种空间。地点、景观，尤其是道路和交通工具，对于空间的构筑而言至关重要。大众传播媒介则通过各种符号构筑出独特的媒介空间，因此，空间与媒介总是相互作用、相互影响的。"媒介空间"这一概念最初是由英国学者约翰·哈特雷（John Hartley）提出的，他认为处于传播状态的各种媒介犹如一个个生命体，其外在形式中都生存着向外普遍联系的生命空间，成为人们用以定义现实社会中地理空间的重要线索。如今的 F 村已经拥有了深入村民生活、深入乡村每一个角落的传播媒介系统，这个传播媒介系统所构成的"媒介场域"，通过与乡村日常生活空间、公共文化空间、社会交往空间的互动，深深影响着当地村民的地方性想象与认知。

　　从近年来 F 村旅游社区的发展来看，交通、电力、城镇等实体媒介和以报纸、广播、电视、网络等为代表的现代媒介的发展，拓展了人们活动和交往的空间，使得地理空间和媒介空间中的文化生产呈现出了新的表征。另外，在现代媒介视野中，"地方"也成为媒介表达的主要对象，媒介文本的建构借此在社会成员中形成对地方的文化理解和记忆，但有时候，也会成为媒介文本建构中的"他者"。

---

　　① 邵培仁、杨丽萍：《转向空间：媒介地理中的空间与景观研究》，《山东理工大学学报》（社会科学版）2010 年第 3 期。

第一节　实体媒介与乡村物理空间的拓展

媒介与空间总是相互作用、相互影响的，道路、交通、房屋等实体媒介都是交流的媒介，它们构筑并拓展了人类交往的物理空间，不仅增加了一个地区的流动性和差异性，也会对社会文化产生持久的影响力，从而影响人们对地方性的阐释。

我们可以从以下两个层面来理解：一方面，传播的媒介不仅局限于大众媒介，也包括实体媒介。随着 20 世纪后电视等"大众"传播方式的飞跃性发展，人们将传播媒介主要局限在大众媒介这个层面，从而忽视了实体媒介在构筑意义、传递信息方面的价值。事实上，在新媒体日益发展的当下，实体媒介的意义非但没有削弱；相反，它和大众媒介、新媒介史无前例地交织在一起，构成了一个更加复杂的媒介景观。因此，我们应该关注包括交通、通信、建筑等实体媒介对乡村旅游社区地方性建构的影响。另一方面，F 村在发展乡村旅游的过程中无不渗透着城市影响的痕迹，费孝通曾指出："对中国农村的调查不能限于农村，因为在经济上它是城乡网络的基础，离开了上层的结构就不容易看清它的面貌。"① 谢静认为："城市是一种交流系统，同时又是一种媒介，这是城市发挥超出其自然界限之外作用的基础和表现，也就是说，城市既是不同于乡村的一种生活方式，又是联系城市和乡村的一种中介机制。"② 因此，从城市与乡村的关系视角出发，我们不得不考虑小城镇在乡村旅游社区的影响作用，即小城镇如何勾连城市与乡村，通过延伸人们的物理空间和交往空间，从而建构其对 F 村旅游社区地方性的理解。

一　交通网络的物理连接

传播系统包括交通网络和信息网络。交通工具及其路网系统在空间关系中的作用尤为重要，正如齐美尔所说，正是"由于交通把城市变为一个这样的转动中心，因此交往的真正的意义才正在形成"③。从依靠人力运输，到畜力

① 费孝通：《学术自述与反思》，生活·读书·新知三联书店 1996 年版，第 35 页。
② 谢静：《连接城乡：作为中介的城市传播》，《南京社会科学》2016 年第 9 期。
③ ［德］格奥尔格·齐美尔：《社会是如何可能的：齐美尔社会学文选》，林荣远编译，广西师范大学出版社 2002 年版，第 304—305 页。

运输，再到公路运输和铁路运输，城市与乡村之间的网络形态深刻地烙下了交通媒介的痕迹。

F村是恩施城南去湖北宣恩、来凤和湖南西部，西入湖北利川、重庆的必经之地。明代、清代和中华民国时期，有古人行步道5条，俗称茶马古道，道路主要依势而建，就地取材，卵石铺面，宽2余米，绵延数十公里，呈东西—南北走向，构成步道网络，当时商贾托运货物、旅人出行，当地村民逢场赶集，都要从古道经过，是当时乡村与外界联系的主要道路。据《高拱桥村志》记载，经过高拱桥或以域内为起点的人行步道主要有5条，分别是恩施城区—高拱桥—芭蕉—桅杆堡—大集—金峒司—清坪—咸丰；板板桥—响水洞—龙洞—别家楸劳务—花石桥—曾家坝学校（凉水井）—青岗树学校旁山沟直下—剪刀桥—擦耳岩—芝麻岭—铁耙沟—苏家寨大坪—野鸡滩—大坝石拱桥—尖子山脚—过第二座拱桥（现供电所）—进入集镇—莲花塘石拱桥—贞节牌坊—黄连溪—厢房岭—宣恩庆阳坝—湘西；高拱桥—李家坝—朱砂溪—山岳池—肖家坪；擦耳岩—土地坝—桥桥根—东流河—白果乡；朱砂溪—芭蕉山—浪沟—浪坝—野鸡滩—草子坝—黄土坎—芭蕉集镇。在这个时期，货物运输主要依靠人力托运，民间戏称"挑老二""背老二"，运送货物主要为茶叶、粮食等，另有部分山货。后随着商业发展，吸引了域外人员参与货物营运，比如湖南、四川等地的贫苦农民。民国时期到新中国成立前，恩施城区到芭蕉集镇沿线为重要的驿运线，人力运输昼夜往返于F村境内。20世纪60年代以后，随着乡村道路的发展，畜力运输逐渐取代人力托运。在历史上，F村境内的茶马古道发挥了重要的纽带作用，它是F村连接恩施城区或者更广泛区域的桥梁，而且也带动了本地经济的发展，形成了"专业力人"这样一个谋生的职业，促进了F村与外界文化的融合与交流，以及本地区土家族、苗族、侗族与汉族的大融合。

在乡村，修路具有深刻的象征意义，意味着打破隔绝与封闭，也意味着走向致富的开始。当地村民都有一种感同身受的说法，那就是"要致富，先修路"，虽然这是现代社会发展一个不变的真理，但当地村民对于修路有着更强烈的诉求与期待。村里的老年人回忆道：

以前我们这里的道路不通，大家想去芭蕉赶个集都难，更别说去恩施了，有的人一辈子都没出过村。你看现在多好，公路修到了家门口，做什么都方便。

F村境内的公路主要包括过境公路和村组公路，把F村连接到了一个更大的城乡网络之中。过境公路主要包括沪蓉西高速公路、恩来高速公路、恩咸县、恩芭线和循环公路；环形公路主要以高拱桥集镇为中心，辐射14个村民小组，共有10条，全部实行了道路黑色化，形成村组公路网络。这些公路交通将F村与周边集镇和城市联系了起来，构成了一个巨大的城乡网络传播体系，不仅促进了F村经济的发展，也对村民的日常生活产生了重要影响，拓展了乡村的日常生活空间。

民国时期，F村并无驿站，官方公文和民间信函传递有天桥铺承担，邮路和过境邮路3条，其中直达邮路1条，总长60千米。新中国成立以后，在恢复恩施旧有邮路的同时，调整和开通新邮路，截至目前，全村邮路总长80千米，主要邮路3条，这些邮路的开通，不仅送来了山外人的牵挂和山外的信息，也成了山里人了解外面世界的窗口。在高拱桥集镇，建有一家村邮服务站，村民可在"村邮乐购"特许经营店进行各种网上交易。调研期间，一位来店里交话费的村民告诉笔者，自从F村有了这个"村邮乐购"加盟点，家里的很多东西都是从网上购得，不仅可以送货上门，价格还要便宜。从这一意义上说，邮路的互联网升级服务，让当地村民不仅与周边城市产生了关联，而且在全国范围，甚至是全球范围形成广泛的联系。

二　小城镇：现代媒介辐射乡村的桥梁

在考察中国农村的市场和结构时，施坚雅提出了"基层市场社区"这一概念，将其作为一个中间社会结构加以考察，因为"农民的实际社会区域的边界不是由他所住村庄的狭窄的范围决定，而是由他的基础市场区域的边界决定"①。小城镇作为一种特殊的聚落，是城乡资金、人才、技术流通的中转站，被很多人称为"城市之尾，农村之首"。根据我国的行政体制，建制镇在

---

① ［美］施坚雅：《中国农村的市场和社会结构》，史建云、徐秀丽译，中国社会科学出版社1998年版，第40—44页。

村镇体系中处于顶层级别，属于乡村，上一层级"小城市"则属于"城"的概念，偏重于城市。一般认为，小城镇主要包括县城镇、建制镇和乡集镇，它是连接城市和乡村的中介，本书中的小城镇主要指乡集镇，即芭蕉集镇。作为农村商贸活动的中心，乡集镇是城乡经济文化交流的桥梁，作为城市的辐射之地，对乡村的经济文化发展施加影响，因此，人们通常把乡镇集市作为研究乡村与城市联系的对象。

在中国乡村传播模式中，信息的流通始终带有从城市到农村的系统性偏向，这是一个我们无法回避的体制性问题，从而造成了城乡传播网络不均衡、不对等的情况。乡镇集市处于城乡二元对立体制的中间位置，成为城市中心的现代媒介辐射乡村的桥梁。

在 F 村，当地村民都有"赶场"的说法，所谓赶场就是去乡镇集市进行商品购买活动或闲逛。由于乡镇人口密度和经济发展情况存在差异，赶场的周期也有所区别，芭蕉集镇是逢一、四、七赶场。随着乡镇经济越来越发达、交通越来越便利，芭蕉集镇的坐商也越来越多，沿街居民把自家房屋改作铺面或经营或出租，成为适应本地需要的各种外地商品的汇集地，服务对象也不仅限于当地居民，汇聚的商品也不只是农副产品，大到摩托车、电动车、各种家用电器，小到日杂百货，一应俱全，这也就丧失了计划经济时代的"逢场日"之说。但在当地村民当中，还是有这种说法，并且村民也会坚持这一日常生活习惯。在调研期间，笔者多次去芭蕉集镇，发现这一文化惯习在乡村集镇还默默存在着，在村民心中"逢场日"那天，整个集镇就会相对热闹一些，还能买到各种平时买不到山货，大街小巷都能看见背背篓、挑扁担的当地村民，他们有的蹲坐在街头，有的行走在路上，有的在店铺前与他人聊着家常。地方政府也往往不失时机，利用赶场日，在人流量大的地方，摆上几张桌子，架上一个扩音喇叭，向过往村民发放各种科学、健康、安全方面的宣传单，或者宣讲国家的方针政策、法律法规。在调研期间，笔者正好碰上了芭蕉乡人力资源和社会保障服务中心工作人员在街头进行就业宣传，从一定意义上说，乡镇集市也成了政治传播的重要平台。工作人员 L 告诉笔者：

　　赶场的时候是人流量最大的时候，我们就利用这个时间对村民进行宣传，争取让每一位有就业意愿的劳动者都来积极参与此次招聘活动，寻到心仪的岗位，从而改变生活困境，改善生活水平。

"腊月场"是当地非常重要的赶场的日子，芭蕉集镇每天都像过节一样，赶场的民众来自四面八方，有的还专门从城里过去赶场，还有很多从恩施周边城市赶过来做生意的外地人，他们操着不同的口音，扛着大包小包，涌到芭蕉集镇摆地摊、摆流动车，主要商品有中草药、水果、服饰鞋袜、室内装饰品，也有一些外地的土特产。七鑫超市是集镇上比较大型的超市，商品一应俱全，超市里正放着"恭喜你发财，恭喜你精彩"的音乐。当地村民一部分觉得超市能够提供便利，还有一部分认为他们更愿意赶场，觉得后者更有意思。

街边停着一辆卖歌碟的流动车，老板是个30岁出头的年轻人，说着一口普通话，穿着黑色毛呢大衣，戴着一顶棒球帽，穿着非常时尚，跟周边的环境有些不协调。几个背花背篓的老乡围在车子的周围，有的正在低头挑选歌碟，有的正在咨询一些想买歌碟的信息，有的在讨价还价，还有一些人在旁边站着，一边交头接耳，一边听着歌曲，久久没有离去。街上的喧哗声、汽车和摩托车的喇叭声、商贩的叫卖声，还有街头小店传出来的音乐声混杂在一起，呈现出一个城市与乡村、传统与现代混杂的社会交往空间，在这里，乡村社会生活得以尽情展示，同时也呈现出城市文化渗透到乡村生活的方方面面。

三 "乡村 + 旅游"重构城乡传播系统

在城市文明和现代媒介不断延展的时代，乡村该如何发展，谢静认为："乡村的发展不可能脱离城市而自我完善，也不能完全被城市'化去'，而是需要尽可能吸收'大传统'，链接上城乡网络，在更为广阔的关系中协商自己的价值、安置自身，努力成为参与流通、甚至影响周围的节点。"[1] 乡村旅游产业的发展，提供了一个重构城乡传播系统的路径，使乡村成为"一个引起转动的媒介"[2]。

---

① 谢静：《连接城乡：作为中介的城市传播》，《南京社会科学》2016 年第 9 期。
② 谢静：《连接城乡：作为中介的城市传播》，《南京社会科学》2016 年第 9 期。

在发展乡村旅游业以前，F村是一个以农业种植为主的西部小山村，外来媳妇M回忆道：

> 以前F村只是一个名不见经传的普通村落，我只是嫁到这里的一名普通妇女，生活不算拮据，但也不富裕。随着恩施旅游业的迅速发展，枫香坡声名鹊起，中外游客纷至沓来，我也开始办起了农家乐，接待世界各地的游客。

2007年，政府以特色产业为支撑，秉承"茶文化＋民族文化＝旅游经济"的理念，围绕山、水、田、园、村、景，依托丰富的河流、山林、生态茶园资源，以自然山水为骨架，紧扣"富硒茶文化、侗族文化"两大主题，实施特色民居改造，建设形成"一轴四区"的景区建设格局，将过去单纯的农业空间改造成了"农业—旅游"的多重复合空间。"乡村＋旅游"的发展模式让F村接受了传统乡村所没有的现代城市元素：旅游服务、生态保护、健康生活、文化营销，这些现代元素与传统乡土元素结合，把F村变成了一个流通之地。首先，便捷的公路运输工具让F村与世界各地的游客产生了关系，在双重凝视中重构地方认同。其次，F村的玉露茶走向了世界各地，成为一个重要的文化符号。最后，大众媒介和社交媒介一方面传递着城市先进的文化生活理念；另一方面也在制造F村的品牌影响力，在双向互动中，F村成为一道景观。

茶叶种植是F村的特色产业，也是当地村民主要收入的来源之一。2018年6月，习近平总书记在湖北武汉的东湖宾馆接待印度总理莫迪，品尝了湖北恩施的利川红和玉露茶，F村是玉露茶的种植基地，当地村民看到这个新闻后，备受鼓舞。茶农D告诉笔者：

> 这几天微信朋友圈都被习总书记接待外宾喝玉露茶的新闻刷屏了，今年的玉露鲜叶价格又要创新高了。我们的茶不仅卖向了全国各地，更是在走向世界。

在F村，笔者发现玉露茶的价格不等，很多经营者把青花瓷包装的玉露茶放在了显眼位置，价格也高出很多。这充分说明，在发展乡村产业的过程中，大众传播对产业的发展走向起着至关重要的作用，当地村民对于媒介的使用具有高度的自觉性。

"乡村＋旅游"的发展模式使 F 村深深卷入了城市传播的洪流，并且乡村本身也成为一个包含现代、传统等各种元素的媒介。一方面，在带动当地村民发家致富的过程中传递城市现代文化；另一方面，当地村民通过各种文化展演为城市游客传递了乡村文化，构成了一个更为开放、流动的传播网络。

第二节　现代媒介与乡村社会空间的拓展

在 F 村，有线电视网已经实现了全覆盖，随着村村通电视工程的实施，电视覆盖率达到了 100%。F 村拥有电脑的家庭也在逐年增多，使用电脑和手机上网的用户已经达到 70% 以上。一般而言，衡量一个社区的"媒介化"程度主要以当地村民的媒介拥有和使用情况为参考标准，如果以这样的标准来衡量 F 村，那么 F 村的"媒介化"程度已经很高。在"媒介化"程度愈加深入的今日，F 村村民的日常生活也愈加表现出"媒介生活"的特征，并逐渐嵌合于乡村在地社会关系所建构的"本地场域"中，"无论是在具体、实在的空间中，还是在观念、存在意识中的空间里，大众传媒都在这两个层次深深介入了"[1]。本节主要以电视、图书、手机三大媒介介入 F 村社会中的空间实践活动和意义生产作为考察的重点，进而阐释其深层次的意义。社会空间作为一种生产和再生产的空间，强调的是区域和空间中社会关系的构建，"空间的主体行为在空间的位置、文化认知和宗教观念等方面影响着社会空间的建构，反之，社会空间的组织与分配也会作用于主体，影响着主体的权力、文化、阶级等社会关系"[2]。笔者将 F 村的社会空间形态大致分为日常生活空间、公共文化空间和社会交往空间。当然，这三类空间形态并不是相互孤立存在的，它们之间具有较强的互动性和交叉性。

---

① 孙玮：《中国传播学评论·传播媒介与社会空间特辑》（第四辑），复旦大学出版社 2009 年版，第 4 页。

② 孙信茹：《媒介与乡村社会空间的互动及意义生产——云南兰坪大羊普米族村寨的个案考察》，《云南社会科学》2012 年第 6 期。

一 电视与乡村日常生活空间的拓展

在所有的大众传播媒介中，电视因其"易获得性""覆盖面广"和"有益存在"，成为乡村最有效的传播媒介，成为介入日常生活空间的"家庭成员"。"它既是一个打扰者也是一个抚慰者，这是它的情感意义；它既告诉我们信息，也会误传信息，这是它的认知意义；它扎根在我们日常生活的轨道中，这是它在空间与时间上的意义；它对人造成的冲击，被记住也被遗忘；它的政治意义在于它是现代国家的一个核心机制；电视彻底地融入日常生活中，构成了日常生活的基础。"①

在 F 村，电视机出现在 20 世纪 80 年代初，据村里的老年人回忆，当时拥有电视机的家庭只是极少数，村里的第一台电视机是一个 14 英寸的黑白电视机，能收到的台也不多，左邻右舍吃过晚饭之后就聚集在一起，一边聊着家常，一边看着电视。在这样的语境下，拥有电视机的家庭成了一个临时性的公共活动空间。随着乡村经济的发展和大众传媒在乡村的"组织性"渗透，现在的 F 村，电视机已经成为村民日常生活的必需品，大家再也不需要集中到某一个家庭进行集体性观看，收看电视行为回归到一种家庭性的、私人化的休闲活动。

（一）以"电视时间"为轴心的时间安排

詹姆斯·勒尔认为，电视机在日常生活中主要有两种用途，即结构用途和关系用途。结构用途即将媒介当作"环境来源"或"行为调节者"，用以调节日常作息时间及各项活动，观众是用电视机来建构实际的社会角色；关系用途是指电视机改变了家庭成员之间的关系，每个成员借由电视机各取所需，同时也因为电视机有了不同的彼此对应关系。②

电视机对 F 村日常生活的最直接的影响就是重构了当地村民对于时间的认知。在 F 村，村民对于时间的感知主要源于对自然环境的观察和个人对于时间的经验，村里人都习惯于按照农历来记录日期，按照天色来判断时间，体现出一种对自然的皈依。H 奶奶住在踩歌堂正对面，笔者去调研的时候，

---

① ［英］罗杰·西尔弗斯通：《电视与日常生活》，陶庆梅译，江苏人民出版社 2004 年版，第 5 页。

② 邢虹文：《电视与社会》，学林出版社 2005 年版，第 257 页。

已经接近中午。

> 笔者：奶奶，您吃中饭没有？
>
> H：我们才吃早饭，中饭还没有到时间，我们早上起来要先把牲口喂了，趁着天不热，先去田里看一下，我们的时间哪能像你们一样哟。
>
> 笔者：那您晚上一般什么时候休息？
>
> H：吃过晚饭，把家里收拾利索了就休息，有时也看会儿电视，但看着看着就睡了。

对于老人而言，她对于时间的认定更多是基于一种对自然的遵从，也就是"日出而作，日落而息"。但随着电视机的介入，创造出了新的时间概念，实现了"电视时间"在乡村日常生活中的重构，虽然老年人对于时间的认定更多还是基于"自然时间"，但不能忽视"电视时间"对于乡村日常生活的整体影响。

作为一个旅游社区，F村的白天是非常忙碌的，时间的安排主要遵循的是游客的时间系统，农家乐会在固定的饭点提供餐饮服务，卖土特产的奶奶会在游客到来之前支好自己的摊位，这是一种典型的城市时间概念。大众传媒对于城市的偏向性，使得城市时间与媒介时间高度吻合。到了晚上，当地村民在结束了一天的工作之后，看电视就成为一种重要的日常娱乐活动。为能持续收看各种电视剧，村民会主动关注时间，防止错过精彩的电视剧内容，形成了一种以"电视时间"为轴心表达时间的生活方式。村民L在家经营着一家土特产店，平时游客不多的时候，她家门口就会有人坐在那里打扑克牌，当我问她晚上一般干什么的时候，她笑着告诉笔者：

> 我最喜欢看湖南卫视的电视剧，一般都是卡着点候着，在电视剧没开始之前，一般就在F家门口跳广场舞，跳完正好回去看电视。

笔者在调查的时候，F村晚上偶尔会停电，每次只要停电，很多人便会从楼上走下来到邻居家聊天，还有人会在微信群里不断问什么时候来电，有个微信名叫"大姐"的人在群里说道：

> 今天会不会来电哟，还等着看电视呢，今晚上要泡汤哒。如果今晚没有电视就觉得待在家里没意思，总觉得缺了点啥，并且上床也睡不着，因为每天晚上都是把电视看完了才睡的。

对于当地村民而言，晚上的时间就是电视所定义的时间，不论从事何种行业，男性还是女性，大部分村民都有自己的电视时间，并依据这种时间作为晚上休息的标准。据笔者了解，妇女一般在 22 点以前休息，以一些黄金档电视剧的结束为标志，男性一般在 24 点以前休息，一般会在这个空出来的时间段看看新闻、专题类的电视节目。

为了调查"电视时间"对村民日常生活的影响，笔者对村里 70 位村民随机展开了问卷调查，结果现显示：有 66 人每天固定在 18：00-23：00 看电视，有 60 人每日看电视 2—5 小时，有 7 个人为 6—7 小时，有 3 个人为 2 小时以下。由此可见，电视对传统的"日出而作，日落而息"的时间安排方式产生了重要影响，即使是 H 奶奶也会在晚上看会儿电视节目，这说明电视时间正在无形中破坏老人一直所遵从的自然时间规律。村民说，有无电视机对生活上最大的影响就是现在睡觉晚了，而且晚上家里也会很热闹，再就是打牌的人少了，以前聚在一起打"双扣"和"升级"①的人很多。毫无疑问，电视改变了村民对日常生活中社会时间的体验，影响着他们作为文化生产主体对社会生活的行为参与，也使得村庄内人际交往呈现出新的特点，即个人自由的凸显与公共空间的萎缩，人们更愿意走向自己私密的空间而忽视公共活动的参与。

（二）日常生活空间的电视符号化

"日常生活空间"就是人们日常生活的各种活动所占据的空间，主要包括家庭、工作单位、消费场所和非消费的公共场所。从乡村日常生活所包含的内容来说，乡村日常生活空间一般包含三方面的内容：承载基本生存活动的居住空间；承载日常交往活动的娱乐休闲空间；承载日常观念活动的仪式空间。

---

① 一种扑克牌娱乐方式。

电视对以家庭为单位的居住空间的影响主要体现在对家庭成员相互关系的影响方面，电视成为家庭成员之间交流和互动的纽带，增加了家庭成员在一起共处的时间。正如村民 C 所言：

> 现在不看电视节目在家里就觉得待不住，尤其是小孩子，如果家里没有电视，他就会跑出去，喊都喊不回来，还容易出现矛盾。一般娃儿睡觉之前都看电视节目，我们一般是听着电视节目内容，玩着手机，有时候会和他们说几句，碰上我们都喜欢看的，还一起讨论。

对于 C 而言，电视成为一种交流媒介，让家庭关系更加亲密。还有很多村民认为看电视比玩手机好，因为电视可以维持一种亲密关系，而手机则让家里的关系变得更加疏离，SR 告诉笔者：

> 我是坚决不让娃儿玩手机的，对眼睛伤害大，并且还不知道他在看些啥，做完作业看一下电视节目还是可以的，我们有时候一起看，还能顺便聊一下他在学校发生的事情。

另外，电视对居住空间的影响体现在乡村"原子式"家庭越来越多，据笔者了解，F 村的家庭基本上都是以小家庭为主，很少看见四世同堂的家庭，很多村民表示，一方面是因为经济条件好了，大家都有这个能力修房子；另一方面也是因为住在一起不方便。侗寨门口摆土特产售卖点的奶奶和老伴住在老房子里，几个儿子都有自己的房子，孙子也在旁边另外修了房子，并且挨得很近，当我问到为什么没和子女们住在一起的时候，老人说道：

> 啥都不习惯，进屋要换鞋，晚上他们要看电视，睡得晚，我们又怕吵，分开了住清闲些。

虽然电视不是造成乡村传统大家庭解体的根本原因，但也是一个重要的影响因素。在 F 村，村民的日常交往活动空间主要包括村里一些小卖部、土特产店、踩歌堂以及一些农家乐的大场坝。小卖部和土特产店一般就开在村民家里的一楼大厅，在正中间一般都放着一个电视机，在调研期间，笔者发现电视机是作为一种"无聊的自我表演者"的身份出现的，一般是外面坐着一些人在聊天，老板在招呼生意，电视机或开着或关着地显示其"在场"的文化意义。正如农家乐老板 F 所言：

> 我们白天哪有时间看电视节目，游客多的时候，忙都忙不过来，把电视机开着主要是图个热闹。

另外，踩歌堂原本是为游客进行侗族文化节目表演的场所，平时村民会在这里聊天、跳广场舞，有时候政府为了传达国家重要的政策，也会把村民集中在这里进行集中动员。村主任 FJW 告诉笔者，在党的十八大、党的十九大召开的时候，村委会组织村里的积极分子集中在踩歌堂收看现场直播，让大家一起学习和领会党的新政策。从一定意义上说，当人们集中在一个空间收看电视节目的时候，电视机就成了一种仪式化媒介，塑造了村民的集体参与感，无形中形成了有效的社会动员和国家认同。农家乐的场坝也是村民们茶余饭后聊天、娱乐的场所，侗族人家门口有一个很大的场坝，到了晚上，村民和游客就会集中在一起跳舞，老板 L 告诉笔者：

> 我们准备去买一个大的液晶电视，就放在场坝里，既可以看电视节目，也可以放音乐，像看电影一样，还可以看着画面一起跳舞。

电视机从"屋内"走向"屋外"，由私人空间走向公共空间，给乡村的休闲娱乐生活增加了一抹现代的色调，具有了"集体狂欢"的符号意义，虽然这只是农家乐老板吸引游客的一种手段，却给了人们更多对于电视节目的想象和期待。"场坝电视"凭借其深入游客生活内部和直达乡村社区的做法，让游客更为亲近，唤醒人们奇妙的怀旧感，同时承担着游客和村民娱乐和交往的功能。游客 L 这样说道：

> 其实出来旅游不是为了在宾馆里面看电视节目的，尤其是到这种具有乡土气息的地方，我觉得 L 老板的这个想法是很好的，可以让大家重

拾 80 年代在乡村一起看电影的记忆。

春节是 F 村一个重要的仪式活动，随着电视机对这种仪式空间的介入，年俗程序与仪式大大简化压缩，以前年夜饭一定要在晚上才能吃，吃完年夜饭还要去给家里去世的人"点灯"。但现在年夜饭吃得都比较早，很多人都是在下午四点以前吃完年夜饭，尽量在八点以前完成所有的仪式，当地村民告诉笔者，这是为了不影响春节联欢晚会的收看。此外，在其他节庆和日常生活中，我们常能听到乡村里老一辈人用失落的口气回忆以前节庆场面的热闹与喧哗，而现在大家都把注意力放在了电视节目上，一些人还把从电视节目中学来的东西也加到节庆活动中来。笔者曾亲历过的一场婚礼，以前婚礼仪式上严格的接亲仪式和迎娶过程中的繁复禁忌在婚礼中被省略或者转变为传统与现代混搭的婚礼方式。

"随着现代传媒的介入，人们的想象和情感表达有了多元化实现的可能性。通过媒介，人们对外部世界的想象性'在场'从而形成：媒介给人们展示出一个个和乡村社会生活截然不同的'另类'空间和形态，媒介不断塑造着村民们和外部世界'虚拟'的同在感。"[①] 这种通过电视机所建构的"共同的在场"，不仅在宏观的主流意识形态层面实现了当地村民的国家认同和民族认同，也在一定程度上实现了乡村旅游社区内群的凝聚力。在调研期间，笔者发现 F 村里的电视机很多时候不仅是邻里之间交流的桥梁，同时也为邻里之间的闲谈提供了内容，成为一种乡村内部人际交往与互动的黏合剂。另外，F 村作为恩施市重点打造的乡村旅游景观，曾在 2008 年两次上了央视新闻联播，也多次被恩施电视台报道，M 和 FXL 经常出现在电视屏幕上，这一度成为村民们最骄傲的谈资，电视里的 F 村无形中成为当地村民最真切的地方感，电视机建构起了一种新的地方认同，为村民的自我角色定位提供了重要的参照。

（三）一个特殊的案例：茶花山居没有电视

电视对乡村社会的改变，不论是当下的还是延时的，变化注定是要发生

---

① 孙信茹：《媒介与乡村社会空间的互动及意义生产——云南兰坪大羊普米族村寨的个案考察》，《云南社会科学》2012 年第 6 期。

的。正如萨尔兹曼所言："虽然世界可能永远不会完全变成马歇尔·麦克卢汉所狂热描述的'地球村'，但每个村庄——不管乡下的或都市的，前工业的或后工业的——正在变得越来越全球化，从电子化的角度来看，世界正在进入每个村庄或街道、每个部落和居留地、每个社区和郊区。"[1]但总有这样一些地方，通过没有电视机的"在场"，构筑了一个不同于全球或国家逻辑的地方空间。电视机作为一种压倒性力量向乡村渗透，在高度组织化"村村通"项目实施中，有一些人总会选择逃避电视机，规避全球化所带来的制度性压抑和认同危机等。

茶花山居是一座依山而建的侗寨风情小院，被冠以"金宿级民宿"，房间里面的现代设施一应俱全，堪比城里的四星级宾馆，却唯独没有电视。老板M有自己的想法：

> 城里人来乡村旅游、选择乡村民宿，主要是为了圆自己的一个田园梦，在这里需要的是一份心灵的沉淀，电视机会让我们内心静不下来。这里可以独自品茗，也可以去林海和茶山转一下，还可以跟着管家学习做木工、花艺、茶艺，希望大家能够在这里小住的几天真正回归没有电子设备打扰的乡村生活。

M通过自己对茶花山居的设计，呈现了一个与城市建筑完全不同的乡村民宿，在一定意义上说是一项"微主权"工程。在茶花山居的品茗室，放着一个很大的液晶电视，但很少有人在那里观看，游客都喜欢坐在一起聊天、喝茶、看书，还有的人选择发呆，给人一种安静的、近乎神圣的感觉。茶花山居的Z管家告诉笔者：

> 大家来这里根本不问有没有电视机这个问题，即使是小孩子也没有觉得不适应，相反，大家有了更多有意思的事情可以做。我们增加了很多大家可以一起体验的项目，比如手工、香养、国画、古琴、读书会、

---

① ［美］柯克·约翰逊：《电视与乡村社会变迁——对印度两村庄的民族志调查》，展明辉等译，中国人民大学出版社2005年版，第173页。

茶话会、篝火晚会、户外采摘等。

这是一个特殊的案例，并不能代表所有的乡村，但就是这样一个没有电视机的"地方"，成为人们规避城市化和现代化的避风港，用自己的方式与电视机所构筑的空间进行协商和抗争，从而创造出对自己具有特定意义的地方。

图4-1　茶花山居的木工课程

二　农家书屋与乡村公共文化空间的拓展

"农家书屋"是中共中央、国务院《关于推进社会主义新农村建设的若干意见》和《关于进一步加强农村文化建设的意见》中提出的一项惠民政策和五大公共服务文化工程之一，主要目的是切实解决广大农民群众"买书难、借书难、看书难"的问题，切实保障农民群众的基本文化权益。农家书屋作为一种媒介，在提供文化服务的同时，也成为拓展乡村公共文化空间的重要载体，引导着乡村文化建设向健康方向发展。

（一）农家书屋的在场：拓展的空间与孤独的凝视

F村建有两个农家书屋，一个位于高拱桥村委会，距离F村1公里，该书屋在2017年被评为"湖北省农家书屋工程建设十周年三十佳农家书屋"，也是恩施州首个数字农家书屋示范点。另外，在F村踩歌堂一楼，由湖北省民宗委对口帮扶建立了"侗寨第一家农民书屋"，还建有"文化中心户""农民青年书屋"，并且在农家书屋设置了"电脑农业专家系统推广应用服务站"，进行乡村农业科技推广。

在驻村调研期间，笔者发现位于高拱桥村委会的农家书屋收拾得干净、整洁，图书的阅读率比较高，尤其是少儿类的书籍，档案柜里放着 31 本学生的阅读笔记，上面记载着学生的阅读心得和摘抄的好词好句，分管农家书屋的村主任 F 介绍道：

> 学生是我们书屋的主要阅读群体，为了调动他们阅读的兴趣，我们结合学生寒假的有利时机，开展了一系列特色阅读活动。首先是统一印发了农家书屋全民阅读学生专用笔记本，让学生们每次阅读之后就把好词好句摘抄先来，并专门设立一面纪念墙，激发孩子们的阅读兴趣；其次是充分利用"村村响"每一期活动开展"小小播音员""小小主持人"活动，让孩子们分享自己的阅读心得或者好词好句；还有就是每一学期评选奖励优秀读者、优秀播音员、优秀主持人。家长和学生的反响还是蛮好的。

为了准确地了解农家书屋利用的基本情况，笔者在农家书屋进行了一个星期的观察，发现平时书屋的利用率并不高，偶尔会有村委会老年活动室的老人在里面翻阅书籍，星期六有很多学生过来，他们是高拱桥民族小学的学生，一到周末就由老师带过来看书和学习，这个时候，安静了一个星期的书屋会短暂地热闹起来。

F 村踩歌堂一楼的农家书屋却是另一番更加尴尬的境遇，书屋的门紧紧锁着，透过窗户，可以看到一些书孤独的摆在书柜里，上面积满了厚厚的灰尘，椅子高高地叠放在一起，显然，书屋已经好久没有人来过，笔者向几个村里人打听书屋归谁管理的时候，他们都说不知道，又问哪里有钥匙可以进去参观一下，他们还是说不知道。之后，笔者又针对书屋的使用情况进行了访谈，访谈主要采取随机的形式，在被访谈的 20 位村民中，有 10 人根本不知道有这个书屋的存在，这部分人主要是 60 岁左右的中老年人，他们告诉笔者：

> 我们不知道下面还有读书的地方呀，只知道上面可以演戏，下面有

时候会有人在里面开会。即使知道了，我们也不会去，看这些书又没什么用，很多书我们也看不懂。

还有 5 个人表示去过书屋，但没有在里面看书，也不知道具体有哪些种类的书，这部分人主要是村里开农家乐的老板：

现在看书本来就是一件很奢侈的事情，再加上旅游旺季的时候，我们都很忙，不忙的时候又要出去学习，晚上有时间宁愿看一下电视节目，哪有专门的时间去里面看书，有时候要学习什么新知识，直接手机上搜索就可以了。

另外有 5 个人知道书屋，但从来没有去过，这几人主要居住在踩歌堂附近，文化水平不高，都是小学及以下文化程度，他们认为自己看不懂那些书，看了也是白看。显然，这是一个很粗糙的调查，但在某种程度上还是能够印证笔者在实地观察中的印象和基本判断，F 村并不缺乏阅读的空间，当地村民也不缺乏阅读的机会，只是大家都选择了不阅读，有的人是个人兴趣使然，有的人是文化水平受限，还有的人是因为时间不允许，即使允许，也因为时间成本而选择了更方便的网络来获取知识，这与广大西部地区的农村甚至整个中国的情况基本是一致的。

图 4-2　F 村农家书屋：透过窗户凝视

在笔者看来，农家书屋在 F 村遭遇的困境不是特例，这说明国家压制性体制下的乡村文化建设脱离了乡村传播语境，存在着"传播网络""传播过程""传播语境"的三重断裂。传播网络的断裂主要体现在当地村民并不知道农家书屋的存在，这说明在乡村文化建设中，村干部对于文化的宣传力度还远远不够，很多村民觉得这种农家书屋只是当地政府为了应付检查而进行政绩展示的工具，这就使得农家书屋在乡村成了一种摆设和形式。传播过程的断裂主要体现在农家书屋里的图书不能很好地满足当地村民的文化需求，有的图书相当陈旧，有的图书离村民的生活非常遥远，尤其是一些文学艺术类的小说，阅读率非常低。传播语境的断裂主要体现在村民的网络化化和电视的普及对农家书屋作为乡村文化公共空间的消解，这是时代的必然趋势，也成了农家书屋在乡村孤独在场的主要原因。

（二）农家乐里的报纸和图书：延伸的文化空间

无论是经济发达地区还是经济欠发达地区，影响和制约乡村文化发展的关键都与乡村公共文化空间的发达程度密切相关，因此，如何拓展和培育乡村文化公共空间成为制约乡村文化建设的瓶颈。农家书屋作为政府文化普惠工程，通过与乡村其他公共空间的结合，比如村委会、踩歌堂，在一定程度上拓展了乡村公共文化空间的功能。

在 F 村调研期间，笔者发现了图书和报纸所建构起来的一个别样的文化空间，在一定程度上延伸了农家书屋的功能。在茶花山庄，主人家专门空出了一间房，精致的书柜上面放着老板精心选择的书籍，包括文学类、游记类、生活类，很多游客在闲暇会找一本书坐下来品鉴。另外，在茶花山居的品茗室，也构建了一个阅读空间，不仅有图书，还有期刊，比如《读者文摘》《中国妇女》等，虽然这些公共文化空间更多是游客消费和休闲的场所，当地村民的使用率并不高，却给乡村文化空间的拓展提供了一种可能。当问到村民们是否知道茶花山庄里面的图书阅读室的时候，很多村民都说知道，并且认为这是一种很好的吸引游客的方式。村民 F 正在修建乡村精品名宿，他告诉笔者：

> 我专门留出一些公共区域提供给游客们阅读，准备把这里打造成一个既有乡土本色，又有文化品位的地方，图书无疑是好的装饰品，我觉得很多城里人都喜欢这种情调。

图 4-3　乡村民宿里的书屋与读书会

在其他一些经营农家乐餐饮的村民家里经常能够看到《楚天都市报》《恩施晚报》《参考消息》等报纸，老板说有的是来这里吃饭的客人留下来的，他们没事的时候就翻一下，有时候也可以给其他客人消磨时间。图书、期刊和报纸这些纸质媒介一直在乡村处于边缘地位，在调查中，很少有人提到通过图书和期刊获取信息和学习知识，农家乐里图书和报纸让乡村公共生活空间与公共文化空间完美结合、相得益彰，不仅延伸了生活空间的功能，也延伸了文化空间的功能，农家乐已经不是原来意义上的农家乐了，而是承载着为村庄提供公共文化空间、促进村庄价值再生产的载体。

乡村公共文化建设是以公共文化空间的构建为基础，以培育和激发乡村居民的文化自觉为主体，从而推动新的文化形态的形成。在 F 村，农家书屋是一种孤独的存在，因此应当进一步围绕农家书屋如何发挥作用下功夫。笔者认为，第一，应该尊重村民的需求，为书屋配置更多大家需要的书籍资料，并且要培养专门的管理人员，定时对书籍进行归类整理，做好图书外借与归还工作。第二，应该营造一种读书范围，在农闲时节，开展专题读书会、茶话会一类的交流活动，让村民通过活动感受阅读的乐趣，尤其要发挥中小学生的读书示范作用。第三，应该将农家书屋与乡村公共生活空间结合，比如在农家乐、小卖部等公共生活区域设置小型书吧，放置一些阅读性强的报纸和期刊，让阅读成为一种乡村时尚，不仅成为城里消费乡村文化的场所，也让书屋成为村里的"文化磁场"。

三　手机与乡村社会交往空间的拓展

工信部最新数据显示，截至 2017 年 12 月底，全国移动电话（手机）用户达到 14.2 亿人，年净增 9555 万人。[①] 手机媒体作为一种现代科技的产物，无形中改变了人们的日常生活。近年来，随着互联网向乡村的迅速渗透，手机在农村的普及率也在逐年提高，社交媒体快速融入乡村生活。第一，手机媒介为村民提供了跨越地理限制的线上交流平台，拓展了当地村民的社会交往空间。在 F 村，当地村民通过社交软件建群，各种类型的群层出不穷，有的以血缘为纽带共同聚集在一个虚拟社区中，比如"F 氏家族群"，实现了同一个家族的人随时随地线上交流；有的是以地缘为基础，比如"F 村社员群"，成为 F 村社员日常交流和参与社会公共事务的重要平台；有的以业缘为纽带，比如"F 村侗寨农家乐群"，为农家乐老板、茶叶经营者提供了互相交流和学习、共谋乡村发展的交流通道，这些虚拟社区为乡村日常生活和经济发展注入了新的活力。第二，手机成了 F 村村民获取外界信息的主要渠道，为村民提供了更多的信息资源，并重构了他们的社会资本网络，成了他们通往大都市甚至全球化的主要入口。第三，手机成为一个重要的文化展示平台，当地村民充分利用手机提供的功能，通过手机开展乡村文化的传播，并在手机上开展农村电子商务，将当地具有特色的农产品依托互联网平台售卖，突破了以往"酒香也怕巷子深"的窘境。

（一）个体赋权：手机与村民市场意识的觉醒

赋权，又叫增权，是一个宽泛而又多层次的概念体系。赋权是作为一个动态的过程，主要是通过介入，激发某个团体或个体的潜能，赋予其某种能力去实现自己的目标，最终实现社会的平等发展。丁未提出："赋权作为一个互动的社会过程，离不开信息沟通与人际交流，所以它与人类传播有着天然的联系。"[②] 在大众媒介的时代，媒介的城市中心主义倾向和中产阶级本位思想，使得村民并不能真正利用大众媒介获得平等参与社会发展的权利，因此村民参与式传播的范围影响力很小。但是，手机媒体进入 F 村后，传受双方

---

① 工信部：《2017 年通信业统计公报》，《中华人民共和国工业和信息化部官网》，https://www.miit.gov.cn/jgsj/yxj/xxfb/art/2020/art_212e3439dfb24daab947f2b10907cd42.html，2018 年 2 月 2 日。

② 丁未：《新媒体与赋权：一种实践性的社会研究》，《国际新闻界》2009 年第 10 期。

的界限被打破，权为也随之发生转移，村民可以通过自己的传播行为实现权能（感）的增加。

在 F 村，茶叶种植和加工作为当地村民收入的主要来源之一，手机成为主要获取市场信息的媒介，并参与市场销售环节，从而激发和唤醒了村民身上的权能"感"。HLX 是一位 60 岁左右的老年人，种植了 3 亩茶园，她想在赶集这天把茶叶带到市场上去售卖，并且能卖个好价钱，于是，她在"F 村社员群"里试着问了一下市场上收购茶叶的价格，有几个刚刚从市场回来的人就准确回答了老人的问题，他们告诉老人，芭蕉集市的收购价格高一些，高拱桥集镇相对低一些，如果茶贩子上门来收，价格会更低。在以往通信闭塞的年代，当地村民种植的茶叶要想流通到市场就必须凭借自己的劳动力将其运到集市上去，而且对于市场上的行情也不清楚，因此经常会出现贱卖产品的情况。手机的普及却改变了这一局面，一个电话打过去或者在微信群里问一下就能知晓市场需求情况与价格行情，然后针对性地开展生产或销售。F 是村里的传统手工制茶人，他的女儿为了销售冯氏手工茶，专门在手机上开了一个微店，她告诉笔者：

> 微店成本低，而且也方便，只需要拍一些制茶的照片和视频传上去，每天将产品的信息推送给消费者，在手机上就可以操作，方便得很，不影响我做其他事情，每年春茶上市的时候，我们茶店的生意都蛮好的，现在城里人喜欢这种有记忆的手工茶。

手机逐渐进入 F 村的茶叶生产过程中，打通了村民销售茶叶的新渠道，节省了人力和物力。

另外，笔者发现当地村民手机媒介的素养普遍较高，善于运用手机微信朋友圈的功能发布农产品销售的信息，除了茶叶，还有很多当地的特色农副产品，比如腊肉、野鱼、土鸡等，以及一些加工类的产品，比如牛肉干、手工饺子、咸菜、麻辣鱼等。但是，村民的农产品生产还没有形成规模，通过手机媒体联系的销售对象范围较小，主要还是局限在村庄附近的熟人和朋友圈子。

F 村离恩施城区很近，当地村民除了在家种植茶叶，还从事一些"副业"。一方面，留守在村里的村民会选择到村里或者村庄附近的农家乐，以及恩施城里的宾馆、饭店打零工和从事装修等工作；另一方面，村里教育程度较高的年轻人会选择到沿海地方打工，比如深圳、浙江等地。手机媒介对于这些务工人员来说，主要是获取相关用工信息，并促成村民形成了各自的社会关系网。在旅游业的带动下，F村及附近农家乐的生意也越来越好，村民打零工的人数逐渐变多，开始形成了各自的零工信息资源，并且通过手机媒介最大限度地分享资源。F村社员群就成为一个重要的零工信息发布平台，农家乐老板会通过这个平台发布用工信息，当地村民会通过这个平台发布求职信息。D经营着一家四星级农家乐，固定的员工有6人，在生意非常好的时候就会找零工，他经常会在"F村社员群"发布信息，村民在群里就可以根据自身的情况综合考虑这份零工的机会成本，有时候很多农家乐老板还会介绍其他村庄农家乐以及恩施城里酒店的招工信息。F告诉笔者：

> 我们出去做工基本上都是村里的人介绍的，有时候一个电话，有时候在微信里吆喝一声，哪像以前，硬要走到人家家里去喊他，我现在一个月话费在60元左右，再没有钱，话费也是必须要交的，现在没手机就寸步难行，别人也不好联系你，那很多机会就没有了。

即使这种务工的方式没有形成制度化或者规范化，但是仍占据着重要的地位。手机给村民在务工方面带来了巨大的便利，一方面加快了用工信息传递，给村民提供的选择余地更多，拓宽了村民就业的渠道；另一方面也培养了村民的媒介素养和自主选择意识。

手机对F村村民的信息赋权，可以从个体和群体两个层面来总结：第一，个体层面上的赋权，手机不仅给村民带来了信息和资源，村民也可以通过手机带来的信息资源以及手机媒介载体进行相应的社会交往，并参与社会经济生活和表达自我情感；第二，群体层面的赋权，村民通过微信群来交换务工信息、农产品销售信息，但是没有形成制度化、规范化的平台，这些信息往往被大量的聊天信息所淹没。

（二）符号化交往：手机与社会交往

"交往既是一个实践范畴，也是一个关系范畴，是一种体现人的本质、构筑社会关系、并形成一个社会的历史活动。"① 手机作为一种通信工具和交流媒介，将人们的生活紧密相连，打破了原本单一、封闭、内部组织严密的社会交往方式，变得更加多元、开放和自由。

家庭是乡村社会交往最基本的单位，手机进入 F 村后，给家庭内部成员的交流提供了更加多元的情感表达方式。在 F 村，夫妻间不善于用语言直接表达情感，即使是年轻夫妻，在互相的称呼中更多是用"娃儿他（她）爸（妈）"，手机的出现大大增加了彼此的情感交流，尤其是手机的符号功能，让这种情感表达变得直接而热烈，成为夫妻交往中全新的情感表达方式。F 在城里打工，初中文化，38 岁。

> 笔者：您和您爱人平时不在一起的时候，一般通过什么方式交流？
>
> F：打电话呀，再就是发微信，现在城里到处都可以上网，微信视频和语音最方便，还可以节省话费，如果有紧急的事情就打电话。
>
> 笔者：您老公过节会不会发问候信息？
>
> F：不经常发，偶尔会发一些图片，再就是视频，这些很方便的，我经常给他发，看到一些好玩儿的内容就发给他。

另外，一些老年夫妻因为文化水平不高，对于手机符号功能的使用缺乏足够多的认识，所以在日常交往中对手机的使用主要是基于通话联系。H 阿姨是村里 60 岁以上的老年人群体中少有的能够使用微信的人，在驻村期间，她只要碰见笔者，就会问笔者微信里表情符号的意思，她说很多人都给她发，但她不知道怎么给别人发，怕发错了别人笑话。笔者观察到 H 阿姨在使用微信时，最喜欢用的就是微信的语音功能，她笑着说道：

> 我没多少文化，不会打字，说话还是会的。他一般都在家里，如果出门做事去了，我们一般都是打电话，我有次出门去了，电话不知道怎么关机了，他打电话联系不上我，差点儿急死了，我回来之后他跟我生

---

① 孙伟平：《人类交往实践的革命性变迁——虚拟交往及其哲学批判》，《吉林大学社会科学学报》2012 年第 3 期。

气了好多天，再以后不管怎么样，我出门都要把手机带着，不能让他找不到我。

我们可以发现手机作为一种通信工具，对增进夫妻之间的感情发挥了重要的作用。在手机出现以前，面对面交流是 F 村家庭内部社会交往的主要方式，主要使用语言和"副语言"符号进行交流。随着手机介入乡村社会交往，语音通话或是短信交流替代了面对面交流的方式，通话过程中的语言和语气变化逐渐转变成一种"互动符号"。随着智能手机在乡村的大面积使用，表情符号、图片、动态图和视频逐渐成为一种交流互动符号，建构了一个新型符号交往空间，家庭成员之间的交流和情感的维系得到了进一步提升。

手机作为一种符号化媒介，因为其互动性强的特点，为村民提供了一种全新的人际传播方式，在 F 村生活中扮演着重要的角色。但是，手机也给 F 村的人际交往带来了困扰。当地村民告诉笔者，F 村刚开始广泛使用社交软件时，村民的智能手机上都安装了微信、QQ 之类的社交软件，有人邀你进群被认为是"人缘好"的表现，所以各种各样的微信群在 F 村出现了，村民之间的社交关系在这种日常的聊天中得到了强化巩固。村民都开始建群，拉好友进群，有的村民同时进了几个群，大家在群里有时候围绕一个有趣的视频、一个搞笑的段子、一个链接转发讨论半天，这使得很多村民陷入了群信息泛滥带来的茫然无助中，有的甚至选择了屏蔽。在笔者跟踪调查的几个微信群中，笔者发现了一个有意思的现象，"F 村社员群"里喜欢发一些无聊的视频和段子，再就是转发一些不实信息，而在"F 村侗寨农家乐群"里，发布的都是一些政府通知和业务信息，基本没有任何无聊信息的干扰，即使是同一个人，在不同的群社区中也体现出不同的方面，这充分说明了手机及手机使用的象征功能，在不同群里的身份属性决定了信息发布内容的不同。K 告诉笔者：

　　F 村侗寨农家乐群是我建的，主要是觉得那个社员群太吵，一天都有人在里面闹，又没有多少有质量的信息，所以就重新建了这个群，并且写出了群公告——"传播正能量"。

这充分说明了村民们在手机信息聊天群里发出了大量繁杂无益的信息，严重影响了人们的生活，有的人选择屏蔽，有的人选择退群，有的人选择消息免打扰，有的人选择沉默，大家用不同的方式面对这种过度自由的虚拟空间。

随着手机在 F 村的广泛使用，大部分村民在工作和日常人际交往中都对手机产生了依赖，这与城里人对手机的依赖具有相似性。在调研期间，笔者发现农家乐只要没有生意的时候，人们就会坐在不同的区域玩着手机，有的是在看电视剧，有的在刷朋友圈，有的在打游戏。在侗寨门口的土特产店，笔者也看到很多小孩子围坐在一起玩手机，从进寨到出寨，这群孩子都没有离开过。当地村民告诉笔者：

> 大家一起过年时，在一起聊天的人越来越少了。一般只有一些年纪大一点的长辈坐着聊聊天，年轻人基本上都玩着手机，发微信、抢红包什么的。

这也充分说明了手机对当地村民人际交往的影响，手机所建构起来的虚拟社区在一定程度上取代了实体空间的交流功能，使得乡村也出现了交往壁垒问题。

（三）农家乐老板的手机日常

F 村自 2007 年发展旅游业以来，很多有经济头脑的当地村民开始回乡创业，借助得天独厚的旅游资源，打造了集休闲、餐饮、特色农产品销售于一体的新型农家乐，充分挖掘民族文化的商业价值。村民的身份也发生了改变，从农民逐渐过渡为个体户、商人，这部分人在村里属于富裕阶层，处于乡村权利结构中的优势方，他们一般通过手机来增强手中的信息资源和社会资本，成为村里的精英阶层。

K 是村里五股丰墩农家乐的老板，他是"F 村侗寨农家乐群"的群主，用手机联系旅行社将游客带到自家客栈，并且将周边的农家乐和民宿资源整合在一起，可以同时容纳 300 人就餐，170 人住宿，90 人的会议，提供餐饮、歌厅、住宿、烧烤、篝火晚会、体验采摘、休闲度假等服务，并兼营茶叶、腊肉、咸菜等农副产品的加工和售卖。

笔者：您是怎么和旅行社取得联系的，能够让他们往您这里带团？

K：我以前在外面打工的时候就认识一个旅行社老板，并一直保持电话联系，后来他们就推荐，我只要碰见旅行社带团过来，就会找导游要联系方式，我现在手机里有几百个导游的联系方式，要么电话，要么微信，他们一旦有团要过来，就会电话联系我，我这边就会做好接待的准备。以前联系没这么便捷的时候，一旦碰见人多的团过来，我们就忙得焦头烂额，并且游客还不满意，影响了我们的口碑。

笔者：您加工的这些咸菜、腊肉是怎么销售出去的？

K：我在门口支了一个货架，上面摆放了一些商品，再就是在吃饭的时候把这些咸菜免费送给游客品尝，如果游客需要就会买一点，最主要的渠道还是通过微信朋友圈转发，我还会制作一些美篇，专门推荐我们农家乐以及我们炕制的腊肉，宣传效果非常好，我每年都可以卖几千斤的腊肉，我们这里不是富硒嘛，我这个腊肉就叫"富硒土腊肉"，我主要是把亲戚和村里的邻居召集起来，一起加工，我都他们销售。

笔者：那您的电话费应该很多吧，一个月大概是多少？

K：因为店里有WIFI，我手机主要是用来打电话，一个月少说也要二百元吧，旺季的时候要可能多一些。

笔者：您觉得手机对您现在有什么影响？

K：我有几个手机，别人是一天都不能离开手机，我是一分钟都不能离开手机，这不是我夸张，因为我要联系别人，别人也要联系我，有时候联系不上，那可是上万元的生意。再加上我们随时要准备拍一些东西发朋友圈分享，这也是宣传我们农家乐的一种方式，一些精彩的瞬间可是不能错过的。

笔者：有没有想过过几天没有手机打扰的生活？

K：烦的时候也有这种想法，但手机这个东西确实很奇怪，如果没有了它，就感觉被这个世界抛弃了。去年过年我回了趟老家，那里手机信号不好，差点儿把人急死了。

KDF从游客联系、接待到特色产品的生产、加工、信息发布和交易达成等各个环节都有手机参与，手机让这些农家乐老板与外部的市场保持高度紧密的联系，促成 F 村农家乐形成了较为成熟的产业链条，为传统农村社会经济增长注入新鲜元素。

另外，手机已经渗透到农家乐老板日常生活中，成为他们展现自我多姿多彩生活的一个重要平台，通过手机媒介的放大与宣传，这些农家乐老板被赋予了乡村文化代言人的角色功能。在前面的叙述中，我们提到了 F 村茶花山居的老板娘 M，她把手机的使用与乡村日常生活紧密相连，对手机所搭载的应用软件能够很好地运用，可以称得上"微信达人"，她每天都会发一条朋友圈，看似日常，却是带有极强的煽动性，能够用一些小细节激发人们去 F 村享受精致慢生活：

> 一定要有个木工坊，让光影慢下来，心静下来，日子就好玩起来。
> 剁椒酱，油豆豉，大蒜酱，凤头糟姜。用美丽的心情做最有腔调的酱菜！我们一直如此低调而华丽的存在。
> 年年端午至，家家粽飘香。今年第一次试包，很成功哦！

看 M 的微信朋友圈，会有一种身临乡村生活的在场感，不论是拍摄的视频还是图片，以及文字的搭配，都显示出了一个乡村代言人所具备的基本媒介素养，手机赋予了他们获取信息的权利，他们也让手机成为展示自我的平台，增加了他们的文化资本和社会资本。在调研中，笔者发现 M 所的微信朋友圈辐射的群体范围很宽泛，有政界要人、商界精英、媒体工作者和文化名人，还包括很多城市中产阶级群体，因此，她的手机日常带有更多精英表征意味，这与她所互相关注的群体有很大关联。M 告诉笔者：

> 我用苹果手机主要是觉得它的拍摄功能强大，我平时要发很多图片和视频，需要高像素手机。另外，微信朋友圈可以看出一个人的生活品位和质量，有什么样的生活就有什么样的传播内容，这也注定了自己的身份。

在 M 这里，手机以及对手机的使用不仅仅是为了获取信息、方便交流与沟通，而且成了一种身份的象征。

第三节　媒介的符号建构

传播与空间二者经由人类交往实践呈现出一种互相建构的关系，空间的生产离不开传播，离不开媒介。由于现代传播媒介的城市中心主义倾向，长期以来，乡村被现代媒介忽视和遗忘，F村遭遇了同样的命运。2006年以前，F村和恩施绝大多数乡村一样，是一个典型的农村社区，人们主要以务农为主，不论是报纸，还是广播电视，对F村都鲜有提及。2006年以后，F村被作为个乡村旅游村寨重点打造，为了扩大F村的知名度，实现旅游地符号资源的商品化转换。当地政府主要通过大众媒介、网络媒介、户外媒介、节庆活动、宣传片、摄影图片等渠道对F村进行宣传，并通过与名人的交流互动、利用名人效应打造F村独特的品牌价值，建构了一个全新的F村形象。旅游营销和大众传媒迅速传播了旅游景观符号意义，使大众对旅游景观符号的感知得到强化，使旅游地的符号化进程得到推进，同时也重构了旅游地地方性。

一　大众媒介的符号建构

一般而言，人们除了通过触目可见的建筑、道路、区域等现实的地理环境来实现地方体验，还利用众多媒介所构筑的观念或者经验世界建构地方性。大众媒介作为一个辐射力很强的文化装置，直接影响了人们F村的地方性建构。笔者对2007—2017年这十年间报纸、电视和网络对F村的报道情况做了一个简单的梳理，具体情况见附录。笔者发现，近十年关乎F村的报道主要集中在以下几个方面：一是围绕政府领导人在F村的活动展开的新闻报道；二是从不同角度对F村进行旅游推介和宣传；三是以活动为载体对F村进行宣传报道。这些新闻都是基于国家叙事框架下的报道，内容紧跟国家发展战略和区域发展目标，在一定程度上扩大了F村的品牌知名度，发挥了大众媒介的舆论引导功能，对增强当地村民的"地方"认同感发挥了一定作用。

另外，笔者也发现当地村民对媒体工作人员有一种敬畏感，并且有很强的对外宣传意识。F老人是村里有名的山歌王，当他听说笔者是大学老师，又对当地民俗文化感兴趣后，主动提出来要给笔者当一回导游，一路上讲了很多F村的故事，在笔者离开的时候，老人还专门叮嘱笔者回去了要给 F 村多做宣传。后来笔者得知，老人对 F 村有很深的感情，不仅生于斯长于斯，更主要的是他在 F 村新一轮发展中做出了重要贡献，作为一名退休的老党员，率先响应村里的号召，带着村里人一起种茶叶、修路、创办农家乐，一心期盼 F 村的生活好起来。老人对 F 村有极强的认同感，他告诉笔者，他们 F 氏祖先就住在这里，村里绝大多数人都是这一家族的后支，他希望村里的人能够团结一心，抓住政府扶持乡村发展的机遇走上共同富裕的道路。

还有一点值得注意的是，在各大媒体上很少见到关于 F 村的负面报道，即使游客写的旅行游记和微博也都是称赞，笔者在调研期间关注了 10 位游客的微信朋友圈，他们对 F 村的个人阐释也是褒扬之词，不论是大众媒体还是社交媒体，都为 F 村建构了一个非常正面的媒体形象。这主要得益于当地政府在对 F 村外宣传方面"积极请进来"的方式，一是乡人民政府和乡直部门有意识地带领客人至景区消费，通过口传引导外来客人入寨旅游，扩大影响，刺激城市消费。二是印刷侗寨宣传资料、折页、纪念票、宣传画册和风光图片。三是力邀媒体到 F 村采风，实地感受 F 村的产业发展和乡村建设。比如诚邀第六届"全国网络媒体湖北行"记者团来到 F 村侗族风情寨参观；湖北省作家协会 31 名作家、诗人踏上为期三天的采风之旅；香港新闻界高层湖北访问团实地考察 F 村旅游业发展情况；《湖北日报》"喜迎党代会 我看新荆楚"采访团 35 人来 F 村采风；"全国重点网络媒体走进仙居恩施"；50 位来自杭州、武汉等全国各地的旅游大 V、达人和媒体为 F 村旅游发声。芭蕉乡分管旅游的副县长 SJ 告诉笔者，他们和媒体的联系非常紧密，不论是什么级别的媒体过来采访或者组织活动，他们都会安排工作人员陪同。在调研期间，笔者几次碰见媒体过来采访报道，这位女乡长都会出现在记者的镜头之前，为 F 村的旅游形象代言。

现代传播媒介建构了一个基于社会语境发展需要的乡村社会空间，大多数当地村民对这种文化移植空间显示出较强的陌生感，他们对这种建构出来的文化显示出不能自我解读的尴尬，对媒介所建构的空间的"真实性"也充满了质疑，只能被置身于村落空间以外的"权威"（媒体、政府、乡村规划师等）所解释。Z 的房子就在寨门口，地理位置非常优越，所以就在门口卖起了土特产、茶叶等，笔者每次去，她都会和笔者聊上几句。

图 4-4 正在接受采访的副乡长

笔者：你觉得你们这里是侗族村寨不？

Z：肯定是的，政府是这么说的，报纸和电视上也是这么宣传的，你们来的时候要经过芝麻岭隧道，那是进入我们景区的第一个寨门，上面就写着"枫香坡侗寨"。

笔者：你们侗族村寨有啥特点？

Z：你们看到的风雨桥、鼓楼、戏楼等这些景点都是侗族的东西，我们房子的外包装也是按侗族的风格修的。

F 村所呈现出来的空间意象几乎都是围绕着"侗族"这一文化符号所铺陈开的符号表征系统，是一种基于前台的文化展演，是经过一系列方式加工出来的"景点"。现代媒介强化了这种真实性，呈现当地村民一个"熟悉的陌生地"的地域空间。空间本身无所谓真实与伪装，只不过在旅游发展话语的支配之下，空间往往具有了工具消费属性和工具属性。

二 名人效应的"二级传播"

除了大众传播媒介和网络传播媒介的宣传以外，名人宣传也是一个重要的传播渠道。名人泛指在社会上有一定知名度和影响力的社会公众人士，他

173

们具有较强的影响力和号召力，能够引起公众的注意和模仿，虽然数量有限，却具有很强的传播效果，能够在舆论中迅速"聚焦"。

借助名人效应将名人资源和乡村旅游资源整合在一起，可以强化游客对旅游地形象的认同，并通过名人效应的放大和催化，形成良好的宣传口碑，从而提升旅游地的宣传效果。"名人"作为乡村传者与外部受众"二级传播"的中介力量，本来只是对于特定的、个别人群的"口碑传播"，但是在大众传播时代，借助于媒体无边界的传播手段，其效应也被不断放大。凤凰卫视主播吴小莉来到 F 村之后说："恩施山清水秀、气候宜人，确实是一块宝地，'仙居恩施'别的城市不敢说，恩施敢说这句话是有底气的。"并以"好客山东、大美青海、七彩云南、仙居恩施"赠予当时的州委书记，在以后的对外宣传中，"仙居恩施"有就成为恩施一个旅游宣传符号。于丹来 F 村之后发表了一句感慨："恩施人过的是神仙般的生活。"如今"仙居"已然成为 F 村旅游的宣传口号。通过吴小莉、于丹这些"名人"的"口碑传播"，大大增加了 F 村的吸引力。在这种形势之下，这些名人都成为"意见领袖"，成为传播的节点，将信息传送给下一级受众，实现"二（多）级传播"。

在茶花山居大厅的右墙上，挂着 MSE 与莫言、于丹、吴小莉、李小双等名人合影的照片，这成了 MSE 积累文化资本的重要力量。在 F 村，MSE 的农家乐生意是最好的，除了经营者本身善于经营和管理之外，这些名人也发挥了积极效应。MSE 的农家乐在寨子的最上面，游客沿着景观道要经过无数个农家乐之后才能到这里，但大家都是慕名而去，去了之后都会在照片前驻足一番，并且一定要目睹 MSE 的芳容。游客 W 先生告诉笔者：

图 4-5　MSE 与名人合影

我们在电视上看到了对 F 村的报道，觉得这个地方蛮有文化特色的，马团长（M）建的这一方别院更是充满了我们对乡间精致慢生活的想象和期待，我们是专门过来的，那么多名人都来过，肯定是蛮好的。

　　M 告诉笔者，很多游客来 F 村都会去她的茶花山居参观，还要留影拍照，有时候还要听她讲 F 村的故事。在一个叫"盈盈袖舞"的旅行游记里，他这样写道：

　　　　前台退房时，堂屋正中的墙面挂满老板娘的各种奖项以及一些与领导的合影，我想，这茶花山庄的名气一定离不开老板娘的辛苦付出。

　　对于游客而言，M 和茶花山居也成了一个文化符号，这是文化资本积累到一定程度之后产生的延伸效应。

三　旅游展览与符号强化

　　为了实现旅游者与当地村民之间多向互动的信息传递与交流沟通，旅游展览也是乡村旅游地比较常见的媒介表征形式，如 F 村的民俗文化馆和侗族文化长廊，这是一种在静态空间内采取的完全博物馆式展现侗寨的生产生活习俗、人生习俗和规约制度的传播方式。

　　"展览是基于物品及其辅助元素的一种传播媒介，在一个预定的空间内呈现，并使用特殊的诠释技法和学习次序，目的在于传达及沟通其概念、价值和（或）知识。"[①]民俗文化馆和文化长廊作为一种静态的展览，不仅传达了 F 村丰富的物质文化和精神文化信息，而且帮助人们跨越时间的障碍，实现在地性的文化交流，不仅包括与当地村民的交流，也包括与当地村民所生存环境的交流。F 村利用萨岁庙前面的空地，建成景区唯一的民俗文化馆，该馆与萨岁庙一起整体构成一个有规模、有影响、相对集中旅游景点。民俗文化馆实景收集存放鄂西传统生产、生活物品供游客参观和进行各种操作性参与活动。收集的物品主要是具有鄂西地区特色、民族特色的实物，如劳动生产

---

① ［英］帕特里克·博伊兰:《经营博物馆》，译林出版社 2010 年版，第 137 页。

工具、民间生活用品、民俗活动道具器物，包括各种雕刻、服装、首饰、绘画、剪纸、彩扎、编扎、陶器、漆器、铜器、银器、铁器等。民俗文化馆中的这些自然之物和人工之物编织着复杂的意义之网，并具有了交互性，涉及多方面的传播关系，比如专家加诸的解释，以及观众和受众的接受与反馈等。茶文化长廊四周林木葱茏，翠屏环绕，长约 200 米，为单面、全木结构、侗族建筑风格，图文并茂地依照历史时间顺序全面展示了 F 村的茶文化，特别是恩施玉露茶的历史和重大成果。

　　民俗文化馆通过讲故事的方式呈现历史或者社会性信息，人们在观看的过程中，不同社会关系与力量在新视角与新关系中互动或投射，续写着新的故事与信息。正如英国考古学家尼克·梅里曼所说，从长远来说，博物馆其实就是一种大众媒介[①]，只是这种大众媒介不同于一般的同时被许多人所接受的媒介，如报刊电视，而是依靠观众日积月累而形成的大众化传播效果。民俗文化馆作为一种旅游文化展览，通过广泛提取包括 F 村标志性事件、特定景观、名人等多种类型的文化符号，展示具有抽象性的文化符号背后的文化精神底蕴，在经过浓缩和提炼的侗族文化渲染下，营造浓厚的文化氛围，并通过这样一种展览的形式进行传播，达到人们认知、记忆、强化文化符号的目的。

图 4-6　F 村民俗文化馆

---

① 曹兵武：《作为媒介的博物馆：一个后新博物馆学的初步框架》，《中国博物馆》2016 年第1 期。

第五章 空间再造与传播重构：
地方性建构路径创新

2007 年，F 村旅游开发轰轰烈烈地开始了，对于当地政府来说，这是一项值得肯定的政绩工程，F 村旅游发展模式也成了恩施及恩施周边乡镇学习的典范；对于开发者来说，F 村旅游的前景是令人期待的，F 村二期开发计划也在加紧筹备；对于村民来说，F 村旅游发展让自己的生活越来越好，当地村民走上了一条城市化的发展之路。十年来，一个初具规模的"景观社会"在原先村落的基础上生成了。当地政府、村民、乡村精英、游客、外来者、旅行社、开发商，这些形形色色的个人或群体在这个新的社会形态里扮演着自己的角色，通过空间实践建构着自己的地方。F 村在经历了十年旅游开发之后，传统村落变成了旅游景区，这不仅带来了物理空间的改变，更带来了社会空间的变迁。在村落到景区的转变过程中，原先由乡土纽带连贯起来的地方，逐渐变成了被剥离原生纽带的"非地方"，人们在这一关系构造中开始摸索新的应对策略。笔者认为，发现空间实践的生产性内涵及其所蕴含的社会关系指向，构建"地方的空间"，或许可以提供新的传播观念，指导新的空间实践。

第一节 空间再造：地方的空间

"所谓地方的空间，可以理解为借助某种过程空间被处理为表露感情潜力和其他具体潜力的方式。在日常生活中，人们可以利用说话、手势、语气及其他非语言符号开发他们已经控制的一些相互作用的小片地区，这一过程可称之为地方的空间意识。"① 地方的空间强调的是人们对空间的文化认同与情感依赖。在笔者看来，F村在城市化与现代化发展预设的前提之下，通过政府自上而下的景观生产和媒介传播，"侗族风情寨"成为一个构想的空间，但却存在着不容回避的几个问题：一是原住民对于这个移植的空间产生了一种陌生感；二是游客未能形成对地方的理解与记忆；三是外来者在F村缺乏归属感。因此，如何从空间层面加深当地村民、游客和外来者对F村的情感依赖和文化认同，成为地方性建构中的一个首要问题。

一 界定边界：强化原住民的文化认同

边界是空间秩序的决定因素，这是为了规避自然界的各种威胁和消除无边界的不安全感，分为"地理边界"和"心理边界"两种：前者是有形的边界，后者是无形的边界。在F村，通过一系列的规划，已经形成了一个地理边界较为清晰的侗族风情寨，其中，寨门是一个重要的边界建筑物，它不仅是供人出入的场所，还是村寨领域的象征，不论是当地村民还是游客，都有这样一种说法——只要过了寨门，你就相当于进入了真正的侗族村寨。因此，寨门成为一个重要的仪式场所，只要有重要的客人前来，就会举行开寨门仪式。寨门通常为干栏式木构建筑，称为"舵榭"或"门芯"，一般都修建得比较朴素。

界定边界的本质是让人能够安居和稳定下来。因此，除了物理上的边界以外，心理上的边界对维系一个族群的安全感和文化归属感也至关重要。在F村，人们这种心理边界还没有完全形成，主要表现在当地村民的文化认同方面，包括个人认同和族群认同。其中，族群认同是民族构成中最稳定的因素，可具化为对族群身份的宣称和对本族群文化的了解和表现上。原住民主要是汉族和土家族，因为要打造侗族旅游村寨，民族身份发生了变更，但在调查中，很多村民还是强调自己是土家族，只是面对游客或者上面有领导来检查的时候才会宣称自己是侗族。一位老人这样说道：

① 邵培仁：《转向空间：媒介地理中的空间与景观研究》，《山东理工大学学报》（社会科学版）2010年第5期。

我们这里原本侗族的人很少，现在说自己是侗族的都是后面改的，不是说你是侗族村寨就是侗族的，其实我们现在的很多生活习惯就是土家族的，这怎么也改不掉。

这充分说明在旅游开发过程中，F村作为一个侗族文化移植的村寨，在一定程度上影响了当地村民对自身民族身份的认知，因此他们在对外宣称民族身份时带有审慎的态度，并带有极大的表演性和工具性，虽然很多当地村民对外宣称自己是侗族身份，但内心深处对土家族族群的历史却有深刻的记忆，并且在老一辈人中，依旧保存着较强的土家族文化认同感，F老伯回忆道：

我们这里是土家族、汉族、侗族等民族聚居地，大概是明代的时候，土家族和汉族从湖北荆州来到了这里，土家族比汉族来的要早一些，我们很多民情习俗都是土家族的。比如我们信奉白虎，白虎就是土家族的图腾，我们过赶年、过社，姑娘出嫁的时候要哭嫁，有的长达半个月，但现在都不哭嫁了，结婚都是按照城里的搞法。

旅游开发为F村注入了新的民族文化，主要包括移植而来的侗族建筑、侗族服饰和侗族歌舞，但当地村民对于这种新的民族文化的认同也存在很大的差异。当地村民普遍认为鼓楼、花桥、萨岁庙等标志性侗族建筑都是一种旅游文化景观，主要是为了吸引游客。对于移植而来的侗族服饰，绝大多数村民表示平时不会穿，一位前艺术团的妇女告诉笔者：

政府给我们发的这些衣服好看是好看，但穿着不舒服，如果有接待，比如上面政府来检查，或者有人出钱了要看表演，我们会穿一下，平时一般都不穿。

对于艺术团表演的《侗族大歌》这些传统侗族歌舞，很多村民表示听不懂，但喜欢看《板凳龙》这些当地民俗节目。这也充分说明了这些移植而来的文化并没有对当地村民的日常生活产生实质性影响，更多被看作为游客精心打造的景观或娱乐项目。

F村从传统村寨发展成旅游乡村，政府自上而下的主导型建构模式发挥了引导作用，地方政府通过一系列物理空间的改造和旅游设施的完善，形成F村"侗族风情寨"的物理边界，但当地村民对这种文化移植而带来的族群文化和地缘文化却缺乏认同感，即使在民族身份宣称上发生了改变，即使对这种新的地缘文化持理解和包容的态度，但都是基于一种工具性的考虑，"民族宣称"只是当地政府和村民将文化资本转化为经济资本的手段和工具。因此，从空间再造层面而言，民族地区的旅游开发不仅要重视物质空间的打造，还必须以旅游地族群文化和地域文化的本真性为基础，对特色文化加以挖掘、保护和创新，确立当地村民的心理边界，二者形成良性互嵌的关系，这才是F村旅游业获得持续发展的应有之义。正如恩施大峡谷风景管理区主任，原恩施市旅游局局长X所说：

> F村新一轮发展必须以本地文化的挖掘和开发为抓手，对特色文化加以复兴和固化，定期举办特色文化活动，活动一旦固定下来就会成为产品，成为产品的活动就会有清晰的活动流程，村民也就会对其产生深切的认知与认同，并能激发他们积极参与。

二 守住地方性：塑造游客的地方感

地方性是一个地方不同于其他地方的独特性，是一种独特的文化气质和内涵，包括自然地理环境形成的地方性，也包括社会文化方面的独特性，自然地理环境方面的独特性是自然形成的，而社会文化方面的独特性则需要长期的积累，并得到人们的认同和传承。社会文化的独特性通常表现在地域性的文化符号及其所代表的意义上；地方性是发展乡村旅游的基础条件，一定程度上说，乡村旅游就是挖掘和建构一个乡村地方性的过程。

F村在旅游开发过程中，不可避免地受到了外来资本的影响与地方建构，在一定程度上破坏了F村的地方性元素。在笔者调研期间，随着F村旅游的发展，吸引了很多外地人到F村投资经营农家乐和茶叶生产，比如浙江人买下了"侗族人家"十年的经营权，开发商正准备对F村进行二次商业开发等。

不可否认，外来资本的运作一方面提高了当地村民带的经济收入；另一方面也对当地村民的日常生活带来了一定的影响，在访谈过程中，当地村民都认为种地不挣钱，搞旅游才来钱快，村民小 Y 告诉笔者，他们现在都不种田，吃的蔬菜和肉都是去城里买的，即使只是在门口摆个摊位卖茶叶都比种田划得来。于是，多数村民不从事农业生产了，逐渐变成了纯粹的商人，有的开起了农家乐，有的自办小型茶叶加工厂，有的在家里经营茶叶店铺。另外，民俗文化活动也变成了一种供游客凝视消费的文化表演活动，村落成为游客的游乐园，很多人来这里就是为了寻找乡村娱乐消遣活动。在调研期间，当笔者问到 F 村现在为什么旅游没有前几年火爆的时候，很多村民认为是因为 F 村缺少了娱乐项目。这种观点代表了一种城市和资本逻辑，对于 F 村而言，它正在丧失其提供文化凝聚力的角色，而对政府、开发者和原住民而言，乡村似乎就是应当被赋予这样的角色和意义。

　　F 村要发展，旅游无疑是最重要的推动力，这其中，当地政府的主导型介入是主要的空间生产动力，当地旅游文化景观的符号表征充分彰显了政府自上而下的引导作用。首先，政府及代表政府的专家拥有绝对的景观表征权利，其景观表征具有以下特点：一是以具有普遍性的贵州侗族风格建筑景观来表征 F 村的地方性特点；二是以旅游消费为主导，对 F 村文化只做了粗糙而有选择性的表征，比如茶文化表征、侗族文化表征。正如武汉大学负责 F 村景区品牌升级规划设计的博士 L 所言：

　　　　F 村现在主打的是侗族文化和硒茶文化，但没有突出比较优势和核心竞争力，文化开发过于表面化，这也是我们二次规划需要深入讨论的问题，比如已经开发出来的侗族文化元素如何与当地村民的生活相融入。

　　其次，当地政府通过对景区基础设施的改造，吸引外来投资者前来投资，打造了 F 村特色民居项目，以此来吸引游客，在笔者调研期间，绝大多数特色民居的门都关着，有的还打出了房屋售卖的广告，只有少数几家还在维持经营，这与 6 年前的热闹红火的景象形成了鲜明的对比，游客普遍认为这些民居虽然在外观上体现了侗族文化元素，但只是看到了房子和陈设，没有体现出鲜活的本土生活内容，因此无法引起一种深刻的情感共鸣与文化认同。很多游客认为 F 村最吸引人的地方应该是这种安静、田园、舒适的乡土性，一位重庆的游客告诉这样感叹道：

> 如果这里搞得跟城里一样，那我们还来这里干什么，所以我觉得守住乡土性是最重要的，我们来这里是体验最本真的乡村生活的，比如当地人的真实生活。这里夏天气候凉爽，空气又好，不像我们重庆，热惨了，如果假期来这里长住几天，还是蛮巴适的，和当地人一起生活、一起劳作，这才过得安逸。

图 5-1 F 村特色民居

还有很多游客认为，如果农家乐和乡村民宿都由外地人来经营，就失去了 F 村最本真的文化韵味，因为当地村民才是 F 村真正的主人，他们维系着一个乡村的记忆。在调研中，笔者偶遇了一行四人专门来"侗族人家"吃饭的游客，他们抱怨道：

> 我们是专门过来吃这家的干烧腊肠子的，但一看见操着一口普通话的老板过来给我们点餐，心理就觉得不舒服，所以我们站起来就走了。我们每年这个季节就会过来，都成习惯了，就觉得这里烧的腊肠子的味道比其他地方都好，如果老板都换了，那味道也就不会有了，以后也不会再来了，与其说是寻找味道，还不如说是寻找一种文化记忆。

因此，面对越来越多的外地人到 F 村投资，F 村如何做到守住地方性也是我们需要思考和解决的问题。这也很好地诠释了旅游活动中所包含的两种矛盾的品质：一是作为商品消费的活动，从这个层面来看，东道主社会应该按照"标准化"的原则和游客对旅游设施、服务质量"标准化"的要求去开展旅游活动；二是作为文化体验的活动，从这个层面来看，它要求任何一个旅游社区都具有独一无二的"地方性"，因为对于游客而言，他们所看到、体验到的东西越奇特、越与自己的生活经历具有反差性，就越能够唤起他们的地方想象与认同。F 村在发展旅游过程中，二者之间往往存在悖论，主要体现在旅游的官方经常演变成消解游客与东道主、标准化与独特性之间的策略关系的力量，这种力量可能对传统的地方知识体系造成巨大的威胁。因此，保持和发展旅游业的一个最基本的原则就是要尽可能地使旅游目的地具备独特的品质，即地方性。

　　费孝通认为，"从基层看上去，中国社会是乡土性的"[1]。在这一话语脉络中，所谓乡村的地方性其实也就是乡土性，在调研中，很多游客也表达了对乡土性的理解，因此，守住地方性也就是守住乡土性。一是要守住乡村里的人，只有这样才能保存关于乡村的记忆；二是要守住乡村的真实生活，这是城里人对乡村最初的想象和期待。乡村不应该是城里人的"游乐园"，而应该是城里人寄托乡愁的家园。因此，在全球化和城市化浪潮中，我们探讨乡村旅游发展的新路径，必须重视游客的体验，塑造游客对于乡村的"地方感"。首先，乡村旅游的规划要围绕游客"心中的乡村"展开，塑造游客心中的乡村意象，满足他们对于乡村的想象和期待；其次，发展乡村旅游不能仅仅只重视乡村外在的景观的打造，更应该营造一种乡村文化氛围，通过游客与乡村的持续互动，让游客对乡村产生强烈的地方感。

　　总之，在 F 村新一轮的旅游开发中，需要考虑旅游受众群体的筛选，细分各类目标人群，打造不同人群的乡村休闲体验，关注不同旅游人群对地方依赖的不同角度，以 F 村的地方性为主导，打造休闲度假的高端旅游路线，恩施市旅游局副局长 T 这样总结道：

---

　　[1]　费孝通：《乡土中国与生育制度》，北京大学出版社 1988 年版，第 6 页。

在 F 村旅游管理实践中，必须深刻了解 F 村的地方文化，吸收有本土气质的地方性知识，对这些地方性文化知识加以筛选、组合和利用，而不能一味地迎合市场的需求而丢掉了我们这里的乡土性和地方性，这是构成旅游核心竞争力——差异化的重要元素。

三　妥协的认同：建构共同的过去

"在这种本地与外地的社会互动过程中，引发人们思考其身份认同问题，身份与认同是个人或社会群体定义'我是谁'的方式，而身份认同的建构与个体或社会群体所栖居的地方有着密切联系。在现代性力量的作用下，个人与社群的认同不断受到来自地方外部力量的干扰，地方内部存在认同的冲突与消解现象。"[①] 在 F 村，原住民与"内部的他者"之间就存在这样的认同问题。正如 Massey 所言，任何一个地方都不会仅有一种单一的认同建构方式，不同的社会群体对于地方的意义和自身的身份都有着不同的想象和认知，因此，一个地方总是充满了认同的分异和冲突。[②]

通过调研，笔者发现在 F 村发展旅游的过程中，原住民和"内部的他者"之间存在一些矛盾和冲突，主要体现在文化认同和身份认同方面。"内部的他者"对 F 村的认同充满了资本的诱惑与想象，把这里作为获取市场资本的逐利空间，而原住民对于 F 村的认同更多是基于日常生活景观，他们对这个地方充满了日常生活的记忆。"侗族人家"的浙江人 L 先生告诉笔者：

> 先做个三年再看，有市场就做，没有市场就走人，我们来这里做生意，一是觉得这里空气好，二是有投资前景，我们毕竟是生意人嘛。如果生意做不下去了，那我们留在这里也就没有了意义。虽然我们不是为了赚大钱，但赔本的买卖谁也不会去做。

当地村民虽然也有发家致富的强烈愿望，但他们对 F 村更多的是一种情

---

① 朱竑、钱俊希、陈晓亮：《地方与认同：欧美人文地理学对地方的再认识》，《人文地理》2010年第 6 期。

② ［美］Tim Cresswel：《地方：记忆、想象与认同》，徐苔玲、王志弘译，第 5—197 页。

感依赖。L 姐是"侗族人家"以前的老板，虽然农家乐已经转给了浙江人经营，但她一直没有离开，她这样说道：

> 还真是舍不得，这里的一砖一瓦、一草一木都是我操心做起来的，怎么可能说走就走，不到万不得已也不会转给别人。现在主要是贷款压力大，再加上生意也没有前几年好做了，两个孩子读大学也正是用钱的时候，转给别人也是为了缓解经济压力。所以暂时不会离开，一是帮他们做一下管理，二是在情感上确实有牵挂。

当地开农家乐的村民都表达了这样一种观点，F 村是他们离不开的故乡，这里有家的记忆。MSE 提出要做百年老店，要做出 F 村品牌，对于他们而言，F 村的发展不仅仅是一场资本的游戏，也是一种文化的延续与沉淀，这是加深乡村旅游社区认同感根源的内化力量。

另外，F 村作为一个依靠传统社会关系网络建构地方意义的旅游社区，原住民往往是地方性力量的代表，但随着"内部的他者"的到来，他们改变了 F 村传统的社会关系网络，也成为建构地方意义的重要力量。因此，"当本地社会面对外来多元文化的融合时，常常会有排他的反应，基于地方的身份认同促使原住民通过抵抗来捍卫自身的文化想象中的地方性意义"①。浙江人经营"侗族人家"在 F 村成了一个讨论话题，很多村民对此持不看好的态度，一位 Z 姓村民这样说道：

> 他们在这里肯定搞不长，我们这里怎么能够和他们沿海相比，他们在坝子里建那么大一个长亭卖旅游产品，完全破坏了以前茶园品茶的文化氛围。我们这里卖旅游产品的这么多，来景区游玩的大部分是恩施本地人，有谁会买很多旅游产品。

笔者在调研中发现，原住民和"内部的他者"之间平时日常交往并不多，

---

① 朱竑、钱俊希、陈晓亮：《地方与认同：欧美人文地理学对地方的再认识》，《人文地理》2010 年第 6 期。

对于当地人而言，这些人始终是"F村外的人"。可见，原住民与"内部的他者"之间在地方认同方面存在明显的断裂，"两个群体虽没有直接冲突，但其地方认同都是建立在排除他者的狭隘地方想象基础上的"①。因此，如何促进原住民与"内部的他者"在现代旅游背景下达成和谐的地方认同，是F村空间再造亟须解决的问题。

原住民和"内部的他者"要想建立和谐的地方认同，就必须有共同的记忆，共同的记忆需要共同的过去，因此，原住民与"内部的他者"之间可以通过建构共同的过去建立起和谐的地方认同。乔纳森·弗里德曼认为："建构过去是一项工程，是通过有选择地组织与当代的主体有连续关系的事件，对一直发展到当前的生活创造出一个恰当的表述，即这是一个在自我界定的行动中形成的生活史。"②F村的原住民世世代代一直生活在这片土地上，群体内成员彼此身上都有相同的历史印记和文化记忆，并延续至今，这种"过去"成为他们与现在对话的文化资本；"内部的他者"因为看到了F村旅游发展的契机，选择来到当地村民使用的历史空间，根植于过去，重获认同，并在当代的认同名义下使用过去。这是两种完全不同的表达策略：F村的原住民用过去建构出一个目前切实可行的文化认同，而"内部的他者"用当下的文化认同去建构一个切实可行的过去。乔纳森·弗里德曼进一步指出："认同的建构是一个精致的至为严肃的镜子游戏。它是多重的识别实践的复杂的时间性运动，这种识别发生于主体或人群的外部和内部。"③建构共同的过去与认同容易让地方文化走向同质化的极端，从而丧失乡村的地方性。因此，原住民与"内部的他者"在相同的地方需要在认同的博弈中找到一个平衡点，以促进地方更和谐地发展。同时，政府必须建立有效的沟通和协调机制，消除原住民与"内部的他者"之间由于文化背景不同而产生的文化冲突和利益分歧，达成认识上的一致。

---

① 朱竑、钱俊希、陈晓亮：《地方与认同：欧美人文地理学对地方的再认识》，《人文地理》2010年第6期。

② ［美］乔纳森·弗里德曼：《文化认同与全球化过程》，郭健如译，商务印书馆2003年版，第176页。

③ ［美］乔纳森·弗里德曼：《文化认同与全球化过程》，郭健如译，第213页。

第二节 传播重构：空间传播

空间转向介入传播学催生了"空间传播"。"'空间传播'是空间转向思潮背景下，传播学领域的空间转向，即把物质空间和社会空间与大众媒介相互嵌入的传播介质和平台，去考察空间在传播活动中的价值生产、意义建构和品牌传播的作用，考察空间中人的交往。"[①] 乡村不仅为人的交往与信息的传播提供了场域，同时其本身也是一种可以传递信息的实体媒介。本书提出了空间传播这个概念，主要考量的是乡村作为媒介的文化体验性，这种体验式传播正是乡村旅游社区传播重构的主要方式和策略，具体而言，主要包括实体建筑、节庆活动、乡村公共空间与乡村人几种表现形式。

一 实体建筑与地方意义的建构

在第一章，我们专门讨论了作为建筑景观的意义生产，本章在第一章的基础上进行延伸阐释。建筑是乡村旅游社区物质空间的基础构成，是建构地方意义的传播介质。在 F 村，除了传统的民居建筑，还包括标志性景观建筑，以及具有地方特色的乡村民宿，它们作为一种建筑符号群，在乡村传播中发挥了重要的媒介作用。在前面的论述中，我们已经讨论过乡村建筑如同其他所有媒介一样，具备了大众传播媒介的某些特征，可以被称为一种"准大众媒介"，会对与之有关的人产生深刻的影响，尤其是对人的生活方式、审美方式和文化心理产生了潜移默化的影响。在一定程度上，直接或者间接的建筑信息体验构成了作用于受众信息的建筑媒介系统。

在传播学中，信息的来源、传播者的"社会分类"及其传播的主观目的、传播过程中的把关人、传播渠道及其限制、受传者对信息的主观选择，乃至传播发生的时间、地点、环境等都会对信息的传播起到控制、引导、增殖和分层等作用。建筑作为一种传播媒介同样参与到传播的运动形式中来，通过变迁、重构和增值，不断获得发展的动力。在 F 村，建筑作为一种乡村传播媒介，也主要体现在以上几个方面。首先，F 村的民居建筑在城市化浪潮中出现了过度城市化，新的民居虽然包装了侗族文化符号元素，但千篇一律的

---

① 刘娜：《空间转向视角下的城市传播研究》，《现代传播》2017 年第 8 期。

建筑风格正在消解传统建筑所建构的符号意义。在笔者调研期间，一位南京来的游客表达了对 F 村建筑景观的看法：

> 我觉得这里的建筑没有啥特别的，民居建筑和城里差不多，移植而来的侗族建筑景观比贵州那边的侗族村寨差远了，在我看来，这些乡村民宿倒是修的有些地方文化内涵。

在 F 村的建筑景观营造中，政府和规划师不停地提倡和追求所谓的"民族性"和"地方性"，通过侗族文化符号的强化，以期彰显侗族民居特色，却偏离了建筑的属人性，使得建筑营造对人的生活需求的理解表面化和片面化。村里一位老人表达了对这种统一规划的看法：

> 我住的是个老房子，因为在寨门口，村里要求按统一规划来修，都是两层以上，这我可没钱修，再说修这么大的房子，我们两个老年人也觉得没必要，所以就懒得修了。

另一个方面，村里也出现试图偏离大一统规划的民居建筑，建筑成为部分村民自我表达的手段，比如村里就出现了几栋具有罗马风格建筑特色的民居。在调研期间，村里很多地方都在修建民居，拔地而起的一栋栋建筑正在彰显无差别的城市印记。武汉大学的规划师 L 认为：

> F 村的建筑风格现在很混乱，没有严格按照以前的规划执行，新的规划又没有出台，村民这种建造房屋的随意性就体现出来了，尤其是寨门和戏楼这块儿，一旦出现不协调的建筑，就会破坏整个 F 村的侗寨风貌。

其次，F 村通过复制侗族特色建筑，彰显了其侗族文化形象。体现侗族文化特色的牌楼、风雨桥、寨门、萨岁庙、叮卡谷花桥、踩歌堂、鼓楼等构成了 F 村的标志性建筑，这些建筑景观建构了游客对 F 村的文化记忆，不论是游客撰写的游记，还是在微信中的日常书写，抑或是访谈中游客的口述内容，具有侗族特色的建筑景观都是一个重要的表现符号，即使他们知道这是一种文化的移植，也并不影响他们对这些景观符号的消费。对于当地村民而言，这些景观符号与他们的日常生活之间并没有必然的联系，但作为一种吸引游客的方式，其在乡村旅游的背景下具有了新的符号意义。

建筑作为一种空间媒介，不仅传递着与建筑相关的信息，同时也在建构不同文化主体的地方意义，乡村民宿在 F 村的发展成为一种新的阐释路径。随着工业化和城市化的快速发展，人们越来越向往宁静淳朴的乡村生活方式，因此，乡村民宿就自然成了人们咀嚼乡愁和体验多层次乡村生活的重要载体。在 F 村，最具有典型性意义的民宿是 MSE 修建的茶花山居。在调研期间，茶花山居每天都是游客爆满，很多来 F 村游玩的人还专门去茶花山居拍照参观，为了不打扰客人休息，客栈在院子门口树立了一个木板，上面写着："请参观者不要大声喧哗，也不要打扰客人的休息。"随着茶花山居民宿越来越受到游客的关注，很多农家乐老板也开始向乡村民宿转型发展，据笔者了解，已经有三家农家乐向上级部门申报了发展规划。M 在接受记者采访的时候说道：

> 民宿必须是个集群化的产业，如果一个地方只有一两家民宿，绝对不能取得很好的效益，也不能形成产业，希望通过我的探索找到一种好的乡村民宿发展模式，把整个 F 村打造成乡村民宿集群。现在很多农家乐老板都认同我的观点，我们也准备撸起袖子好好干一场。

西方学者比尔·麦克基本（Bill Mckibben）明确指出，"消费主义是到目前为止最强有力的意识形态"[1]，乡村民宿作为一种"乡村情境中的消费"[2]，带来了极强的符号消费意义。乡村民宿的符号消费意义是基于乡村性为基础的，这让我们不得不思考 F 村新一轮民宿发展中的核心问题：如何营造乡村意象？旅游地的乡村意象是乡村对游客所形成的吸引力属性知觉及整体印象，

① 王永贵：《影响我国主流意识形态建设的西方主要意识形态透视》，《社会科学研究》2007 年第 1 期。

② 彭兆荣：《旅游人类学视野下的"乡村旅游"》，《广西民族学院学报》（哲学社会科学版）2005 年第 4 期。

可以唤起游客情感上的共鸣，建构游客独特的乡村认知和地方意义。Broham 认为保持乡村旅游的乡村性关键，在于小规模经营、本地人所有、社区参与、文化与环境可持续。[①]MSE 在谈到这个问题的时候，表达了对乡村性营造的思考：

> 外地很多民宿都不是本地人在经营，而是外地老板打造的一个个属于自己的桃花源，很多民宿存在同质化严重等问题。做独特的民宿要有情怀，更要有文化底蕴，我发展民宿最重要的理念就是"接地气"，要真实地展示生活状态，结合本地文化特征来做民宿，家里的装饰就地取材，整个主题自己设计，"远眺群山，推窗闻茶香"便是茶花山居的设计理念。我们都是用自己的房子来建设民宿，更有亲情的味道，客人在我们这里更能够找到家的感觉。

因此，在笔者看来，乡村民宿作为一种空间媒介，在建构地方意义的过程中要立足于乡村性的构建。首先，民宿的经营规模不要太大，保证其个性化和互动性强的特点，提高民宿的体验品质。其次，乡村民宿的经营主体应该是当地村民，他们与地方有更深的融入性，对地方具有深厚的感情，通过个人的诠释和想象，可以为游客塑造一个"原住民"的生活方式，游客在住宿过程中，可以参与当地农家生产生活体验，与民宿主人进行充分的在地文化交流。最后，在乡村民宿的设计中，一定要融入当地生产生活元素，设计手法上从着重视觉到五感体验转变。在茶花山居，游客不仅感受到了乡土文化元素符号在视觉上的冲击，而且能够吃到民宿主人做的农家菜，可以一起床就闻到窗户外茶园的味道，可以与民宿主人一起去田间耕作和采摘，亲自感受农具和茶园的温度。另外，笔者发现，由于政府的鼓励支持，F 村民宿发展很快，很多村民都在跃跃欲试，但这种过度发展会不会形成 F 村民宿产业供大于求的局面，从而导致小范围内的恶性竞争，最后伤及 F 村的旅游市场？总之，乡村民宿作为一种新的建筑景观，成为游客体验乡村、建构地方

---

① 王铠、张雷：《时间性：桐庐莪山畲族乡先锋云夕图书馆的实践思考》，《时代建筑》2016 年第 1 期。

意义的重要物质载体，在 F 村的发展过程中，通过发展民宿带动乡村旅游不失为一个重要的策略，但如何形成良性的发展态势，留住乡村性是一个值得深入思考的问题。

二　节庆活动与地方形象的塑造

节庆是以某一地区的地方特性、文脉和发展战略为基础举办的一系列活动或事件，形式包括节日、庆典、展览会、交易会、博览会、会议，以及各种文化、体育等具有特色的活动。① 近年来，随着旅游市场竞争性压力的加大，各级政府纷纷举办各种节庆活动，以此来展现地方独一无二的文化特质，提升所在地方的知名度。据统计，中国作为节庆活动的大国每年要举办将近 6000 场节庆活动。其中，县级及以上城市举办的节庆活动数量占到总数的 54%，县级以下的乡村部落占到了总数的 46%。② 各个地方都有自己的节庆活动，这些活动在文化传播方面具有一种特殊的"场"的作用，对于特定地区的文化进行集合、展示和传播。约瑟夫·皮柏认为："工作是每天要做的事情，而节庆则是某种特别的，不寻常的事情，它能打断日常生活中固定的步调。"③ 通过举办节庆活动，可以建构人们日常生活之外的"第二种生活"，这是一种基于体验来传达意义、建构地方文化形象的重要传播策略。深度体验是节庆活动传播的特点，通过在乡村举办开放、平等的节庆活动，一方面可以塑造可感可知的乡村旅游地形象，传播乡村旅游品牌；另一方面游客通过个人体验，可以减少城市大众媒介带来的想象空间所引发的误读。

F 村具备丰富的节庆文化资源，在宗教信仰方面表现出极强的祖先崇拜，另外，巫文在该地区也流传历史悠久；在节俗方面，主要有过年、过社、过端午、过月半等习俗。村里的老年人回忆道：

> 以前我们这里还举办群众庙会活动，一般都是在乡集镇举办，那才叫一个热闹，我们都赶去观看，表演的节目主要有玩狮灯、接狮灯、玩

① 余青、吴必虎：《中国节事活动开发与管理研究综述》，《人文地理》2005 年第 12 期。
② 金定海：《中国城市观：中国城市形象传播策略研究》，上海三联书店 2015 年版，第 109 页。
③ ［德］约瑟夫·皮柏：《节庆、休闲与文化》，黄藿译，生活·读书·新知三联书店 1991 年版，第 4 页。

龙灯、板凳龙、车灯等。

传统节日为当地人提供了认同感和历史感，随着旅游进入 F 村，F 村的传统节日也随之发生了演变，在不断适应旅游的过程中丰富自己。据笔者了解，F 村自 2007 年开寨迎客以来，举办了很多大型的节庆活动。2009 年，为让游客过一个特别的民族风情年，由州及恩施市旅游局倡导，在 F 村举办了迎春日、祭祀灶君、过除夕等民俗活动，还为游客准备了丰盛的年夜饭和年货。2010 年，"相聚枫香坡"恩施市新春大联欢活动在 F 村举行，当地村民表演了芦笙，黄泥塘中学 20 多名穿着各式侗族服饰的少年踩竹马绝技。在调研期间，笔者正好赶上了在 F 村举办的一次"旗袍丽人"摄影采风活动，由州妇联、州摄影家协会、中国旗袍会恩施州总会联合举办。当天，主要表演了茶艺、旗袍走秀、太极拳等，百余名旗袍爱好者在茶园里穿梭流连，摄影师在旁边记录美好的瞬间，当地村民和一些游客站在旁边观望，有的拿着手机在一旁拍摄。恩施市旅游局的相关负责人介绍道，政府每年都要在 F 村推出一个活动，这也是拉动内需的一种方式，一般是和几个景区一起联合进行推介。纵观目前 F 村举办的诸多节庆活动，可以发现这些节庆活动主要由政府牵头，目的是吸引游客的目光，在举办节庆活动的背后，政府、游客、当地村民以促进乡村旅游发展为纽带，形成了全新的空间关系格局。政府作为空间生产的投资方，发挥了资本和权力在节庆活动中的支配作用，通过对资源的整合利用，营造地方文化形象；当地村民通过对文化资本的转让与利用，在获得经济资本同时，又宣传了地方文化，形成了新的文化资本；游客则通过参与节庆活动，获得了一种集体狂欢式的个人情感体验，形成了自己认可的地方文化记忆。

地方政府在节庆活动的策划与组织过程中具有绝对的权威，其最终目的是为政府对外塑造地方文化形象服务。但是，政府的这种做法却带来了一系列不容回避的问题。首先，当地村民普遍认为由政府主导的这种传统节日节庆活动没有真正展示地方世代传承的民族文化资源，觉得与自己的日常生产生活没有多大关系。其次，部分游客认为政府打造的这种节庆活动带有浓厚的政治色彩，文化表演性太强，显得不够真实。对此，州摄影家协会的 H 也表达了他对 F 村举办的一些节庆活动的看法：

我觉得活动还是应该立足于活动地本身的文化特点来开展，应该挖掘深层的文化元素，而不仅仅是这一些外在的东西，为了活动而活动，这最终是留不住游客的，活动不是噱头，一定是传播地方文化的载体，必须形成品牌。

　　最后，外来投资者基于旅游市场吸引力的考虑，认为政府应该多策划组织一些有宣传效应的节庆活动，这与政府的立场是一致的。K 作为外来投资者的代表，他认为：

　　最近几年 F 村举办的大型节庆活动越来越少，一是政府重视力度不够，二是当地村民参与性不强，这对 F 村的长远发展是不利的。我们为了吸引游客，会弄一些小型的活动，比如篝火晚会、腊月二十四打糍粑、正月十五点露烛、赶毛狗，但没啥影响力，无非就给游客找了个乐子而已。

　　在社会动态的发展过程中，节庆活动也不是一定要一成不变，在地方传统文化中添加一些新的文化元素，这是地方文化与外来文化的主动调适，但这种调适必须以守住地方性为前提。"民族传统文化的旅游化过程究其本质上来说，是文化内涵本身与地方性不断重构与再生产的过程，并不仅仅是将文化实践打包进行商业化'销售'的过程。"[①] 通过研究发现，在 F 村，由政府主导的节庆活动并不能得到所有人的认可，主要原因是忽略了"人"的本位作用。政府打造的活动更多是基于政绩和经济效益的考虑，忽视了人的情感需要。因此，节庆活动作为一种重要的空间传播形式，有必要还原人在节庆中的主体地位，尊重和满足人的情感需求。一是吸引当地村民和游客的广泛参与，鼓励他们参与到节庆的制造生产环节，使他们不仅是节庆这一产品的消费者，同时也是其生产者和传播者。二是要将活动常态化和产品化，持续营造地方的活动氛围。三是在微观层面构建复合式的体验情境，综合运用时间

---

①　唐雪琼、钱俊希、陈岚雪：《旅游影响下少数民族节日的文化适应与重构——基于哈尼族长街宴演变的分析》，《地理研究》2011 年第 5 期。

和空间的艺术形式，打造一个丰富的、有感染力的、复合式的体验空间。芭蕉的 Z 老人在谈到这个问题的时候这样说道：

> 我觉得 F 村应该根据春夏秋冬四季的不同特点来举办节庆活动，比如春季的过年节、祭萨、龙家年、赶灶、摔跤节，夏季主要是茶道表演和田园风光，秋季可以举办祭祖节、侗寨赶歌会、斗牛表演，冬季可以过平安节、祖宗节等。活动一定要丰富多彩，并且游客也能参与进来，你看女儿城为什么这么红火，就是因为他们活动开发得好，每晚都会演出，每个节日都有主题演出，这就是旅游的吸引力。

虽然政府主导打造的民族传统节日节庆活动并不能完全满足各方需求，但这种开放的空间却能够为地方性的建构提供多种可能：政府主导的文化政治空间、农家乐老板为主的消费空间、游客形成的休闲空间、当地村民构成的展演空间，这些差异性空间融合于同一时空中，推动了 F 村地方文化的创新与传承，强化了地方文化形象，获得了社会更多关注和认可。在这里，不同行为主体获得了不同的体验，游客通过参与民族传统节庆活动强化了对 F 村地方性的认知，社区居民通过民族传统节庆活动加强了地方认同，政府通过举办民族传统节庆活动进一步凸显了国家意志。

三　作为终极媒介的乡村人

郝朴宁在《民族文化传播理论描述》一书中提出了"'人'是传播的终极介质"这一观点，他认为："媒介作为信息的载体，是'人'自我表达的载体，也是在这一意义上，传播介质是'人'的延伸这一定性能够确立"，虽然"介质的科学技术含量也许有所区别，但族群的意义与文化解读的意义是一致的"，因此，"在民族文化传播学的研究范畴中，人被直接定性为了文化信息的'媒介'。"[1] 从这一意义出发，乡村人作为乡村空间的核心，也具备了媒介的属性，他们既是传播的介质，也能建构起社会传播网络进行多维传播。一方面，当游客来到乡村旅游地，频繁交流与接触的是当地村民，游客通过与

---

① 郝朴宁、李丽芬等：《民族文化传播理论描述》，第 447—448 页。

当地村民的交流，从而形成了对乡村旅游社区的整体评价。另一方面，当地村民是乡村形象的代言人，带有乡村的集体记忆和乡村文化气质，这是一种明显的地方性特质。因此，当地村民在对外传播过程中，可以通过与外来者的日常交往互动建构乡村形象，传播乡村旅游品牌。

　　F村至少存在四种属性的居住者，构成了多元的现代乡村：第一种是乡村的永久居住者，在乡村拥有土地，对乡村的发展充满了期望；第二种是城市返乡者，出身于当地，后来到城里学习和工作，因为某种原因又回到了乡村；第三种是外来者，主要是指来乡村进行投资的外地人；第四种是来乡村短居的城里人。虽然不同背景的人，对于乡村有不同的情感和记忆，但作为媒介在对外传播中，都发挥了重要的作用。首先，随着F村乡村旅游的发展，当地村民有了更多接触外界的机会，他们自身作为乡村文化的载体，在传播乡村文化的同时，又进行着地方文化的解读，通过意义的二次生产传播着乡村形象。一是基于"身体在场"的交流与互动。"身体在场的重要性，在于它是直观对象的最佳方式。"[1]游客来到F村，首先，接触的就是当地村民，因此，当地村民的一言一行都会影响游客的认知与情感。二是基于仪式化的日常生活行为的文化传播。雷蒙德·威廉姆斯提出，文化是"对一种特殊生活方式的描述"[2]，当地村民的日常生产生活方式作为一种地方性文化，通过村民这一媒介载体传递给游客，这正是建构游客地方性的重要方式。其次，政府工作人员和乡村自治组织人员作为文化传播的载体，通过与大众媒介和网络媒介的相互嵌入，打造出乡村对外传播的媒介矩阵。一是通过政府之间、组织之间的考察交流，实现人际交流层面的形象建构，这在F村是一种非常重要的传播形式，成就了"F村速度"的旅游发展模式；二是政府通过大众媒介和网络媒介，为F村形象的传播提供了快捷而又广泛的传播渠道；三是政府和社团组织成员通过微信朋友圈的强大功能，对乡村文化形象进行反复强化。

　　很显然，当地村民、基层干部、乡村精英作为一种活体媒介，通过自己的言行举止可以传播和建构完整的乡村旅游地形象。因此，充分体现当地村民的文化生活底色，发挥当地村民作为活的物质载体的作用，并充分调动各

---

① 赵建国：《身体在场与不在场的传播意义》，《现代传播》2015年第8期。
② ［英］雷蒙德·威廉姆斯：《漫长的革命》，倪伟译，上海人民出版社2013年版，第58页。

种空间媒介资源，与大众媒介、网络媒介相互配合，构建乡村旅游地形象，成为 F 村未来发展的一种思考进路。

第三节 文化重塑：中介文化

在借助"地方的空间"和"空间传播"破解 F 村乡村旅游发展困境之余，重塑乡村传统文化成了乡村旅游社区地方性建构的应有之意。因此，如何打破乡村传统文化与城市现代文化之间的藩篱，成为本书亟须解决的问题。在笔者看来，只有寻找联结历史、现在与未来的"中介文化"才能解决这一发展难题。在一定程度上，中介文化通过文化符码的改编、重组、阐释，从而形成新的地方文化，建构自身的个人认同与社会认同，达成乡村旅游社区地方性的和谐建构。另外，中介文化绝对不是传统文化与现代文化的简单叠加，而是立足于乡村旅游社区发展的实际情况，基于一种文化自觉的乡村传统文化再生产，一方面是对乡村文化进行现代诠释；另一方面是对现代文化重新进行地方化。

一 乡村文化的现代诠释

文化的发展和传播具有一定的空间地域特征，从而形成了乡村文化与城市文化的地域分割。乡村文化是以乡村为背景和依托，在乡村发展的历史进程中缓慢形成的一种文化现象，体现着乡村的自然生活情趣和相对传统的生活方式，蕴含着丰富而深刻的传统文化精神。随着乡村旅游的发展，乡村文化成为重要的文化资源，通过一种现代化的生产，建构起新型的地方知识体系。"现代社会只有发生深刻的变化才能够发展。这样一来，我们可以把发展的危机看作是变化的首要推动力，变化中所出现的相对于规范的偏移预示着未来可能的动向。"[①] 因此，虽然乡村旅游语境下所带来的城市化和全球化，正在消解着乡村的传统文化，带来了乡村传统人际关系和社会生活方式的结构性裂变，但不可否认的一个现实问题是：回归从前是不可能的，这也不是我们的初衷，毕竟对于当地村民而言，他们对乡村的未来发展抱有美好的期许

---

① ［法］艾德加·莫兰：《社会学思考》，阎素伟译，上海人民出版社 2001 年版，第 475 页。

与愿望。如何做好乡村文化的现代诠释，找到二者的最佳结合点，从而打开乡村文化得以延续的切口才是解决问题之道。

在 F 村，乡村旅游好似一把双刃剑，一方面，全球化和城市化的持续作用在瓦解乡村的传统文化；但另一方面，这也为形成一种新型的地方文化提供了契机。这一进程充满了多元力量的互动与冲突，共同建构了当下 F 村的地方知识体系，既包括传统文化记忆的延续与传播，也有新的乡村文化前行的方向。首先，中央政府的支持和地方政府的主导，赋予了 F 村移植异质文化资源进行文化再生产的权力，乡村日常生活实践通过符号化的重构，产生了新的审美意义，成为市场化语境下发展乡村旅游产业的重要文化资源。这些脱离乡村传统生活方式而独立或者半独立存在的文化，已经不是乡村的原生文化，而是基于原生文化的再造，F 村作为独特的乡村景观被并贴上各种时尚标签，从而获得了新的文化意义。其次，随着乡村旅游的发展，乡村场域内的社会互动日益频繁，给传统的乡村输入了新的发展动力。在这一过程中，空间实践的行动主体之间直接或间接的相互影响、相互作用，不断地界定着乡村旅游社区的地方身份，影响着乡村文化再生产的方式和结果。无论是比照贵州侗族村寨进行的文化景观构建，还是按照侗族习俗进行的日常生活空间表演，这都是一种对乡村传统文化的他者化阐释，是一种资本主义消费文化对乡村传统文化的殖民。为了增加游客对乡村文化的本真性体验，地方政府、投资者和当地村民在游客的凝视中不断协商和妥协，建构着游客眼中的"乡村性"。最后，现代传媒技术通过描摹乡村文化发展的经典范本，试图把 F 村打造成城市人"诗意的栖居"之地，这里不仅有精致的乡村慢生活，还有完备的现代旅游设施。乡村文化的再生产始终贯穿着"他者"视野，游客的乡村想象，现代传媒对这种想象的固化与强调，成为支配乡村文化再生产的原动力。但这也出现了一个不容忽视的问题：如果简单地把地方文化作为一种文化商品进行生产，这种"脱域"的地方文化是否还具有持续发展的空间？

在全球化和现代化背景下，F 村一方面接受着外来文化的冲击和渗透；另一方面也在力求对传统文化进行保护和复兴，这使得 F 村文化的重塑绝不仅仅是传统文化的变异和消失，还包括了传统文化的再生和重组。F 村通过"文化搭台、经济唱戏"发展策略，展现给消费人群的常常是一些文化资源的碎片和一些看似热闹的表演。通过调研，笔者发现：F村的传统文化正遭遇着可持续利用的困惑，其未来的生命力值得我们省思。第一，地方政府基于经济利益的考虑，在F村侗寨的建构过程中，表现出明显的重器物文化，轻精神文化和制度文化的状况，主要采取的是一种"异地采借、简单加工、本土化复制"的简单文化建构模式。这种文化建构打造出来的多是物态的、表层的、具有观赏性的外显文化，虽然为观众提供了一些可供观赏的景点，但缺乏文化根基和整体性建构，其文化内涵未得到相应强化，这也成为制约F村乡村旅游持续发展的主要因素。第二，F村侗寨的建构缺乏侗族文化生存的地方语境。乡村传统文化不论是复兴重现，还是进行现代化的重构再造，其得以发展的前提必须是有文化生存的土壤，能够满足村寨成员的生存法则和现实需求，并内化为一种族群认同。对当地村民而言，政府扶持的侗族文化是一个文化舶来品，与自己的传统文化记忆存在很大的差距和冲突，并且与自己的日常生活缺乏紧密的联系。在调研期间，农事体验区的石磨、榨坊、碓窝等农事工具，大部分已经被损坏；侗族民俗文化馆的大门经常紧锁，形同虚设；精心组建的农民艺术团在经营了五年之后也不得不解散。由于再造的文化产品与当地村民的现实生活出现了较大程度的脱节，因此村民对其在情感上和文化上的认同相当有限，主动参与程度也自然不高。这些问题指向了乡村文化进行现代诠释的一个结果：重构的侗族文化主要依赖政府的引导和市场的牵动，尚未根植于地方本土文化的土壤之中，其未来的生命力有限。若乡村文化的现代诠释不能在建构器物文化层面之外满足村民和游客在精神文化层面的需要，它就被外来文化所同化，从而丧失自己的文化特色。

赵月枝指出，是"寻找精神家园的过程"，把我们带回到了"乡土中国"，然而这并不是要"回到过去"，而是走向"新地球村"的未来。[1]谢静也提出了关于"乡土性"的反思，"刻舟求剑式的追寻乡土性、本真性是否仍旧可能？是否必要？"[2]毫无疑问，乡村在现代化进程中，势必会有一些文化事象被激活、被消解、被重构，这是一个不容回避的现实问题，也是乡村文化发展

① 龚伟亮、张志华：《植根乡土中国，对话城乡关系：开启"跨学科理论与实践相融合的新型学术模式"》，《新闻大学》2015年第6期。

② 谢静：《连接城乡：作为中介的城市传播》，《南京社会科学》2016年第9期。

的必然路径。因此，我们应理性地看待这一现象，根据乡村旅游社区的现实发展需要，对乡村传统文化进行合理的现代阐释，从而实现乡村文化的再生与重构。

二 现代文化的重新地方化

马歇尔·萨林斯（Marshall Sahlins）认为，"在某种程度上，全球化的同质性与地方差异性是同步发展的"[①]，并且全球化、现代化与乡村文化，这两组看似矛盾的概念以各自的逻辑各自前进，并行不悖，并微妙地改变着彼此的边界。乡村文化的现代诠释向我们展示了乡村在现代化进程中，传统文化事象如何被激活、被消解、被重构，从而再生出新的文化传统，包括当下诸多现代性因素。另外，现代文化的重新地方化考量的是现代文化如何在乡村被改写、被重组和被认同，从而内化为一种新的文化形式。尽管有不少学者认为，乡村文化的现代性重构是一种族群文化符号的盗用与消费，但也不能否认当地村民对这种文化"再地方化"的强烈诉求，其特点是现代文化与传统文化的碰撞过程中，二者逐渐磨合，再造了一种非典型意义的"文化有机体"。现代性的凝视虽然解构了 F 村的在地性文化，但又建构了一种基于传统与现代的"新乡土精神"，一些新的乡村文化符号被再生产出来，这是 F 村现代文化再地方化一般路径，也是乡村文化再生产由外源性压力整合向内源性动力转化的主观化逻辑。

在村庄再造过程中，"理性人"和"经济人"等现代观念被内化为一种共同认识，从而培育起适应乡村旅游市场需求的新的乡村文化。随着乡村旅游业的发展，农家乐在 F 村雨后春笋般发展起来，最多的时候达到了 20 几家，在调研期间，正常营业的还有 10 家，农家乐老板普遍认为"客源"意味着"财源"，希望客人来找自己做生意，于是一些矛盾和争议也会在所难免地出现。对于当地村民来说，竞争意识是首要的，这是一种新的生存逻辑。但笔者也发现，虽然村民之间存在生意上的竞争，但也会抱团寻求发展，比如一起外出学习考察，生意上的互帮互助，但前提是不损害自己的利益。

---

① ［美］马歇尔·萨林斯:《甜蜜的悲哀》，王铭铭、胡宗泽译，生活·读书·新知三联书店 2000 年版，第 123 页。

当地村民面对异质文化的植入，他们的心态是复杂的，一方面是在短时间内很难形成真正的侗族文化认同；但另一方面又发现了这种文化移植所带来的经济利益回报。因此，当地一些头脑灵活、敢于创新的村民，主动适应新的文化认同，并在不同的社会场域进行着新的文化符号的生产，赋予这种文化符号独特的地方意义，以巩固这种文化资本所带来的经济力量，并为获得更多的资本和利益争取话语权。据笔者了解，F村原本的侗族人口很少，当涉及民族身份问题的时候，很多村民的回答充满了尴尬，"我本身是土家族，但身份证上侗族""以前是汉族，现在是侗族""我们对外宣称肯定是侗族，因为这可以带来更多的政府支持"。由此可见，当地村民对于民族身份的认同带有工具性使用的特点，但也有部分村民开始自觉以侗族身份出现在各大舞台，并把它整合成历史记忆的一部分。M是其中的典型代表，不论是作为人大代表出现在会场，还是作为讲师站在湖北大学的讲台上，或者接受记者的采访、接待考察团、外出考察等，抑或是自己微信里的日常言说，都显示出她对侗族文化身份的自觉认同，并成为一种新的文化记忆。即使我们都知道她是汉族人，但也不妨碍大家把她作为侗族文化符号来消费。

客源地文化作为一种优势文化对乡村旅游社区也会产生影响。虽然一个旅游者对当地村民的文化影响可能不大，但是，周而复始、不断涌来的旅游者所形成的旅游者团体社会对当地村民的文化影响就不可小视。由于经常面对来自不同地区的旅游者，当地村民要不断被动地接受外来旅游者的文化冲击，对不同旅游者带来的文化符号进行重新定义和阐释。首先，游客的言谈举止、服饰、消费偏好等文化事象会对当地村民和旅游业从业人员产生影响，旅游人类学者把这种现象叫作"示范效应"。在F村，游客通常是来自文化和经济相对较发达的城市地区，相比当地村民来说，游客会通过文化来表现其经济上的优势，因此，在旅游过程中，他们会尽量张扬自身的文化，从而为当地村民提供一种现代城市文化的示范。因此，当地村民对游客所携带的现代文化具有较强的包容性和认同度。与游客接触较多的农家乐老板认为从游客那里可以接触到很多新东西，有时候还能获得很多有用的信息，即使面对游客有些不良行为，比如在茶园私自采茶带走、到果园采摘瓜果等，当地村民虽然有些不满，但还是认为这只是个别游客的行为，并不影响游客整体的文明程度。

另外，当地村民在与游客团体的交流互动中，也强化了对地方文化的认同感，表现为对当地文化的保护愿望，村民 FXL 老人认为，F 村以前就有唱山民歌的习俗，因此这种文化应该保护和传承下去。因此，老人不仅自己平时喜欢唱两嗓子，如果碰到游客，还会主动进行表演。还有一些村民虽然觉得这些移植过来的侗族景观不具有实用性，但在他们看来，这些建筑景观应该受到保护，认为这是 F 村吸引游客的文化资源。显然，这种文化认同是在与客源地市场的互动中得到强化的。

　　当然，现代文化的重新地方化也有可能走向另一个极端，即在地方化过程中，现代城市文化过于强大，这使得乡村传统文化失去原来的内涵，成为只为游客进行表演的舞台文化。乡村旅游社区的村民、旅游业从业人员为了获得尽可能多的经济利益，往往会为了迎合游客的需求，将自身文化人为地进行现代化创造，改变传统文化中不适合游客需求的部分，从而使自身的传统文化发生改变。因此，我们必须要谨慎对待现代文化的再地方化，这是一个充满主体自觉的建构过程。

三　城乡互动中的特殊流动人群

　　无论是地方文化的现代诠释，还是现代文化的再地方化，人都是最重要的传播中介，他们通过搭建乡村与城市的桥梁，从而实现乡村文化与城市文化的对话与交流。F 村作为中国农村的一个微观组成部分，同样存在这样一批具有特殊身份、往来于城市与乡村之间的人群，以农民工和大学生为代表。

　　农民工是中国在特定的历史时期出现的以农民身份担任工人职务的一个特殊的群体，他们带着各自的乡村群体性格和乡村文化积气息，来到不同的城市生活和工作，通过与城市人的交流与互动，将城市文化内化为乡村传统文化，从而重构了他们对乡村传统文化的认知。J 在 F 村入口处的集镇上开了一家村邮服务站，他告诉笔者：

　　　　我以前在城里做装潢，挣了一些钱，回来开了一家小超市，后来国家支持农村发展互联网经济，我就做起了互联网服务，主要是帮助当地村民网上买一下东西，帮忙收寄哈快递。因为我在城里接触互联网比较早，所以当时做这个的时候，很多当地村民都觉得新鲜。我们这里就这么大的人流量，做什么生意都是越早越有钱赚，等大家都来做了也就没啥意思了。

这批人，一方面把在城里接收到的新思想、新文化、新技术带回到家乡；另一方面，他们又帮助村民把农产品打入城市，服务当地经济发展。村民FS在恩施城里卖保险，在她的朋友圈里，发布最多的除了卖保险的信息，就是对当地旅游文化的宣传与农产品的推介。

> 不论是住在城里，还是住在F村，我觉得自己都是F村的一分子，只要和F村相关的，我觉得就是我自己的事情，我平时接触的人比较多，利用这种人脉资源，宣传一下我们村也是应该的。你还别说，如果在朋友圈发多了，很多人还真的会找我咨询，尤其是茶叶和腊肉。

乡村大学生与农民工相比，相同的是他们都与乡村有着天然的联系，都往来于在城市和乡村之间。但是，他们又不同于农民工，首先，作为高文化素质人群，他们在乡村文化传播中具有更多的话语权；其次，他们作为大学生进入城市生活，其身份更容易被城市所接纳。在信息传播方面，进入大学和城市后，广泛接触现代媒介和信息，能够对当地村民提供指导作用。村主任F的女儿在武汉一所大学读大三，谈到她女儿的时候，夫妻二人一脸的自豪：

> 她在武汉读财会管理，每次回家都要跟她爸聊一下生意经，还会教我使用手机，什么微信、抖音都是我女儿回来教我的，我以前有个农村淘宝，也是我女儿在教我，她上学了我又搞不来了。

大学生通过人际传播的方式将城市与乡村联结在一起，给乡村带来了城市文化的现代气息，也给城市传递了一种新的乡村文化体验。通过对其微信朋友圈的观察，笔者发现，她的朋友圈发布的信息主要是她在城里的日常生活记录，再就是她回到F村后的感悟，其中，茶叶是最重要的F村文化展示符号，但总体发圈量不大。DL也是F村走出去的大学生，她告诉笔者：

我觉得我们这里还是蛮好的，我跟同学介绍我们这里的时候，他们都很羡慕，去年国庆，我还带了几个同学到这里来玩儿，大家最后都舍不得走了。他们以前还认为我们这里的农村一定是又穷又落后，来了之后，大家才知道现在的农村其实跟城里差不多。

　　通过聊天，笔者也发现这群村里走出去的大学生，更多愿意选择留在城市里工作和生活，小 F 告诉笔者：

　　每年放假都想快点儿回家，但我还是想留在武汉工作，F 村发展还是比较受限，创业也风险大，暂时不想回去发展，但也说不定，如果考上家里的公务员，那我就回去了。

　　DL 后来也在微信里告诉我，她已经在武汉工作了。另外，笔者发现，在乡村文化的推介方面，这些大学生的主动传播意识不够，当问及这个问题的时候，她们尴尬地笑着说道：

　　也不知道推介些啥，好像也没啥推介的，每年春天茶叶上市的时候，我们会帮忙家里做一下宣传，但其实也没啥效果，毕竟我们现在的圈子主要还是自己的大学同学。

　　不论是农民工，还是大学生，他们都是连接城市和乡村的重要媒介，但遗憾的是，他们在勾连城市与乡村的过程中，并没有形成有效的城乡互动机制。因此，如何让这些连接城市与乡村、现代与传统的"中介人群"在乡村新一轮发展中发挥着重要的作用，成为 F 村文化重塑的一个重要方面。其实，在中国西部的一些农村地区，已经有很多大学生回到家乡，通过文化和技术反哺的形式给家乡的发展带来了新的机遇。比如在恩施巴东县，大学生成立"红磨坊"，负责布局农产品供应链、改善新零售数据终端，山沟里的农产品被卖到了全国各地，外面的产品也被引到了村里，并带来了新的销售理念和技术手段，产生了很好的文化中介效果。对于 F 村而言，强化这些中介人群的对 F 村旅游社区的文化认同，政府通过提供创业政策支持，让"中介人群"

动起来，从而激活乡村经济与文化的发展，显得尤为重要。随着城市与乡村的联系越来越紧密，分割明显的"二元城乡结构"逐渐消散，"中介人群"穿梭于城乡之间，带有双重地域身份。在一定程度上，"中介人群"就是联结传统、现代与未来的桥梁和纽带，这是实现文化重塑的关键所在。

结论与反思：没有结束的研究

一　研究结论

（一）谁的地方性

地方性处于不断的变化过程中，具有多样性、动态性和主观性，不论是当地政府、本地村民、"内部的他者"，还是游客，都拥有对地方性的理解与记忆。因此，地方性属于任何人，也不属于任何一个人。正如哈维所说，地方是动态的，关系化的地方，它与社会处于特定的联系中，是一个连续生产和持续建构的过程 。地方内部的多元文化和社会关系决定了地方意义不是停滞和孤立的，而是动态和多样化的。正是因为这样，地方性才具有了建构的意义与价值。

F村旅游社区地方性建构的问题没有脱离全球化与城市化这一时代发展背景，全球化与城市化将F村裹挟到更加广泛的社会联系中，这使得原本相对比较传统的地方处在了与"他者"文化和实践不断协商和妥协的过程之中。从F村进行大规模的旅游开发至今，不同的行动主体借由旅游进入到这个空间，并参与到这个空间的意义生产，建构了不同的地方，赋予这个地方不同的地方性。因此，用哈维倡导的辩证方法来看待地方，乡村旅游社区就成为不断变化与进步的地方。

当地村民、新旧乡贤、村干部、"他者"、媒体等通过地方实践和话语实践，将地方性意义纳入持续建构的过程之中，展现出了F村旅游社区内部的多元文化认同。当地村民在经济利益的驱使下，通过自下而上的文化展演，为游客提供了一个可供消费的地方。"内部的他者"通过与原住民社会的日常互动，在文化碰撞与交流过程中，外来文化与本土文化互相借用，根据需要再语境化，由此变成了本土文化的一部分。"外来的他者"作为 F 村旅游社区的空间消费主体，虽然没有直接性地作用于空间生产，但通过消费凝视行为参与到乡村旅游社区的社会性建构中去，成为乡村旅游社区地方性建构的重要力量。新旧乡贤利用已有的文化资本，寻找新的文化权利空间，在不断的文化生产与传播中积累出新的文化资本，从而强化了自己对地方的情感依赖和文化认同，并通过文化的示范作用，成为地方文化的引领者。村干部作为"意见领袖"，通过政策宣传、社会动员与文化传播强化了村民对移植景观的内化与认同，在这一过程中实现自己的文化认同，从而建构出地方性。媒体一方面通过拓展当地村民的物理空间、公共文化空间、日常生活空间，加强了与外界的联系，在这种连接中建构对地方的认同；另一方面通过对 F 村进行符号建构与再现，生产出了一个想象的地方。总之，就像 F 村的案例所展现出的情况，研究区域内的行动者主体通过具体的文化实践和地方实践表征着 F 村的地方性，内部的差异和外部的联系并没有消除地方性，而是让地方性处于不断的生产过程中。

（二）和谐的地方性何以达成

在全球化、现代化和城市化发展语境下，乡村旅游社区的地方性在建构过程中，体现出动态性、多样性和主观性，展现出了行动者主体之间的合作与冲突、外来文化与本土文化的妥协与抵抗，最终形成了统一的行动者网络和多元文化共存的局面。但是，通过前面的分析，我们却也感受到了一些不和谐，似乎每个人对这个地方都具有表征权与话语权，但是这个地方似乎又不属于任何人。政府的力量在 F 村地方性建构中处于主导和引导的地位，但是政府是想要通过发展 F 村旅游来获取财政收入和解决就业问题，因此，政府在 F 村旅游社区地方性建构中关注的是符号的表征层面，所建构出来的地方只是一个文化消费符号，只是一个商品化的存在。当地村民为了配合政府表征出来的 F 村符号，在面对旅游人群的时候，展示的也是一种非本真的文化符号，不论是居住空间，还是日常生活方式，都深刻地烙上了表演的痕迹，这一方面让游客觉得这个地方不再是他们想象中的地方；另一方面也让当地村民觉得这个地方不真实。游客的地方性是基于对一个地方空间文化体验的想象，关注的是文化的精神层面，游客作为建构乡村旅游社区地方性的主体，他们一方面对乡村怀有一种乡土期待；另一方面又希望乡村能够满足城里人的现代化发展诉求，这种矛盾也反映在了 F 村的发展话语体系之内。对于那些来 F 村投资的外地人，本书中称他们为"内部的他者"，F 村是一个具有投资前景的地方，他们的地方性具有很强的移动属性，对 F 村没有稳固的地方认同感。所以，如何找到通往达成和谐的地方性的路径，是本书最终想要获得的答案。

　　F 村作为一乡村旅游社区，多元文化共存和多元主体共生是一个必然趋势，因为这不仅是全球化的推动，也是发展旅游经济、实现乡村振兴的应然需求。因此，在思考乡村旅游社区地方性建构的过程中，和谐的地方性达成的根本问题是 F 村本土文化如何与其他各种外来文化交流与共存，不仅牵涉到文化的挖掘、保护与创新，也牵涉到文化的传播。通过前面的分析，笔者发现，在 F 村旅游社区物理空间、交往空间和媒介空间地方性建构的过程中，国家与社会、城市与乡村、现代性与地方性知识互动，传播作为一个重要的因素渗透其中，成了地方性建构的中介化力量。首先，物理空间是地方性形成的物质载体，在这一空间中，传播媒介构成了物理空间的重要组成部分。其次，交往空间是地方性形成的社会基础，在这一空间中，人际传播发挥了重要的作用，通过日常交往建构地方意义，形成社区认同和集体记忆。最后，媒介空间是地方性形成的外在动力，体现出媒介的空间拓展性和建构性。因此，传播作为一个重要的地方性力量，不仅有利于形成乡村旅游社区内部的文化认同，而且通过乡村旅游社区内部与外部的多元互动，有利于实现文化的整合，建构和谐的地方性。

二　研究反思与建议

（一）研究身份的反身性

　　当代新闻传播研究呈现出研究视角的综合性、研究路径的多元性与研究方法的反思性等特征，运用传播社会学理论观照我国新闻传播与当代社会发展是一种正在形成中的研究路径，具有广阔的理论发展空间与实际应用价值。本书的研究没有脱离传播社会学这一研究框架，作为一个中观的研究，在经验研究的基础上，采用的是一种人文与阐释的研究范式。

表结 –1　理论传统与范式的不同划分试举

经典传统划分	社会的 / 行为的理论		文化的 / 批判的理论	
陈卫星	经验 - 功能范式	控制论范式	结构主义方法论	
胡翼青	经验主义范式	技术主义范式	批判主义范式	
陈力丹	经验—功能学派	技术控制论学派	结构主义符号—权力学派	
吴飞	实证传播理论	解释传播理论	批判传播理论	
周晓虹	社会事实范式	社会释义范式	社会批判范式	社会行为范式
Denis McQuail	社会科学理论	规范理论	操作理论	日常理论
Anthony Giddens	实证主义社会学	人文主义社会学	批判主义社会学	
George Ritzer	社会事实范式	社会释义范式	社会行为范式	
Jürgen Habermas	经验分析科学	历史阐释科学	批判导向科学	
Stanley J. Baran	社会科学理论	解释学理论	批判理论	

　　吉登斯在梳理社会学诸种理论传统的过程中强调社会科学的"实践内涵"。他认为社会科学不外乎是研究者在日常解释的基础上进行第二层解释，即所谓"双重解释"（double hermeneutic）。在吉登斯看来，自然科学与社会科学有着本质区别，自然界不为人的意志所转移，而社会科学的研究对象则是人的实践，无论是否将人的实践视为一种事实，它无疑都是流动的、建构的、阐释性的，而社会科学的任务则是在这种业已被人们解释过的日常生活现象上进行学术上的再解释，这也意味着社会科学研究者对自己的介入性和建构性实践有着清醒认识。在田野作业中，笔者本是尽可能闲置自己的研究者身份，把自己当作社区的一员参与他们的生产与生活，但在实际的研究中并不能够完全做到这样，他们更多的时候还是把笔者当作了"陌生人"。在调查中，他们经常挂在嘴边的一句话就是"你是上面来的人"，并且对本书的研究充满了积极的期待，希望能够给他们现在的生活带来更多的好处和便利。另外，他们会给笔者讲述一些"掏心窝子"的话，笔者虽然选择认真倾听，却无力解决他们存在的问题，但不可否认的是，笔者的存在还是发挥了一定影响，当作为调查者介入到调查对象的时候，笔者已经无可避免地干扰了他们。因此，笔者首先必须对自己的研究身份有较强的反身性。

（二）研究方法的几点限制

民族志叙事不是一个简单的田野调查报告，更不是研究者所收集的田野资料的机械堆砌，而是需要将地方历史、地方性知识与研究者的诠释结合起来进行理论概括，从这一意义而言，本书研究仍处于起步阶段，或者说，这还不能算作规范的民族志研究，再加上本人没有经过严格的民族志研究方法训练，因此没有很好地将研究过程中所收获的"杂乱无章"的研究资料进行结构化。当然，笔者最初选择还是带有很理想的学术期待的，虽然在研究过程中感觉到力不从心，但笔者还是没有气馁，在田野中穿行和记录，用自己不算规范的文本表达了一个村落转型发展成旅游社区过程中的地方性建构问题。

1. 个案的选择可能会遭到质疑

最初选择F村作为研究对象，确实带有一定程度上的功利性，因为其交通非常便利，离恩施城的距离也很近，再加上有学生在乡政府做领导工作，所以进入田野相对容易，一些官方的文件资料也较容易获得，这可能会带来关于个案选择是否具有代表性和科学性的质疑。按照费孝通先生在回答艾利奇对其《江村经济》的普适性、代表性质疑时所讨论的，对于中国乡土社会的认识是可以通过类型的研究来实现对整体的关照。所以个案研究的目的一方面具有较强的地域适应性，便于为当地决策机构提供参考资料，因而实践价值比较强；另一方面，个案研究能够综合运用各种研究方法，做得更细致，把问题讨论的更透彻。另外，随着田野调查工作的开展，F村作为一个民族地区乡村旅游社区的典型性也逐渐凸显出来：十年，F村从一个名不见经传的小村落发展成炙手可热的乡村旅游景观，空间和景观成为资本。首先，成为旅游景观的地方，为了迎合游客的目光，不同程度地出现了一种"非真实"的文化展演；其次，原先赖以生存的家园变成了一种被开发的客体性资源，当地村民产生了强烈的"非地方感"；最后，十年之后，F村旅游开发进入了一个反思阶段，如何维持旅游活动持续下去，已经成为不得不破解的发展瓶颈问题。当然，F村的发展模式有其地缘优势、资源优势等方面的因素，可复制性需要谨慎观之，但笔者希望对于它的剖析可以为全国其他地区带来借鉴意义。

2. 调查过程中参与观察的执行不够

作为规范的民族志研究，深度访谈和参与式观察是主要的资料收集方法，在调查中，因为个人的原因，笔者更多采用的是深度访谈，在参与式观察方面明显存在不足。根据研究的需要，主要采用"完全的观察者"和"作为观察者的参与"的角色，"完全的观察"主要近距离观察村民的日常劳动生活、日常交往实践、媒体使用习惯等；"作为观察者的参与"主要从一些具体的事务中了解村民的行事风格等情况，比如可以参与村民小组会议，通过记录会议内容，观察会议期间村民的言行举止，总结自己的一些感受等。在实地调研期间，笔者可以觉察到社区成员的沉默、眼神、语气、下意识的动作等细微线索实际上都透露出很多信息，但还是有不少"信息"与"经验"是笔者不能捕捉到的，或者有时候捕捉到了，但囿于自己的水平有限，没有办法给予准确的解读，因此忽略了很多有价值的信息，这对研究者形成一个整体的判断带来了很大的挑战。

3. 文献资料的保密性和琐碎性

在本书中，笔者引述了大量的文献档案、行业数据、统计资料、内部文案等等。质性材料的纷繁琐碎给本书的梳理造成很大的阻碍，在分析的过程当中难免挂一漏万，因此只能是尽可能处处举证，谨慎判断。此外，还有部分资料具有保密性质，在引述过程中，笔者也唯有小心区辨那些可以论述的空间，尽量不透露一些还没解密的信息，比如关于旅游规划的部分。还有一点需要说明的是，因为多方面的原因，所收集的区域社会史的资料比较有限，自己的叙述缺乏历史纵深感，共时性分析较多，而历时性分析比较缺乏，这也是本书在后续研究中需要予以补救和完善的地方。

4. 旅游民族志写作与记录"范式"上的困惑

民族志研究是以一个具体的族群、社区、社会和文化内部的机制作为自己的调查和研究的重点与重心，要求客观、忠实的记录和描述所观察到的一个具体的"异文化"现象，但是作为一种对旅游活动与现象所进行的民族志书写，显然对传统人类学的范式提出了尖锐的挑战，一是具体的研究对象（东道主社会）已经不再是保持文化"原生形貌"的类型，游客的流动性、暂时性给研究对象的变化带来了巨大的动力，"民族志对象已经从原来'固定的'变成了'裂变的'"。二是调查对象在时间上的这种暂时性特征，使得旅游活动中的许多外在现象具有"望花筒"的特点，因此想要按照传统民族志要求和写作范式来研究旅游社区，具有很大的困难。

（三）研究建议与展望

行文至此，似乎应该给自己的写作画上一个句号，但是出于对学术严谨性的重视，也出于论文结构完整性的考虑，有必要对本书的研究做一些检讨，并提出未来可以予以修正和继续拓展的部分。

第一，问题意识缺乏所带来的困惑。郭建斌老师在其博士论文《电视下乡：社会转型期大众传媒与少数民族社区——独龙江个案的民族志阐释》一文中这样说道："现在回想起来，如果说有什么致命的闪失，恐怕要算'问题意识'的缺乏。"[①] 笔者觉得自己同样经历着缺乏问题意识所带来的焦虑与痛苦。2015 年，因为导师的研究旨趣，笔者把目光投向了乡村地区；根据自己有限的理论知识，借用了桑德拉·鲍尔 - 洛基奇的传播基础结构理论框架，将自己研究问题确定为传播基础结构与美丽乡村传播的关系，但随着田野调查的深入，笔者发现自己在田野里迷失了方向，或者说收集的资料完全没有办法为自己所提出的问题证明，笔者不得不修正研究问题。这是一段痛苦的经历，从中暴露出了自己理论知识的匮乏和研究方法的无知，正如郭建斌老师所说："我更多考虑的是怎么做的问题，在对这些具体的细节问题的考虑中，忽略了作为一个研究者最应该考虑的问题——要干什么？"[②]

第二，研究规范问题引发的思考。在前面反思研究方法的时候，笔者也交代过这不能算作规范的民族志研究，这种不规范主要体现在笔者没有一个明确的理论提问来支撑自己的研究，或者说有一个理论观点，但只是一种观点套用，然后根据自己的研究意图将田野收集到的材料与理论强行嫁接，带来的是二者没有办法互相推演。因为没有遵循"提问—回答"的研究规范，因此在田野收集资料之后，演变成了"我这个资料能够说明什么问题"的不太规范的研究套路，从而不得不修正自己的研究问题。通过对资料的整理与分析，笔者发现 F 村不再是传统意义上的乡村社区，而是被贴上众多标签的"乡村旅游社区"，旅游的发展不仅改变了传统社区的物理空间格局，也改变了传统的乡村社会结构，从村落变成景观，也让这个地方变成了不真实

① 郭建斌：《电视下乡：社会转型期大众传媒与少数民族社区——独龙江个案的民族志阐释》，博士学位论文，复旦大学，2003 年。

② 郭建斌：《电视下乡：社会转型期大众传媒与少数民族社区——独龙江个案的民族志阐释》，博士学位论文，复旦大学，2003 年。

的"非地方"，不同的人对这个地方有不同的认识和评价，也有不同的情感记忆与认同。因此，笔者把问题聚焦于"地方性建构"这一问题，围绕这一问题，开始展开了层层追问：什么叫地方性建构？哪些因素会影响地方性建构？通过进一步的文献解读，发现地方性建构是牵涉到人文地理学、人类学、社会学与文化研究的一个跨学科范畴的研究议题，已有的研究中，经济视角是主线，发展对策、模式类研究成果较多，经济学和地理学是研究的主导方向，而传播学一直处于失语状态。这进一步引发了思考：F村的媒介化程度如此之高，传播媒介是否介入地方性建构的过程？是如何介入的？于是，笔者开始明晰了研究路径，从传播社会学的研究视角出发，尝试从传播学、文化地理学、旅游人类学和乡村社会学的概念工具入手进行个案的拓展。虽然笔者最后找到了研究的问题和研究的路径，并且所获得的资料也能够很好的佐证研究问题，但对于规范的学术研究而言，这是一种机会主义的做法，值得笔者在以后的研究中修正。

第三，跨学科研究所带来的研究障碍。当今社会，面对纷繁复杂的社会现象和社会问题，任何学科都很难依靠一学科之力解释清楚这些社会现象，找到解决社会问题的方法。因此，跨学科研究成为学术界乃至整个社会的关注点，"大量研究主题需要综合地加以揭示，从多个学科视角进行研究才能得出正确的结论"。① 本书是一个典型的跨学科研究，涉及地理学、经济学、管理学、旅游学、传播学等多学科的知识，尤其是人文地理学和旅游人类学的知识谱系梳理，给笔者的研究带来了极大的挑战。从最基本的概念开始，到最后知识体系的建立，这是一个漫长的寻找学科边界的过程，但笔者不得不坦率地承认，这还只是摸到了冰山的一角，对于整个冰山的认识还需要更多的时间和精力投入，这也是后续研究中必须认真对待的地方。

第四，由于整个研究立足于对乡村旅游社区地方性建构过程的思考，试图通过个案调查去分析不同行动者主体在具体的地方实践和话语实践过程中的地方意义，这是一种客观而真实的存在。但正如富兰克林和克朗所说，旅游研究同时又是被政策指导下的产业的产物，因此，如何在"客观与政策之间获得一个规律——这一规律既是旅游活动的内部规律，同时又能完全适合

---

① 邹农俭：《跨学科研究：社会科学研究的必然选择》，《浙江社会科学》2009年第1期。

于带有政治性的政策导向"①，成为本次研究中一个突出的问题。F村作为一个乡村旅游社区，经过了十年的发展，现在已经进入了一个发展的"闭锁"阶段，这也引起了当地政府的重视，聘请了很多专家团队前来问诊，在调研的过程中，武汉大学城市规划专业的博士生团队已经完成了新的规划方案，但不知道什么原因，这个方案的论证会迟迟没有召开。在论文的第五章，笔者尝试建立了一个基于"空间再造与传播再生"的建构路径，但是否能够成为政府需要的具有可操作性的策略，确实有待商榷。因为不可否认的是，旅游研究与实际的旅游活动之间意指存在着这样一种背离，即从旅游研究得出来的理论并不能很好地指导实际的旅游活动，今后的工作，期望能在这方面继续研究，有所突破，能够走出"理论家"的圈子，为实际的旅游活动提供切实可行的指导。但有一点需要说明的是，本书的本意也不是提供对策，而是采用一种人文与阐释的研究范式，通过拓展个案，在理论上有所呼应。

第五，研究展望：没有结束的研究。F村作为恩施市乡村振兴的示范点和全域旅游示范区中乡村旅游的重要节点，如何与乡村振新这个大战场相融合，成为当地政府和与会专家热烈讨论的话题。F村的发展一直是政府主导作用下的发展，没有了政府的支持，F村似乎失去了发展的活力与方向，在我的研究中，很多村民都表达了这一观点，认为F村这几年陷入发展困境，主要是因为政府的作用没有发挥出来。乡村究竟是谁的乡村？该由谁来主导其发展？乡村旅游助推乡村振兴应该从什么地方发力？如何使用不同的理论资源探讨和拓宽乡村旅游助推乡村振兴的有效路径？F村作为恩施市乡村振兴的示范点无疑具有重要的研究价值，值得我们后续进一步深入调查与思考。2019年3月21日下午3点，芭蕉乡政府组织F村全体村民在F村戏楼召开了F村侗寨景区发展专题会，在热闹的开场仪式中，我们看到了F村新一轮发展的希望，也许这是一个新的开始，也许这只是十年前的再一个轮回。

---

① 彭兆荣：《旅游人类学》，第35页。

参考文献

一 中文著作

包亚明:《现代性与空间的生产》,上海教育出版社 2003 年版。

保继刚、楚义芳:《旅游地理学》,高等教育出版社 2012 年版。

崔波:《城市传播:空间化的进路》,中国传媒大学出版社 2014 年版。

费孝通:《乡土中国》,北京大学出版社 2010 年版。

费孝通:《乡土重建》,岳麓书院 2012 年版。

冯雷:《理解空间》,中央编译出版社 2017 年版。

高宣扬:《布尔迪厄的社会理论》,同济大学出版社 2004 年版。

葛荣玲:《景观的生产——一个西南屯堡村落旅游开发的十年》,北京大学出版社 2014 年版。

郭建斌:《独乡电视:现代传媒与少数民族乡村日常生活》,山东人民出版社 2005 年版。

郝朴宁:《传播理论》,云南美术出版社 2006 年版。

郝朴宁、李丽芬等:《民族文化传播理论描述》,云南大学出版社 2007 年版。

胡百精:《说服与认同》,中国传媒大学出版社 2014 年版。

胡易容、赵毅衡:《符号学——传媒学词典》,南京大学出版社 2012 年版。

金定海:《中国城市观:中国城市形象传播策略研究》,生活·读书·新知三联书店 2015 年版。

李丽芬、邱昊、谢晓霞:《民族文化传播研究》,人民出版社 2017 年版。

梁漱溟:《乡村建设理论》,上海人民出版社 2011 年版。

罗新星:《第三空间的文化意义生产研究:以跨文化旅游传播背景下的湘西凤

凰为个案》，岳麓书社 2013 年版。

彭兆荣：《旅游人类学》，民族出版社 2004 年版。

濮波：《全球化时代的空间表演》，北京大学出版社 2015 年版。

乔家君：《中国乡村旅游社区空间论》，科学出版社 2011 年版。

沙垚：《新农村：一部历史》，清华大学出版社 2014 年版。

邵培仁、杨丽萍：《媒介地理学——媒介作为文化图景的研究》，中国传媒大学
    出版社 2010 年版。

孙九霞：《传承与变迁·旅游中的族群与文化》，商务印书馆 2012 年版。

童强：《空间哲学》，北京大学出版社 2011 年版。

屠忠俊：《新闻与传播：研究方法探索与文化意义阐释》，华中科技大学出版社
    2011 年版。

汪民安：《身体、空间与后现代性》，江苏人民出版社 2006 年版。

王斌：《社区传播论：新媒体赋权下的居民社区沟通机制》，中国人民大学出版
    社 2017 年版。

王怡红：《人际传播论：人与人的相遇》，人民出版社 2003 年版。

吴必虎、刘筱娟：《中国景观史》，上海人民出版社 2004 年版。

吴飞、王学成：《传媒·文化·社会》，山东人民出版社 2006 年版。

吴飞：《火塘、教堂、电视：一个少数民族社区的社会传播网络研究》，光明日
    报出版社 2008 年版。

吴家骅：《景观形态学》，中国建筑工业出版社 1999 年版。

吴宁：《日常生活批判——列斐伏尔哲学思想研究》，人民出版社 2007 年版。

肖笃宁：《景观生态学：理论、方法及应用》，中国林业出版社 1990 年版。

谢静：《传播的社区：社区构成与组织的传播研究》，复旦大学出版社 2013
    年版。

谢纳：《空间生产与文化表征：空间转向视阈中的文学研究》，中国人民大学出
    版社 2010 年版。

邢虹文：《电视与社会》，学林出版社 2005 年版。

熊培云：《一个村庄里的中国》，新星出版社 2011 年版。

薛亚利：《村庄里的闲话：意义、功能和权力》，上海书店出版社 2009 年版。

杨振之等：《东道主与游客：青藏高原旅游人类学研究》，中国社会科学出版社

2016 年版。

翟学伟:《关系与中国社会》,中国社会科学出版社 2012 年版。

翟学伟:《人情、面子与权力的再生产》,北京大学出版社 2013 年版。

赵毅衡:《符号学原理与推演》,南京大学出版社 2011 年版。

周尚意、孔翔、朱竑:《文化地理学》,高等教育出版社 2004 年版。

左晓斯:《可持续乡村旅游研究——基于社会建构论的视角》,社会科学文献出版社 2010 年版。

二　中文论文

Tim Oakes、安宁等:《乡村：中国城市的游乐园》,《旅游学刊》2013 年第 4 期。

把多勋、王俊、兰海:《旅游凝视与民族地区文化变迁》,《江西财经大学学报》2009 年第 2 期。

曾天雄、曾鹰:《乡村文明重构的空间正义之维》,《广东社会科学》2014 年第 6 期。

陈楚洁、袁梦倩:《传播的断裂：压力型体制下的乡村文化建设——以江苏省 J 市农村为例》,《理论观察》2010 年第 4 期。

陈华明、刘柳:《媒介、空间与文化生产：现代媒介视域下的少数民族社区文化传播研究》,《新闻界》2017 年第 7 期。

陈培婵:《寻找失落的交往空间——城市形态对交往形式的建构》,《新闻大学》2015 年第 6 期。

陈先红:《论新媒介即关系》,《河北大学新闻传播学院会议论文集》,2006 年。

陈心林:《村落旅游的文化表述及其真实性——以鄂西枫香坡侗寨为例》,《西南民族大学学报》（人文社会科学版）2013 年第 11 期。

陈燕:《二元结构下乡村文化变迁的差序传播与重构》,《新闻界》2017 年第 9 期。

陈长松:《空间：传播技术演化的一个维度》,《编辑之友》2016 年第 11 期。

成志芬、周尚意、张宝秀:《"乡愁"研究的文化地理学视角》,《北京联合大学学报》（人文社会科学版）2015 年第 4 期。

崔波:《刍议城市传播研究的空间进路》,《浙江传媒学院学报》2014 年第 2 期。

代改珍:《游客对历史街区传统民俗文化符号的凝视研究——以北京什刹海的游客体验为例》,《管理观察》2014 年第 9 期。

戴乐乐、戴彦:《基于空间生产的新型农村社区规划与建设的思考》,《建筑与文化》2015 年第 12 期。

邓辉:《转变发展方式背景下特色民族村寨发展模式的调整与转型——以湖北省恩施市枫香坡侗族村寨为例》,《中南民族大学学报》(人文社会科学版) 2012 年第 5 期。

杜丽:《论空间社会学的三种理论起源》,《湖北工程学院学报》2012 年第 6 期。

段义孚、宋秀葵、陈金凤:《地方感:人的意义何在》,《鄱阳湖学刊》2017 年第 4 期。

樊友猛、谢彦君、王志文:《地方旅游发展决策中的权力呈现——对上九山村新闻报道的批评话语分析》,《旅游学刊》2016 年第 1 期。

樊友猛、谢彦君:《记忆、展示与凝视:乡村文化遗产保护与旅游发展协同研究》,《旅游科学》2015 年第 1 期。

范颖:《基于空间生产理论的四川乡村建设理想空间发展探寻》,《农村经济》2017 年第 2 期。

方琦、王伯承:《透视与内嵌:城市空间转向及其实践——理论探讨和三个案例》,《云南行政学院学报》2017 年第 4 期。

费爱华:《乡村社会日常人际传播及其社会功能》,《湖南农业大学学报》(社会科学版) 2016 年第 4 期。

冯广圣:《乡村人际传播中行动者身份解构与村庄社区传播模型建构》,《新闻界》2013 年第 17 期。

冯展文、薛熙明:《旅游中的全球化与地方性研究进展》,《旅游研究》2012 年第 3 期。

高恒冠:《场域理论视角下乡村社区空间生产研究——以广西丹洲村为例》,《内蒙古财经大学学报》2017 年第 5 期。

高权、钱俊希:《"情感转向"视角下地方性重构研究——以广州猎德村为例》,《人文地理》2016 年第 4 期。

耿瑛:《社会学视角下的中国乡村社会变迁研究》,《东方论坛》2010 年第

4 期。

关琼严:《乡村媒介空间的现代转型》,《新闻界》2017 年第 7 期。

郭光华:《城市传播:媒介研究的新领域——评〈城市化进程中的大众传媒〉》,《衡阳师范学院学报》2013 年第 5 期。

郭文、黄震方:《基于场域理论的文化遗产旅游地多维空间生产研究——以江南水乡周庄古镇为例》,《人文地理》2013 年第 2 期。

郭文:《"空间的生产"内涵、逻辑体系及对中国新型城镇化实践的思考》,《经济地理》2014 年第 6 期。

韩勇、余斌等:《英美国家关于列斐伏尔空间生产理论的新近研究进展及启示》,《经济地理》2016 年第 7 期。

何雪松:《社会理论的空间转向》,《社会》2006 年第 2 期。

胡吉:《直面转型中国探索城市传播——"传播与中国·复旦论坛"(2012)会议综述》,《国际新闻界》2013 年第 2 期。

宦震丹、王艳平:《地方感与地方性的异同及其相互转化》,《旅游研究》2015 年第 7 期。

黄俊华:《乡村传播工具的变迁和乡村意义的解构——以河南省东南部的传播现状为例》,《新闻传播》2010 年第 3 期。

黄骏、邓飙:《全球地方感在媒介方言传播中的考察》,《学习与实践》2017 年第 2 期。

黄帅:《关于加强居住空间中人际交往与信息传播的研究》,《山西建筑》2015 年第 3 期。

黄文炜、袁振杰:《地方性与城中村改造的社会文化考察——以猎德村为例》,《人文地理》2015 年第 3 期。

姜海、柴子凡:《媒介融合场域下城市社区传播演变的动力模式研究》,《中南大学学报》(社会科学版)2015 年第 5 期。

姜海:《城市空间信息的传播之维——基于框架媒介的传播学分析》,《西南大学学报》(社会科学版)2014 年第 11 期。

蒋建国:《地方空间与网络文化的地方性建构》,《贵州社会科学》2016 年第 10 期。

蒋旭峰、赵呈晨:《农村社区传播体系的转向与创新》,《西南民族大学学报》

（人文社会科学版）2017 年第 6 期。

金如委、宫宝利:《"乡村新移民"地方感研究——基于浙江省的实证调查》，《天津师范大学学报》（社会科学版）2017 年第 6 期。

李彬、关琼严:《空间媒介化与媒介空间化——论媒介进化及其研究的空间转向》，《国际新闻界》2012 年第 5 期。

李春敏:《列斐伏尔的空间生产理论探析》，《人文杂志》2011 年第 1 期。

李春霞:《地方性知识的建构与变迁——电视对彝族乡村传统的影响研究》，《西南民族大学学报》（人文社科版）2005 年第 7 期。

李拉扬:《旅游凝视:反思与重构》，《旅游学刊》2015 年第 2 期。

李蕾蕾:《媒介——空间辩证法:创意城市理论新解》，《人文地理》2012 年第 4 期。

李淼、谢彦君:《以博客为舞台:后旅游体验行为的建构性诠释》，《旅游科学》2012 年第 6 期。

李萍、陈田等:《基于文本挖掘的城市旅游社区形象感知研究——以北京市为例》，《地理研究》2017 年第 6 期。

李珊珊、龚志祥:《民族文化移植现象中目的地社区的文化认同研究——基于恩施州枫香坡旅游开发的案例分析》，《湖北民族学院学报》（哲学社会科学版）2013 年第 2 期。

李宛嵘:《媒介发展视角下的乡村社会变迁——以陕北黄土高原上的一个村庄为例》，《视听》2017 年第 8 期。

李维雅、邴冬梅:《城乡传播互动中特殊流动人群的传播学分析》，《吉林农业》2011 年第 1 期。

李晞睿、王妍:《后媒介空间的城市意象与城市文化身份的当代建构》，《文艺评论》2013 年第 7 期。

李永萍:《隐秘的公共性:熟人社会中的闲话传播与秩序维系——基于对川西平原 L 村的调研》，《西南大学学报》（社会科学版）2016 年第 5 期。

梁红泉:《农村文化共同体的建构与农村现代化的推进》，《云南民族大学学报》（哲学社会科学版）2017 年第 5 期。

梁红泉:《现代化进程中农村文化共同体的建构》，《新闻与传播研究》2016 年第 6 期。

廖梦夏:《互构与重塑:公共传播的城市空间潜能与社会生产》,《浙江传媒学院学报》2017 年第 2 期。

刘怀玉:《〈空间的生产〉若干问题研究》,《哲学动态》2014 年第 1 期。

刘明德、胡珂:《乡村共同体的变迁与发展》,《成都大学学报》(社会科学版) 2014 年第 3 期。

刘娜、张露曦:《空间转向视角下的城市传播研究》,《现代传播》(中国传媒大学学报)2017 年第 8 期。

刘能:《重返空间社会学:继承费孝通先生的学术遗产》,《学海》2014 年第 4 期。

刘涛:《社会化媒体与空间的社会化生产》,《当代传播》2013 年第 3 期。

刘宇航:《乡土传统与传播技术的协商——互联网时代乡村社会交往的思考》,《青年记者》2016 年第 11 期。

刘展、姚君喜:《"媒介场域":乡村传播媒介的分析视域——以东北 J 村为例》,《西南民族大学学报》(人文社科版)2016 年第 1 期。

陆扬:《空间和地方的后现代维度》,《学术研究》2009 年第 3 期。

陆益龙:《后乡土性:理解乡村社会变迁的一个理论框架》,《人文杂志》2016 年第 11 期。

罗锋:《文化·建筑·传播——传播文化学视野中的徽州牌坊》,《安徽大学学报》2006 年第 2 期。

马永强:《重建乡村公共文化空间的意义与实现途径》,《甘肃社会科学》2011 年第 3 期。

那梦帆、谢彦君:《旅游目的地意象感知的维度辨识:基于网络游记的文本分析》,《旅游论坛》2016 年第 3 期。

牛龙珍、邹倩:《作为媒介的地标性建筑——论城市地标性建筑的媒介特性》,《今传媒》2013 年第 8 期。

潘天舒:《上海城市空间重构过程中的记忆、地方感与"士绅化"实践》,《同济大学学报》(社会科学版)2015 年第 6 期。

潘泽泉:《当代社会学理论的社会空间转向》,《江苏社会科学》2009 年第 1 期。

庞玮、马耀峰、马居里:《深度旅游者凝视与网络宣传意象对比研究——以广

山景颇族旅游村寨为例》,《广西民族大学学报》(哲学社会科学版)2017
年第 1 期。

钱俊希、钱丽芸、朱竑:《"全球的地方感"理论述评与广州案例解读》,《人文
地理》2011 年第 6 期。

邱新有、汤翠华:《意见领袖对构建乡村和谐的作用机制研究——以南村和江
村为例》,《东南传播》2011 年第 2 期。

任翔:《作为媒介介质的建筑》,《新建筑》2016 年第 3 期。

沙垚:《传播政治经济学的乡村转向》,《现代传播》(中国传媒大学学报)2014
年第 12 期。

沙垚:《乡村传播与文化空间研究》,《中华文化与传播研究》2017 年第 1 期。

邵培仁、杨丽萍:《转向空间:媒介地理中的空间与景观研究》,《山东理工大
学学报》(社会科学版)2010 年第 3 期。

邵培仁:《地方的体温:媒介地理要素的社会建构与文化记忆》,《徐州师范大
学学报》(哲学社会科学版)2010 年第 5 期。

邵培仁:《景观:媒介对世界的描述与解释》,《当代传播》2010 年第 4 期。

邵培仁、夏源:《文化本土性特点、危机及其生态重建——以媒介地理学为分
析视野》,《当代传播》2012 年第 2 期。

施江义:《媒介空间文化符号对旅游展演意义生成的影响研究》,《大众文艺》
2013 年第 16 期。

孙九霞、保继刚:《社区参与的旅游人类学研究——阳朔世外桃源案例》,《广
西民族学院学报》(哲学社会科学版)2006 年第 1 期。

孙九霞、张士琴:《民族旅游社区的社会空间生产研究——以海南三亚回族旅
游社区为例》,《民族研究》2015 年第 2 期。

孙全胜:《城市空间生产批判及其对中国城市化的启示》,《上海财经大学学报》
2016 年第 6 期。

孙全胜:《列斐伏尔"空间生产"理论研究述评》,《中共宁波市委党校学报》
2017 年第 2 期。

孙玮:《"上海再造":传播视野中的中国城市研究》,《杭州师范大学学报》
(社会科学版)2013 年第 2 期。

孙玮:《作为媒介的城市:传播意义再阐释》,《新闻大学》2012 年第 2 期。

孙玮:《城市传播：重建传播与人的关系》,《新闻与传播研究》2015年第7期。

孙小逸:《空间的生产与城市的权利：理论、应用及其中国意义》,《公共行政评论》2015年第3期。

孙信茹、苏和平:《媒介与乡村社会空间的互动及意义生产——云南兰坪大羊普米族村寨的个案考察》,《云南社会科学》2012年第6期。

孙信茹、杨星星:《媒介在场·媒介逻辑·媒介意义——民族传播研究的取向和进路》,《当代传播》2012年第5期。

孙信茹:《媒介在场和少数民族村寨文化转型》,《现代传播》(中国传媒大学学报)2016年第11期。

孙信茹:《微信的"书写"与"勾连"——对一个普米族村民微信群的考察》,《新闻与传播研究》2016年第10期。

孙信茹:《线上和线下：网络民族志的方法、实践及叙述》,《新闻与传播研究》2017年第11期。

唐顺英、殷秀梅:《游记对旅游地地方性的影响研究——以曲阜为例》,《地域研究与开发》2014年第3期。

唐顺英、周尚意:《文本在游客地方感建构中的作用研究——基于曲阜游记的分析》,《地理与地理信息科学》2013年第2期。

唐文跃:《地方性与旅游开发的相互影响及其意义》,《旅游学刊》2013年第4期。

陶伟、程明洋:《地方性空间与旅游发展中的地方性研究：从空间与空间句法谈起》,《旅游学刊》2013年第4期。

田波澜、唐小兵:《地市报纸的地方感和地方意识》,《传媒观察》2008年第12期。

王彪:《空间社会学：当代社会解释的新路径》,《社会工作》(学术版)2011年第6期。

王斌:《从技术逻辑到实践逻辑：媒介演化的空间历程与媒介研究的空间转向》,《新闻与传播研究》2011年第3期。

王斌、古俊生:《参与、赋权与连结性行动：社区媒介的中国语境和理论意涵》,《国际新闻界》2014年第3期。

王方:《从"传统展示空间"到"媒介空间"的呈现》,《传媒观察》2015 年第 7 期。

王丰龙、刘云刚:《空间生产再考:从哈维到福柯》,《地理科学》2013 年第 11 期。

王贵楼:《当代空间性社会理论的主题与路径阐释》,《中国人民大学学报》2015 年第 4 期。

王亮:《反思与再造:非物质文化遗产的社区传播》,《内蒙古大学艺术学院学报》2017 年第 1 期。

王苗:《地方感:一个界定乡村旅游的新视角》,《大连海事大学学报》(社会科学版)2014 年第 4 期。

王新征:《空间作为媒介:意义、结构与趋势》,《新建筑》2016 年第 1 期。

魏雷、钱俊希、朱竑:《旅游发展语境中的地方性生产——以泸沽湖为例》,《华南师范大学学报》(社会科学版)2015 年第 2 期。

魏然:《媒介漫游者的在地存有:位置媒介与城市地方感》,《新媒体与社会》2017 年第 4 期。

吴定勇:《侗族传统传播方式研究——基于传播符号运用之维度》,《西南民族大学学报》(人文社科版)2010 年第 2 期。

吴定勇:《南侗大众传播发展及其对侗族传统传播方式之冲击》,《西南民族大学学报》(人文社科版)2009 年第 8 期。

吴飞:《"空间实践"与诗意的抵抗——解读米歇尔·德塞图的日常生活实践理论》,《社会学研究》2009 年第 2 期。

吴莉萍、周尚意:《城市化对乡村社区地方感的影响分析——以北京三个乡村社区为例》,《北京社会科学》2009 年第 2 期。

吴麟:《新媒体环境下的社区传播与社区治理》,《社会治理》2017 年第 10 期。

吴生华、张泽沣:《论乡村传播发展对于乡村社会变迁的影响——以浙江农村为例》,《传媒观察》2018 年第 7 期。

吴炆佳、袁振杰:《商品化、主体性和地方性的重构——再造的西双版纳傣族园泼水节》,《旅游学刊》2013 年第 4 期。

吴细玲:《西方空间生产理论及我国空间生产的历史抉择》,《东南学术》2011 年第 6 期。

吴迎君：《城市传播学的范式建构和实践书写——评〈C 时代：城市传播方略〉》，《全国新书目》2009 年第 1 期。

吴予敏：《从"媒介化都市生存"到"可沟通的城市"——关于城市传播研究及其公共性问题的思考》，《新闻与传播研究》2014 年第 3 期。

吴忠军、代猛、吴思睿：《少数民族村寨文化变迁与空间重构——基于平等侗寨旅游特色小镇规划设计研究》，《广西民族研究》2017 年第 3 期。

夏铸九：《建筑论述中空间概念的变迁：一个空间实践的理论建构》，《马克思主义与现实》2008 年第 1 期。

向丽：《对民族村寨文化现代性建构的反思——基于湖北省恩施市枫香坡侗寨的调查》，《中南民族大学学报》（人文社会科学版）2014 年第 5 期。

肖荣春：《新媒体语境下传播活动的"空间转向"》，《国际新闻界》2014 年第 2 期。

谢春山、王伟文：《文化旅游开发中的地方感研究》，《辽宁师范大学学报》（社会科学版）2016 年第 6 期。

谢静：《连接城乡：作为中介的城市传播》，《南京社会科学》2016 年第 9 期。

谢静、潘霁、孙玮：《可沟通城市评价体系》，《新闻与传播研究》2015 年第 7 期。

谢彦君、彭丹：《旅游、旅游体验和符号——对相关研究的一个评述》，《旅游科学》2005 年第 6 期。

谢熠、罗玮：《城市空间社会学：溯源与拓展》，《荆楚学刊》2015 年第 4 期。

徐京波：《从地理空间到社会空间：乡村集市研究范式的转换》，《郑州轻工业学院学报》（社会科学版）2016 年第 Z1 期。

徐新建：《"乡土中国"的文化困境——关于"乡土传统"的百年论说》，《中南民族大学学报》（人文社会科学版）2006 年第 4 期。

许伟、罗玮：《空间社会学：理解与超越》，《学术探索》2014 年第 2 期。

杨慧、凌文锋、段平：《"驻客"："游客""东道主"之间的类中介人群——丽江大研、束河、大理沙溪旅游人类学考察》，《广西民族大学学报》（哲学社会科学版）2012 年第 5 期。

杨伟容、姜华、张树夫：《基于地方感理论的乡村旅游发展路径探讨》，《区域经济》2015 年第 10 期。

叶超、柴彦威、张小林:《"空间的生产"理论、研究进展及其对中国城市研究的启示》,《经济地理》2011年第3期。

叶涯剑:《空间社会学的方法论和基本概念解析》,《贵州社会科学》2006年第1期。

殷晓蓉:《呈现与缺失:传播学研究中的"空间及其关系"》,《苏州大学学报》(哲学社会科学版)2014年第4期。

殷晓蓉:《传播学视野下的"城市空间"》,《复旦学报》(社会科学版)2013年第5期。

尹帅平:《中国城市传播研究综述》,《东南传播》2014年第2期。

翟羽佳、周常春、车震宇:《城镇化背景下古村落空间生产研究——以昆明市化成村为例》,《昆明理工大学学报》(社会科学版)2017年第4期。

张建凤、许秀清:《我国社区传播的研究历程》,《福建工程学院学报》2017年第2期。

张建荣、越振斌:《国内乡村旅游社区研究综述》,《经济管理》2016年第6期。

张品:《新城市社会学的社会空间转向》,《理论与现代化》2010年第5期。

张涛甫:《建构我们自己的"地方性知识"》,《新闻大学》2016年第3期。

张骁鸣:《地方感的社会建构及其意义的存在论分析》,《中国地理学会会议论文集》2012年第1期。

张兴华:《空间转向:当代视觉文化研究的一条重要路径》,《黑河学院学报》2016年第2期。

张秀君:《符号互动论视角下的基层干群关系》,《长春理工大学学报》(社会科学版)2015年第7期。

张咏华:《传播基础结构、社区归属感与和谐社会构建——论美国南加州大学大型研究项目〈传媒转型〉及其对我们的启示》,《新闻与传播研究》2005年第12期。

张宇星:《建筑:作为日常生活超现实转换媒介的可能性》,《城市环境设计》2016年第4期。

张原:《从"乡土性"到"地方感":文化遗产的现代性承载》,《西南民族大学学报》(人文社会科学版)2014年第4期。

张云、武功勋:《村姑的精彩蝶变——农民马苏娥何以走上湖北大学讲堂》,
　　《民族大家庭》2012 年第 4 期。

赵东平:《基于居民地方感理论的乡村旅游发展路径探讨》,《旅游纵览》2017
　　年第 11 期。

赵芳:《城市空间:一种社会学的理论演进》,《湖南社会科学》2003 年第
　　6 期。

赵巧艳:《空间实践与侗族村落文化表征:以宝赠为例》,《广西师范大学学报》
　　(哲学社会科学版)2014 年第 2 期。

赵月枝、沙垚:《重构中国传播学——传播政治经济学者赵月枝专访》,《新闻
　　记者》2015 年第 2 期。

郑天:《城市传播:重新被发现的传播学研究领域》,《青年记者》2015 年第
　　24 期。

郑震:《空间:一个社会学的概念》,《社会学研究》2010 年第 5 期。

支运波:《空间殖民、景观社会与国家装置》,《浙江师范大学学报》(社会科学
　　版)2011 年第 5 期。

钟晓华:《社会空间和社会变迁——转型期城市研究的"社会—空间"转向》,
　　《国外社会科学》2013 年第 2 期。

钟晓华:《社会实践的空间分析路径:兼论城镇化过程中的空间生产》,《南京
　　社会科学》2016 年第 1 期。

钟涨宝、狄金华:《中国的农村社区研究传统:意义、困境与突破》,《社会学
　　评论》2013 年第 2 期。

周尚意、TimOakes:《重建乡村公共文化空间的意义与实现途径》,《甘肃社会
　　科学》2011 年第 3 期。

周尚意:《人文主义地理学家眼中的"地方"》,《旅游学刊》2013 年第 4 期。

周晓琴、明庆忠、刘宏芳:《新媒体与游客凝视的互动机制研究》,《四川理工
　　学院学报》(社会科学版)2015 年第 3 期。

周妍:《城市传播理念与路径研究》,《当代传播》2012 年第 3 期。

周正楠:《建筑的媒介特征——基于传播学的建筑思考》,《华中建筑》2001 年
　　第 1 期。

朱煜杰:《旅游中的多重凝视:从静止到游动》,《旅游学刊》2012 年第 11 期。

庄友刚：《西方空间生产理论研究的逻辑、问题与趋势》，《马克思主义与现实》2011 年第 6 期。

邹农俭：《跨学科研究：社会科学研究的必然选择》，《浙江社会科学》2009 年第 1 期。

三 博硕士论文

曾欢迎：《以人为中心——梵·迪克建构主义传播思想研究》，博士学位论文，华中科技大学，2017 年。

陈薇：《空间·权力：社区研究的空间转向》，博士学位论文，华中师范大学，2015 年。

陈宗瑜：《社会转型视角下桂北小城镇空间重构研究》，硕士学位论文，苏州科技大学，2015 年。

冯广圣：《桂村社会传播网络研究》，博士学位论文，华中科技大学，2012 年。

龚伟：《空间视野下的乡村旅游社区演化研究——以 Q 村和 Y 村为例》，博士学位论文，华东师范大学，2014 年。

郭建斌：《电视下乡：社会转型期大众传媒与少数民族社区——独龙江个案的民族志阐释》，博士学位论文，复旦大学，2003 年。

路程：《列斐伏尔的空间理论研究》，博士学位论文，复旦大学，2014 年。

施庆利：《福柯"空间理论"渊源与影响研究》，博士学位论文，山东大学，2010 年。

孙全胜：《列斐伏尔"空间生产"的理论形态研究》，博士学位论文，东南大学，2015 年。

杨瑞玲：《解构乡村：共同体的脱嵌、超越与再造》，博士学位论文，中国农业大学，2015 年。

张奥童：《地方与认同——多琳·梅西的"全球地方感"视角》，硕士学位论文，南京大学，2017 年。

张雪伟：《日常生活空间研究——上海城市日常生活空间的形成》，博士学位论文，同济大学，2007 年。

张振华：《当代中国社会共识形成研究》，博士学位论文，武汉大学，2014 年。

钟晓华：《行动者的空间实践与社会空间重构——田子坊旧街区更新过程的社

会学解释》，博士学位论文，复旦大学，2012 年。

四　中译著作

［以色列］Erik. Cohen：《旅游社会学从论》，巫宁等译，南开大学出版社 2007
　　年版。

［英］John Urry：《游客凝视》，杨慧等译，广西师范大学出版社 2009 年版。

［英］R.J. 约翰斯顿：《哲学与人文地理学》，商务印书馆 2001 年版。

［匈牙利］阿格妮丝·赫勒：《日常生活》，衣俊卿译，重庆出版社 2010 年版。

［英］阿雷恩·鲍尔德温等：《文化研究导论》，陶东风等译，高等教育出版社
　　2004 年版。

［法］艾德加·莫兰：《社会学思考》，阎素伟译，上海人民出版社 2001 年版。

［美］艾尔·巴比：《社会研究方法》，邱泽奇译，华夏出版社 2005 版。

［美］爱德华·W. 苏贾：《后现代地理学——重申批判社会理论中的空间》，王
　　文斌译，商务印书馆 2004 年版。

［美］爱德华·W. 苏贾：《第三空间——去往洛杉矶和其他真实和想象地方的
　　旅程》，陆扬译，上海教育出版社 2005 年版。

［英］安·格雷：《文化研究：民族志方法与生活文化》，许梦云译，重庆大学
　　出版社 2009 年版。

［英］安东尼·吉登斯：《社会理论与现代社会学》，文军、赵勇译，社会科学
　　文献出版社 2003 年版。

［英］安东尼·吉登斯：《社会学方法的新规则：一种对解释社会学的建设性批
　　判》，田佑中、刘江涛译，社会科学文献出版社 2003 年版。

［英］彼得·艾迪：《移动》，徐苔玲、王志弘译，台湾：群学出版社 2013
　　年版。

［英］博伊兰：《经营博物馆》，黄静雅、韦清琦译，译林出版社 2010 年版。

［美］大卫·非特曼：《民族志：步步深入》，龚建华译，重庆大学出版社 2007
　　年版。

［英］戴维·莫利：《传媒、现代性和科技："新"的地理学》，郭大维等译，中
　　国传媒大学出版社 2010 年版。

［美］丹尼逊·纳什：《旅游人类学》，宗晓莲译，云南大学出版社 2004 年版。

〔英〕德雷克·格利高里、约翰·厄里:《社会关系与空间结构》,谢礼圣等译,
北京师范大学出版社 2011 年版。

〔美〕蒂姆·克雷斯维尔:《地方、记忆、想象与认同》,许苔玲、王志弘译,
台北:群学出社 2006 年版。

〔美〕段义孚:《空间与地方:经验的视角》,王志标译,中国人民大学出版社
2017 年版。

〔英〕朵琳·马西、约翰·艾伦、史蒂夫·派尔:《城市世界》,王志弘译,台
湾:群学出版社 2009 年版。

〔德〕斐迪南·滕尼斯:《共同体与社会》,林荣远译,商务印书馆 1999 年版。

〔加〕哈罗德·英尼斯:《传播的偏向》,何道宽译,中国人民大学出版社 2009
年版。

〔美〕哈维兰:《文化人类学(第十版)》,瞿铁鹏、张钰译,上海社会科学院出
版社 2002 年版。

〔法〕加布里埃尔·塔尔德、〔美〕特里·N·克拉克:《传播与社会影响》,何
道宽译,中国人民大学出版社 2005 年版。

〔法〕居伊·德波:《景观社会》,王昭凤译,南京大学出版社 2006 年版。

〔美〕凯文·林奇:《城市意象》,方益萍、何晓军译,华夏出版社 2001 年版。

〔美〕柯克·约翰逊:《电视与乡村社会变迁——对印度两村庄的民族志调查》,
展明辉等译,中国人民大学出版社 2005 年版。

〔美〕克利福德·格尔兹:《文化的解释》,纳日碧力戈等译,上海人民出版社
1999 年版。

〔美〕克利福德·格尔兹:《地方知识——阐释人类学论文集》,杨德睿译,商
务印书馆 2016 年版。

〔德〕雷吉斯·德布雷:《媒介学引论》,北京中国传媒大学出版社 2014 年版。

〔英〕雷蒙德·威廉姆斯:《漫长的革命》,倪伟译,上海人民出版社 2013
年版。

〔法〕列斐伏尔:《空间与政治》,李春译,上海人民出版社 2010 年版。

〔加〕罗伯·希尔兹:《空间问题:文化拓扑学和社会空间化》,谢文娟、张顺
生译,江苏凤凰教育出版社 2017 年版。

〔美〕罗伯特·戴维·萨克:《社会思想中的空间观:一种地理学的视角》,黄

春芳译，北京师范大学出版社 2010 年版。

［美］罗伯特·埃默生、雷切尔·弗雷兹、琳达·肖:《如何做田野笔记》，符裕、何珉译，上海译文出版社 2012 年版。

［美］罗伯特·芮德菲尔德:《农民社会与文化：人类学对文明的一种阐释》，王莹译，中国社会科学出版社 2013 年版。

［美］罗兰·罗伯森:《全球化：社会理论和全球文化》，梁光严译，上海人民出版社 2000 年版。

［英］罗杰·西尔弗斯通:《电视与日常生活》，陶庆梅译，江苏人民出版社 2004 年版。

［美］马歇尔·萨林斯:《甜蜜的悲哀》，王铭铭、胡宗泽译，生活·读书·新知三联书店 2000 年版。

［英］迈克·克朗:《文化地理学》，杨淑华、宋慧敏译，南京大学出版社 2003 年版。

［美］曼纽尔·卡斯特:《信息时代三部曲：经济、社会与文化》，夏铸九、王志弘译，社会科学文献出版社 2003 年版。

［美］曼纽尔·卡斯特:《认同的力量》，曹荣湘译，社会科学文献出版社 2006 年版。

［法］米歇尔·德·塞托:《日常生活实践》，方琳琳译，南京大学出版社 2009 年版。

［美］欧文·戈夫曼:《日常生活中的自我呈现》，冯刚译，北京大学出版社 2008 年版。

［美］乔纳森·H.特纳:《社会宏观动力学》，林聚任、葛忠明等译，北京大学出版社 2006 年版。

［美］R.J.约翰斯顿:《人文地理学词典》，柴彦威等译，商务印书馆 2004 年版。

［英］萨拉·L.霍洛韦、斯蒂芬·P.赖斯、吉尔·瓦伦丁:《当代地理学要义——概念、思维与方法》，商务印书馆 2008 年版。

［美］施坚雅:《中国农村的市场和社会结构》，史建云、徐秀丽译，中国社会科学出版社 1988 年版。

［美］施拉姆、波特:《传播学概论》，陈亮译，新华出版社 1984 年版。

［美］史蒂夫·达克:《日常关系的社会心理学》，姜雪清等译，生活·读书·

新知三联书店 2005 年版。

［英］斯科特·拉什、［英］西莉亚·卢瑞:《全球文化工业：物的媒介化》，要新乐译，社会科学文献出版社 2010 年版。

［美］瓦伦·L.史密斯:《东道主与游客——旅游人类学研究》，张晓萍等译，云南大学出版社 2007 年版。

［美］威尔伯·施拉姆:《传播学概论》，孙庚译，中国人民大学出版社 2010 年版。

［丹］扬·盖尔:《交往与空间》，何人可译，中国建筑工业出版社 2002 年版。

［美］约翰斯顿:《人文地理学词典》，柴彦威等译，商务印书馆 2004 年版。

［德］约瑟夫·皮柏:《节庆、休闲与文化》，黄蓉译，生活·读书·新知三联书店 1991 年版。

［日］原广司:《空间——从功能到形态》，张伦译，江苏凤凰科学技术出版社 2017 年版。

［美］詹姆斯·罗尔:《媒介、传播、文化：一个全球性的途径》，董洪川译，商务印书馆 2005 年版。

［美］詹姆斯·凯瑞:《作为文化的传播》，丁未译，华夏出版社 2005 年版。

五　外文著作

Auge M., *Non-Places:Introduction to an Anthropology of Supermo-dernity*, London: Verso,1995.

Benedict Anderson, *Imagined Communities: Reflections on the Origin and Spread of Nationalism*, London: Verso, 1991.

Castells M., *The Rise of the Network Society, Oxford: Brasil Blackwell*, 1996.

Castells and Manuel, *The City and the Grass Roots: A Cross-culture Theory of Urban Social Movements*, London: Edward Arnold, 1977.

Cresswell T., *Place: A Short Introduction*, Oxford: Blackwell, 2004.

Duncan J. and Ley D., *Place/Culture/Representation*, London: Routledge, 1993.

Harvey D., *The Condition of Postmodernity*, Oxford: Brasil Blackwell, 1989.

Johnston R.J. and Derek Gregory edc., *The Dictionaryof Human Geography*, Oxford: Blackwell, 2000.

Lefebvre H., *The Production of Space*, Oxford: Basil Blackwell, 1991.

Linda Degh, *Folktales and Society: Story-Telling in a Hungarian Peasant Community*, Indiana:Indiana University Press, 1989.

Lynch K., *The Image of the City*, Cambridge: MIT-Press, 1960.

Maclver R. M., *Community: A Sociological Study: Being an Attempt to Set Out the Nature and Fundamental Laws of Social Life*, London:Frank Cass Publishers,1970.

Park R. E., Society: *Colleciive Behavior, News And Opinion, Sociology And Modern Society*, London: Free Press, 1955.

Relph E., *Rational Landscapes and Humanistic Geography*, New York: Barnes and Noble, 1981.

Relph E., *Place and Placelesssness*, London: Pion, 1976.

Scott L. and Urry J., *Econmies of Signs and Space*, London:Sage, 1994.

Soja E., *Post-modern Geographies: The Reassertion of Space in Critical Social Theory*, London: Verso, 1989.

Steele F, *The Sense of Place*, Boston: CBI Publishing, 1981.

Suvantola J., *Tourist's Experience of Place*, Burlington: Ashgate Publishing Limited, 2002.

Urry J., *The Tourist Gaze*, London: Sage, 1990.

Williams S. J., *Emotion and Social Theory: Corporeal Reflections on the（Ir）Rational*, London: Sage, 2001.

Wright J. and Terrae I., *The Place of Imagination in Geography*, Armais of the Association of American Geographers, 1994.

六 外文论文

Gursoy D. and Jurowski C. edc., "Resident Attitudes: A structural Modeling Approach", *Annals of Tourism Research*, January 2002.

Kousis M., "Tourism And the Environment: A Social Movements Perspective", *Annals of Tourism Research*, July 2000.

Massey D., "A Global Sense of Place", *Marxism Today*, 1991.

Merrifield A., "Place And Space: A Lefebvrian Reconciliation", *Trans-action of the*

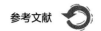
Institute of British Geographers, April 1993.

Murphy P. E., "Community Driven Tourism Planning", *Tourism Management*, February 1988.

Relph E., "Reflections on Place And Placelessness", *Environmental And Architectural Phenomenology Newsletter*, July 1996.

附录一

访谈对象情况一览表

编号	年龄层	身份	访谈时间
游客 XLF	30 岁左右	湖南人	15 分钟
游客 D 先生	60 岁左右	恩施人	15 分钟
游客 W 先生	50 岁左右	河南人	15 分钟
游客 Z 阿姨	65 岁左右	重庆人	15 分钟
游客 L 女士	35 岁左右	四川人	15 分钟
游客 H 先生	50 岁左右	武汉人	30 分钟
游客 HXG	60 岁左右	州摄影家协会会员	15 分钟
游客 S 先生	45 岁左右	南京林业大学老师	20 分钟
村民 FLX	30 岁左右	当地村民、茶农、初中学历	20 分钟
村民 F 老人	60 岁左右	茶农	30 分钟
村民 F	35 岁左右	艺术团成员、农家乐服务员	20 分钟
村民 F	30 岁左右	农家乐老板	20 分钟
村民 C	40 左右	农家乐服务员	20 分钟
村民 TF	40 岁左右	农家乐服务员	15 分钟
村民 ZZQ	40 岁左右	土特产及日用品经营	20 分钟
村民 FXL	70 岁左右	乡村精英、会唱山民歌、退休回乡	2 小时
村民 FS	30 岁左右	城里卖保险、高中毕业	20 分钟
村民 H	40 岁左右	茶农、城里务工	20 分钟

续表

编号	年龄层	身份	访谈时间
村民 H 奶奶	70 岁左右	在家务农	15 分钟
村民 FJS	60 岁左右	手工制茶人、茶农	30 分钟
村民 FM	35 岁左右	在城里务工、初中学历	15 分钟
村民 Z 女士	50 岁左右	打零工	15 分钟
村民 DL	25 岁左右	在外读书、大学生	30 分钟
村民 JZF	45 岁左右	高拱桥集镇村邮服务站老板	1 小时
F 村外来者 X 先生	65 岁左右	恩施人、退休定居于此、中师毕业	30 分钟
F 村外来者 LCX	35 岁左右	培训机构老板、恩施人、高中学历	20 分钟
F 村外来者 L 先生	40 岁左右	农家乐老板、浙江人	40 分钟
农家乐老板 HZL	40 岁左右	农家乐老板、F 村人、初中学历	30 分钟
农家乐老板 KDF	40 岁左右	农家乐老板、非 F 村人、大专学历	2 小时以上
农家乐老板 MSE	40 岁左右	农家乐老板、乡村精英、大学生	2 小时以上
农家乐老板 FJM	45 岁左右	农家乐老板、初中学历	30 分钟
农家乐老板 L 女士	50 岁左右	最早开办农家乐	2 小时以上
农家乐老板 DY	35 岁左右	F 村人	50 分钟
芭蕉集镇 Z 女士	40 岁左右	杂货店老板	15 分钟
芭蕉集镇 D 先生	30 岁左右	超市服务员	15 分钟
旅游公司 H 总	50 岁左右	恩施市枫香坡民族旅游发展有限公司总经理	40 分钟
旅游规划专家 ZDY	50 岁左右	三峡大学旅游规划专家	30 分钟
旅游规划专家 LW	30 岁左右	武汉大学旅游规划专家、博士生	2 小时以上
村干部 FJW	50 岁左右	高拱桥村副主任、初中学历，负责 F 村侗寨片区管理　多次交流	5 小时以上
村干部 XM	25 岁左右	村委会工作人员	1 小时以上
村干部 ZCX	50 岁左右	高公桥村镇办主任	30 分钟
乡干部 SJ	35 岁左右	芭蕉乡副乡长、大学本科	40 分钟
乡干部 小 L	30 岁左右	芭蕉乡人力资源和社会保障服务中心工作人员	15 分钟

续表

编号	年龄层	身份	访谈时间
芭蕉乡 ZWB	70 岁左右	芭蕉乡文化站工作人员、侗族文化活字典、退休教师	3 小时
恩施市旅游局 TDL	45 岁左右	恩施市旅游局副局长	2 小时
媒体人员 XSG	35 岁左右	荆楚网记者	1 小时
媒体人员 ZXF	25 岁左右	杭州微博达人	1 小时
媒体人员 CXL	30 岁左右	恩施电视台记者	1 小时

备注：只列出采访时间在 15 分钟以上的部分人员名单。

访谈提纲

一 原住居民

1. 您是什么民族？

2. 您觉得枫香坡是侗族村寨吗？您对此有什么看法？

3. 您觉得枫香坡发展乡村旅游对你的影响大吗？

4. 您对外来者和外来文化持什么态度？怎样与外来者相处？

5. 您觉得枫香坡与过去相比较有哪些变化，对此的态度如何？

6. 您对您客栈的装修及经营会不会受外来者和游客的影响？还是有自己的想法？

7. 您去过村里的农家书屋吗？去过多少次？如果不去，为什么？

二 外来经营者

1. 您原来是哪里的？来枫香坡多久了？一年大概有多长时间待在这里？

2. 什么原因促使您来到枫香坡并愿意成为新村民？

3. 您打算住多久？有没有长久待下去的打算？为什么？

4. 您以后会因为什么原因离开枫香坡或者去其他旅游社区创业？

5. 您与原住居民沟通联系多吗？平常会一起参加活动吗？

6. 您有产业落地在枫香坡吗？如果有，具体是什么？如果没有，未来打算在这里创业吗？

7. 您的店铺／工作室／工坊／农家乐／民宿等经营状况如何？收入大概一个什么范围呢？

8. 枫香坡对于新村民的入驻有没有政策帮扶呢？如果有，请举例。

9. 您经常参与枫香坡举办的活动吗？您觉得有什么作用？

10. 您如何看待枫香坡作为乡村旅游社区在地方性建构中过程中存在的问题？您有什么意见或建议吗？

三 游客

1. 您是从哪里来的？

2. 您是通过什么途径知道枫香坡的？

3. 您计划在这里停留多长时间？你还会选择再来吗？为什么？

4. 您觉得这里是侗族村寨吗？

5. 您认为枫香坡最吸引你的是什么？

6. 您对枫香坡的这些建筑感觉如何？

7. 您觉得枫香坡符合你的旅游预期吗？

8. 您会向朋友推荐枫香坡吗？一般怎么推荐？

9. 您对枫香坡的乡村旅游发展有什么意见或建议吗？

四 高拱桥村委会工作人员、枫香坡项目管理人员

1. 当初为什么会选择把枫香坡打造成乡村旅游景观？

2. 当地村民在发展乡村旅游过程中的态度如何？

3. 政府在社区景观营造方面做了哪些努力？反响如何？

4. 政府采取了哪些措施强化村民和外来者对枫香坡的文化认同？

5. 枫香坡旅游规划执行过程中存在什么问题？后期应该怎么解决？

（注：笔者在深度访谈时对受访者提出的问题在上述问题基础上，根据访谈情况发散式追加提问，因此笔者的访谈题目不仅限于上述问题）

调查问卷

村民朋友：您好！我是四川大学的一名在读博士生，正在完成自己的博士论文——《地方性建构：乡村旅游社区的空间实践与传播》，希望能够得到您的支持和帮助。所有答案只用于统计分析，对您的回答严格保密，您只需要根据自己的实际情况，在合适的答案上打"√"或按照要求在" "上填写，如果没有特殊要求只选择一项。

谢谢您的帮助。祝您和家人身体健康、万事如意！

四川大学《地方性建构：乡村旅游社区空间实践与传播》课题组

2016 年 12 月

一　基本情况

1.您的性别是：

（1）男　　　　　　　（2）女

2.您的年龄是：＿＿＿岁

3.您的文化程度是：

（1）未受过正规教　　（2）小学　　　　　（3）初中

（4）高中或中专　　　（5）大专及其以上

4.您的婚姻状况是：

（1）已婚　　　　　　（2）未婚　　　　　（3）离婚或丧偶

5.您家去年人均年收入为：

（1）2000 元以下　　　（2）2001—3000 元

（3）3001—4000 元　　　（4）4001—5000 元　　（5）5001 元以上

6. 您的最主要职业是：

（1）种植业、养殖业　　　（2）在本地做生意

（3）村干部　　　　　　　（4）在工厂打工

（5）其他（请写出）_____

二　大众传媒接触及影响情况

1. 您平时接触的传播媒介有（多项选择）：

（1）报纸　　　　　　（2）广播　　　　　　（3）电视

（4）杂志　　　　　　（5）书籍　　　　　　（6）音像制品

（7）电脑网络　　　　（8）手机

其中接触最多的是_____

2. 您了解党和国家政策、方针、法规的主要途径是（多项选择）：

（1）参加村会议　　　　　　（2）看电视、听广播、读报纸

（3）与家人、亲戚、朋友聊大　（4）从村里能人那里打听

（5）电脑互联网　　　　　　（6）手机（移动网、QQ、微信等）

（7）其他途径

3. 您了解种粮、种果苗、养鱼、养猪等农业技术知识的主要途径是（多项选择）：

（1）看农业技术的书和杂志　　（2）看电视、听广播、读报纸

（3）从亲戚、朋友那里学习　　（4）从村里能人那里学习

（5）农业技术人员集中指导　　（6）村里开村民会议集中学习

（7）电脑、手机　　　　　　　（8）其他途径

4. 上题您所选的途径中，最主要的途径是（单选，请将所选项序号写在横线上）_____

5. 您一般什么时间收看电视？

（1）上午 7—11 点　　（2）中午 11—13 点　　（3）下午 13—18 点

（4）晚上 18—23 点　　（5）深夜 23 点以后　　（6）不看电视

6. 您平时收看的电视节目类型是（多项选择）：

（1）新闻资讯　　　　　（2）电视剧、电影　　　　（3）农业科技类

（4）专题类（包括经济、法律、教育）　　　（5）综艺娱乐类

（6）社会生活服务　　　　　（7）体育类　　　　　（8）其他类

7. 您看电视主要是为了（多项选择）

（1）娱乐消遣　　　　（2）开阔眼界、学习知识　　　（3）打发时间

（4）解党和围家的政策、方针、法规　　　　　（5）其他

8. 您的电视收视习惯是什么？

（1）播什么看什么　　　　　（2）调到喜欢的会一直看下去

（3）不停地凋台　　　　　　（4）只看几个固定频道

9. 您家有互联网络吗？

（1）接入 1 年以上　　　　　（2）接入不到 1 年

（3）没接入但未来打算接入　　（4）没接入未来也不打算接入

10. 您上网主要是（可多选）：

（1）与人聊天、社交、交友　　（2）看新闻　　　（3）娱乐

（4）了解工作信息　　　　　　（5）做生意　　　（6）购物

（7）其他_____

11. 您平均每天会花多久的时间来上网？（包括电脑、手机、ipad 上网等）

（1）从来不看　　　　　　　　（2）不到 1 小时（含）

（3）1—3 小时（含）　　　　　（4）3 小时以上

12. 您使用手机吗？

（1）我的生活已经离不开手机　　（2）可有可无

（3）不用，家里有固定电话　　　（4）不用手机也不用固定电话

13. 您的手机现在可以用来做（可多选），您非常希望你的手机实现（可多选）与人聊天、社交、交友

（1）打电话、发短信　　　　　（2）与人聊天、社交、交友

（3）看新闻　　　　　　　　　（4）拍照、摄像　　　（5）听音乐

（6）上网　　　　　　　　　　（7）看电视　　　　　（8）其他请列出

14. 您平时上腾讯 QQ 号吗？

（1）上，几乎随时挂着 QQ　　　（2）上，但上得不多

（3）不上，但未来打算用　　　　（4）不上，未来也不打算用

（5）没有听说过

15. 您平时用微信吗？

（1）用，几乎开机就登录微信 （2）用，但用得不多

（3）不用，但未来打算用 （4）不用，未来也不打算用

（5）没有听说过

16. 若使用的是能上网的手机，请问您的手机一个月大概要多少流量？

（1）30兆以下 （2）30—90兆

（3）90—150兆 （4）150兆以上

17. 您平时看报纸吗？会花多长时间看？

（1）从来不看 （2）1小时以内

（3）1—3小时 （4）3小时以上

18.（不看报者不用答此题）请问您最常看的报纸的名称是？＿＿＿＿＿＿＿

19. 您平时看杂志和书籍吗？会花多长时间看？

（1）从来不看 （2）1小时以内

（3）1—3小时 （4）3小时以上

20.（不看杂志、书籍者不用答此题）请问您最常看的杂志的名称是＿＿＿＿
您最喜欢看的书籍是＿＿＿＿＿＿

（1）农业技术类 （2）致富、创业类

（3）生活服务类 （4）小说、情感类

21. 您平时听广播吗？

（1）从来不听 （2）1小时以内

（3）1—3小时 （4）3小时以上

22.（不听广播者不用答此题）您爱听哪个频率的广播？＿＿＿＿＿＿＿

23. 您平时去村委会的"农家书屋"或"书报阅览室"吗？

（1）经常去 （2）去过，但次数较少

（3）从来不去

24. 您坐公交车时关注过公交车上的电视吗？

（1）会很认真地看 （2）偶尔看一下

（3）几乎不看

25. 您关注过印刷在围墙或者房屋墙壁上的公益性宣传材料吗？

（1）会全部很认真地看完 （2）会看其中的部分内容

（3）几乎不看

26. 您平时主要的娱乐方式是：（可多选）

　　（1）与家人、朋友聊天　　　　（2）打牌

　　（3）看电视　　　　　　　　　（4）上网

　　（5）参加村里的文娱活动　　　（6）其他_____

27. 您最经常使用的与家人、朋友交流的方式是？请按重要性排序

　　（1）面对面聊天　　　　　　　（2）电话

　　（3）短信　　　　　　　　　　（4）微信

　　（5）QQ

28. 您平时和村干部接触多吗？

　　（1）关系亲密，经常一起聊天、打牌、吃饭等

　　（2）因工作、生活上的事打过交道

　　（3）很少打交道

29. 本村的村干部中，是否有您信得过的人？

　　（1）每个都很信任　　　　　　（2）大部分信得过

　　（3）一半对一半　　　　　　　（4）小部分信得过

　　（5）每个都不可信

30. 人情和面子在您的生活工作中是否重要？

　　（1）几乎事事都会考虑　　　　（2）有时考虑有时不考虑

　　（3）不重要

31. 您了解本村的"村规民约"吗？

　　（1）完全了解或基本了解　　　（2）部分了解，不全面

　　（3）了解很少或不了解

32. 您是从什么地方了解本村的"村规民约"的？

　　（1）手机　　　　　　　　　　（2）村广播

　　（3）村委会公告栏　　　　　　（4）他人告知

　　（5）村民会议

33. 您是否参加过农村经济合作社，或者协会组织？

　　（1）没有　　　　　　　　　　（2）说不清

　　（3）有（具体是什么）

34.（没参加过则不需回答此题）该组织活动频繁吗？对个人工作、生活是否有帮助？

　　（1）活动很多，对个人工作生活帮助很大

　　（2）活动很多，但对个人意义不大

　　（3）活动不多，但对个人工作生活帮助很大

　　（4）活动不多，对个人意义也不大

35. 您是否参加过技能培训、知识讲座、素质教育等活动？（比如炒茶技能培训、妇女保健知识讲座等）

　　（1）没有　　　　　　　　　（2）说不清

　　（3）有（具体是什么）

36. 您觉得这些教育活动对个人工作、生活是否有帮助？

　　（1）帮助很大　　　　　　　（2）有一些帮助

　　（3）几乎没什么帮助

37. 您是否参加过村里的农民艺术团？

　　（1）过去参加过，现在已退出　　（2）现在在参加

　　（3）没参加过，但打算参加　　（4）没参加过，也不打算参加

38. 您如何评价村里的农民艺术团？

　　（1）丰富了群众的业余文化生活，很有意义

　　（2）一定程度增加了农民的收入，有一定意义

　　（3）没有什么意义

39. 乡村能人、致富能手的意见，是否对您有更大影响？

　　（1）是　　　　　　　　　　（2）不是

　　（3）说不清

40. 您是否关注恩施州政府、行政部门的网站？

　　（1）很关注，经常看　　　　（2）偶尔会看

　　（3）看过，但次数很少　　　（4）没看过

41、您是否关注过本乡、镇的网站

　　（1）很关注，经常看　　　　（2）偶尔会看

　　（3）看过，但次数很少　　　（4）没看过

42. 您对村里哪些公共事务最关心?

    （1）干部选举   （2）财务公开

    （3）村庄规划等关系村里未来发展的务

    （4）社会治安，医疗生等公共服务   （5）其他

43. 如果村里准备通过的某条政策您认为是不合理的，您会:

    （1）知道是不合理的也服从   （2）从不管它，不服从

    （3）给村委会提意见

44. 村里举行村民委员会换届选举，您会:

    （1）不关注，跟我没有什么关系   （2）说不清

    （3）很关注，与我关系很大

45. 你愿意与什么样的人交朋友?

    （1）感情合得来   （2）有钱

    （3）对自己有实际帮助

F 村发展大事记

时间	具体事件
2006 年 12 月	恩施市结合民族团结进步示范村建设与新农建设一起抓，提出在 F 村打造侗族风情寨，这一设想得到省民委肯定
2007 年 1 月	芭蕉侗族乡党委、人民政府拟定《F 村民俗风情寨建设方案》，上报恩施市委、市政府，着手打造 F 村侗族风情寨
2007 年 1 月—4 月	F 村成立农民艺术团，表演了原生态歌舞《欢迎您到侗乡来》
2007 年 12 月	三峡大学旅游规划与发展研究中心编制完成《F 村侗寨休闲旅游区控制性详细规划》，对景区进行总体规划设计
2008 年年初	湖北省民委将 F 村作为"616"对口支援的民族团结示范村进行扶持，投入资金 400 万元，带动相关部门投入资金 1000 万元
2008 年 9 月	F 村成功引进 F 村侗寨民族旅游发展有限公司，公司投资 500 万元，建成 F 村游客接待中心
2008 年 1 月 16 日	F 村被国家旅游局评为 AA 级景区
2011 年	完成《恩施玉露生态走廊总体规划》，提供恩施玉露展示平台
2012 年	结合景区提档升级完成《恩施市 F 村侗寨旅游区总体规划》
2013 年 5 月 2 日	恩施市政府审议通过《恩施市 F 村侗寨旅游区总体规划》
2013 年 11 月	F 村被国家旅游局评为 AAA 级景区
2018 年 3 月	恩施市提出对 F 村整体风貌进行提档升级，武汉大学与乐山师范学院规划设计团队承担项目总体设计，并组织召开村民代表大会，听取村民改造建议与诉求
2018 年 6 月	恩施市旅游局召开中期咨询会，市建设局、规划局、交通局等部门领导参加，以及芭蕉乡领导参加会议并提出修改建议
2018 年 7 月	芭蕉乡人民政府组织召开项目讨论会，围绕具体实施操作方面针对 F 村农房建设、市政设施、分期建设等方面提出修改意见
2019 年 2 月	恩施市旅游局组织召开项目中期评审会

报纸、网络与电视对 F 村的报道情况一览
（2007—2017 年）

时间	媒体	内容
2008 年 4 月 5 日	中央电视台"新闻联播"	芭蕉侗族乡枫香坡农民大胆开拓，探索出以生态家园为载体，具有鲜明民族特色的生态型新农村建设模式
2008 年 5 月 25 日	恩施新闻网	最美不过枫香坡，枫香坡的整体风貌，近几年的变化，未来的发展前景
2008 年 8 月 8 日	《恩施晚报》	恩施市机关事务局送大转拐村民到枫香坡取经
2008 年 9 月 22 日	恩施新闻网	恩施市对枫香坡风情寨进行改造升级
2008 年 11 月 11 日	恩施新闻网	恩施市今年投资 400 万元的枫香坡风情寨提档升级完成，此外与旅游相关的配套产业也日臻完善
2008 年 12 月 24 日	恩施新闻网	枫香坡，民族文化建设的样本，由省委宣传部组织的多家新闻媒体，带着相关的重要指示精神，到枫香坡风情寨采访民族团结进步示范村建设情况
2009 年 5 月 27 日	湖北新闻网	恩施新农村建设示范点"侗乡第一寨"枫香坡，玉露茶是恩施的名片之一，不仅仅是打造恩施的名片，也是湖北的，是中国的也是世界的
2009 年 11 月 24 日	恩施新闻网	省委宣传部副部长余立国考察枫香坡，对该地的侗族文化进行了考察
2010 年 4 月 17 日	恩施州人大常委办公室	州人大机关离退休老干部党支部组织党员前往恩施市芭蕉乡枫香坡实地参观了侗族村新农村建设
2010 年 8 月 17 日	恩施新闻网	把湖北的民族旅游发展经验向全国民族地区推广，推动枫香坡的进一步的发展
2010 年 9 月 9 日	恩施新闻网	"农家乐"带动就业 1500 余人

续表

时间	媒体	内容
2011 年 3 月 12 日	恩施新闻网	枫香坡茗园之春，茶文化和侗族风情
2011 年 4 月 25 日	《恩施日报》	"全国重点网络媒体走进仙居恩施"，在采访活动中，网络媒体记者采访枫香坡，实地感受仙居恩施的美丽与进步
2011 年 4 月 28 日	红网	芭蕉侗族乡枫香坡的生活突出民族元素，以其为例介绍恩施的生活特色
2011 年 7 月 27 日	人民网（旅游频道）	湖北省恩施市芭蕉侗族乡高拱桥村的基本介绍、经营方式和主要做法
2011 年 11 月 19 日	恩施新闻网	恩施枫香坡怎么香飘万里？提档升级，以点带线促面；侗乡文化；饭菜、茶水
2012 年 3 月 25 日	《湖北日报》	侗族枫香坡名人冯二哥放歌农家乐，用当地的"送客调"自编自唱《我们的枫香坡》
2012 年 11 月 30 日	中国硒都网	枫香坡
2012 年 12 月 25 日	中国硒都网	州委书记、州人大常委会主任肖旭明，州委副书记、州长杨天然与市委书记向前进，市委副书记胡平江，市委常委、常务副市长张渊平，副市长杨洪安等，来到恩施市芭蕉侗族乡高拱桥村枫香坡组，带头实践"万名干部进万村洁万家"活动
2013 年 10 月 8 日	"直播恩施"	国庆长假恩施枫香坡休闲旅游深受游客青睐
2013 年 11 月 28 日	恩施新闻网	恩施枫香坡的变迁，从一个名不见经传的普通村落，成为一个有自己特色的侗族风情寨，成为我州的生态文化旅游和休闲旅游的样本之一
2014 年 4 月 9 日	中国硒都网	枫香坡风情寨的景区基础设施建设得到进一步的完善，提升了景区的品位和接待能力
2014 年 4 月 18 日	"凤凰湖北"	恩施"中国旅游新发现·恩施洗肺之旅"正式启动，来自全国十省百市以及韩国、美国等两百多家旅行商和媒体齐聚恩施，开启了三天两晚的"恩施洗肺之旅"，考察了枫香坡等地
2014 年 5 月 28 日	河北新闻网	恩施枫香坡侗族风情寨 自然风光无限，民俗文化浓郁
2014 年 5 月 28 日	国际在线	"全国网络媒体湖北行"来到枫香坡风情寨参观，了解民族风情和文化
2014 年 5 月 28 日	国际在线	记者团走进恩施侗族风情寨，体验独特的民族习俗，第六届"全国网络媒体湖北行"记者团来到了恩施枫香坡侗族风情寨参观，从侧面了解恩施地区少数民族生活状况

续表

时间	媒体	内容
2014 年 8 月 13 日	中国网	恩施最美乡村"湖北侗乡第一寨"
2014 年 8 月 13 日	中国网	恩施最美乡村"湖北侗乡第一寨"
2014 年 8 月 19 日	中国风景园林网	枫香坡成为"全国农业旅游示范点"，国家"AAA"级景区，"湖北省旅游名村"等称号
2014 年 8 月 28 日	恩施新闻网	芭蕉乡坚守发展底线全力保护山水纪实，对于枫香坡，既要发展经济，也要留住乡愁
2014 年 12 月 1 日	恩施新闻网	神奇山水实现绿色崛起，枫香坡发展旅游，创富一方百姓
2014 年 12 月 1 日	恩施新闻网	恩施枫香坡集山水旅游、田园观光、文化娱乐、农事体验、侗族餐饮于一体的"人间天堂"
2014 年 12 月 8 日	中新网（湖北新闻网）	恩施枫香坡侗族风情寨发展乡村旅游，推进农民脱贫致富，以美丽乡村为平台，利用民族村寨、特色产业村等资源
2014 年 12 月 15 日	中国硒都网	世外桃源枫香坡　湖北侗乡第一寨
2014 年 12 月 15 日	《湖北日报》	把恩施州的经验带回去，学习枫香坡的旅游发展经验，发展乡村旅游
2014 年 12 月 16 日	凤凰网（转载中国硒都网）	世外桃源枫香坡　湖北侗乡第一寨
2015 年 5 月 4 日	人民网	恩施"洗肺之旅"受青睐，芭蕉枫香坡侗族风情寨接待众多游客
2015 年 9 月 16 日	恩施新闻网	最大限度保持生态先现状，完善安保等基础设施，修建特色景观大道，带动枫香坡侗旅游和民宿的发展
2015 年 9 月 29 日	《恩施日报》	实地走访，听取报告等，全面了解相关的工作情况
2015 年 12 月 14 日	搜狐视频	觥公带你看恩施——侗族风情寨（枫香坡）旅游视频
2016 年 4 月 5 日	恩施新闻网	侗乡茶园，旗袍飞扬，"旗袍丽人"摄影采风活动在枫香坡举行，茶艺表演、旗袍走秀等活动
2016 年 5 月 23 日	湖北省民族宗教事务委员会	国家民委副主任李昌平到恩施州调研民族团结进步等工作，李昌平对枫香坡的新农村景象大加赞赏要求进一步发展乡村休闲游，建设宜居宜游特色村寨
2016 年 7 月 11 日	《恩施日报》	枫香坡，很有名气的产业扶贫示范村、乡村旅游扶贫示范村
2016 年 9 月 12 日	恩施新闻网	一村一景，梦里故园，侗乡枫香坡基本介绍

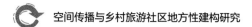

续表

时间	媒体	内容
2016 年 9 月 13 日	《恩施日报》	巴特尔来恩施州检查中央关于统一战线决策部署落实情况，枫香坡侗寨是乡村休闲旅游发展示范村寨、民族团结进步示范寨，已经实现了率先脱贫目标
2016 年 12 月 16 日	《民族画报》	枫香坡侗寨的休闲旅游，美丽的自然风光，独特的文化内涵，"留住乡愁"的民宿
2017 年 5 月 8 日	中国硒都网	枫香坡风情寨荣获湖北省休闲农业示范点，是该寨第二次获得殊荣
2017 年 5 月 9 日	《恩施晚报》	近日，湖北省农业厅、省旅游局联合公布 2017 年湖北省休闲农业示范点名单，恩施市芭蕉侗族乡枫香坡风情寨上榜，这是该寨第二次获得殊荣
2017 年 5 月 11 日	《恩施晚报》	"文化抢救在行动"系列报道之用影像为恩施传统手工留下文化记忆，去枫香坡拍摄恩施玉露的手工制茶过程
2017 年 5 月 11 日	《恩施日报》	全国政协常委、提案委员会主任孙淦一行到我州调研，被枫香坡的良好自然环境、整洁的村容村貌、连片的生态茶园吸引
2017 年 6 月 19 日	中国硒都网	省政协副主席王振有到恩施市调研，来到枫香坡，与当地企业老板和当地干部交谈，了解相关的茶叶产业发展、茶文化推广等
2017 年 10 月 25 日	中国硒都网	山间民宿圆城里人的"田园梦"，根据山水风景、文化内涵发展旅游产业
2017 年 11 月 8 日	恩施新闻网	打造旅客"远方的家"，恩施市民宿产业的发展，枫香坡是恩施较早涉及民宿的地方，发展势头较好
2017 年 11 月 9 日	中国硒都网	除了枫香坡外，不少乡镇也依托景区景点和自身优美的自然风光，纷纷大力发展民宿产业，使之成为脱贫致富的重要渠道
2017 年 11 月 9 日	中国硒都网	让"远方的家"充满"乡愁"，恩施市芭蕉侗族乡枫香坡是恩施市较早涉足民宿的地方，也是民宿发展的最早受益者
2017 年 11 月 10 日	中国硒都网	发展民宿，枫香坡最早涉及民宿，民宿对带动当地的旅游发展的力量
2017 年 11 月 24 日	《恩施日报》	芭蕉侗族乡枫香坡将旅游融入生活，将自己的幸福感分享给来到这里的人呢民宿发展帮助当地村民致富
2017 年 12 月 7 日	恩施新闻网	体验枫香坡的整个旅游环境和住宿环境

F村游客的微博内容节选（2014—2017年）

1. 9月15日，"寻找荆楚最美巾帼农庄网友考察团"来到了恩施的枫香坡，枫香坡是恩施玉露茶的故乡，在这里，你可以亲自体验采茶的乐趣，品一杯自己采摘的富硒茶。位于这里的茶花山庄后面是茶花山居，山居民宿是一座依山而建的侗寨风情小院，共有十三个房间，分别是：云落、风起、见山、听雨、光影、小雅、草色、入帘、运眺、推窗、茶香、慢行、闲歌。表达的意境是：云落了，长风起，见群山巍峨，听雨而安眠。光影似梦，人生如戏，常怀小雅之情，坐看草色入帘青。极目远眺，推窗品茗，一路慢行，一曲闲歌……而在茶花山庄，你能品尝到当地的农家美食，也能尝到当地人自己采摘的花茶，茶余饭饱之后可以逛逛枫香坡。在茶园旁边的鼓楼，是侗族标志性的建筑，每当村里有大事相商，便会敲响鼓楼里的大鼓。

2. 参观枫香坡侗族风情寨，放眼望去茶园成片，更适合清明前夕休闲度假，亲身体验丰富多彩的茶文化。

3. 恩施枫香坡。帮阿姨摘了一会茶叶塞给我三个自家种的地黄瓜，已经用糖腌着当水果吃了。恩施茶叶颗颗甄选，那阿姨见我把胎芽留在上面叫我一并去掉。可以说是相当严格了。

4. 巍巍武陵，旖旎恩施，清幽茗香，林薮芭蕉。伴着朝阳，迎着朝露，带着一份期待与好奇，湖北民族学院法学院"侗有茗香"暑期社会实践团队开始了一天的调查之旅。我们以高拱桥村的枫香坡为中心，辐射周边，实地走访，与茶农亲切交谈，了解茶叶的采摘技巧，并亲自体验采茶过程；询问茶农的日收入与年收入、发展现状与瓶颈；考察政府的财政补贴与政策支持的相关情况。当然，我们也遇到了部分茶农拒绝回答我们的问题、语言交流上的困难等问题，但都一一得到解决。蓝天白云下，茶农让我们感受到淳朴的民风民俗，而芭蕉也以它独有的魅力吸引着我们，我们也用这寥寥几笔记录下这个小镇的故事。人生如茶，我们在路上。

5. 枫香坡侗族风情寨和夷水侗乡相对。寨子是侗族人聚居地，也是个侗族风情浓郁的休闲景区。寨内有推磨舂米、榨油、织布、垂钓、打铁、做瓦、水车汲水等可供游客体验休闲景点 20 余处；有 300 余亩生态茶园可供采茶、制茶；有为数不少的农家乐，可以参观传统农具展示，吃可口农家饭，品正宗油茶汤；可以欣赏原汁原味的侗族歌舞，可以在侗族小妹的美妙歌声里领戴侗带，豪饮拦路酒……

6. 在恩施，去了因产茶而文明的芭蕉枫香坡。满山翠绿的茶园，还有仿古建筑，甚是好看。茶花山庄里有茶花山居，很别致清爽的民宿小院，站在院子里的台阶上就可以看得很远，满眼都是好风景。于丹、吴小莉都来过他家。

7. 风景如画的"枫香坡侗寨"，是恩施州的一个小山寨。当我们踏进山寨大门时，象征茶文化的大茶壶就会出现在眼前，它生动有趣地造型像是在小心翼翼地给您沏茶，敬重远道而来的客人。山寨两翼，是鳞次栉比的楼房。这些楼房都是依山而建，错落有致，造型别具一格，座座都修筑得精致漂亮。行走其间，你会感觉到山乡人的富裕，也会领略到"枫香坡"人的大智慧。寨后全是山，山不高却显灵气，连知名人士都常来的地方，那绝对是道亮丽的风景线。在山的最高处藏着很多秘密的九层鼓楼就屹立在中间，是"枫香坡"标志性建筑，鼓楼四周被层层叠叠的茶树守护着。 我们漫步向连接两山的"风雨桥"走去，两岸青山对峙，绿树滴翠，桥下清流潺潺，怪石卧波，站在桥中央，感觉空气清新的像被洗过一般，没有一点混浊，阳光下也看不到一丝尘埃。 来到全寨人议事、娱乐、看戏的"踩歌堂"时，"美丽枫香坡"五个大字出现在眼前，让体验师们堪称一绝的是：踩歌堂就地取材，用室外的绿水青山做布景，栩栩如生、天衣无缝，大家争先恐后地拍下了这一珍贵镜头。再到"相思林农家乐"，更是让体验师们刮目相看：房屋的设计想象丰富，卧室客厅构思新颖，门前门后全是盆景和花草，一片生机盎然。坐在休闲椅上高贵清雅，大家异口同声：我们找到了"大自然"的感觉。午时刚过，"茶花山庄"就为我们献上了几桌美味佳肴：有竹笋炖母鸡，柚子包衣炖排骨，海椒面炒腊肉，还有用红薯土豆、玉米高粱做成的食品，成了餐桌上的抢手货，体验师们个个吃得津津有味，唇齿留香。结束体验时，体验师们依依难舍，深有感触；"枫香坡侗寨"风景美、人更美，他们淳朴善良、热情大方，打造了这么好的旅游景区，我们还会来。

8. 晚上住恩施市芭蕉侗族乡高拱桥村枫香坡侗族风情寨茶花山居，这里营造了一种"云落了，长风起，见群山巍峨，听雨而安眠。光影似梦，人生如戏，常怀小雅之情，坐看草色入帘青。极目远眺，推窗品茗，一路慢行，一曲闲歌"的氛围。

9. 恩施市芭蕉乡枫香坡侗族村，茶叶和农家乐是主要产业，一到这里就丝丝香飘飘，原来是柚子树和橘子树飘来的香味儿，这里山清茶绿，认识了辣椒、豆角、红薯、芋头、南瓜、茶花，一只黄鼠狼。因为是雨天，没什么人，走走感觉很舒服，不过更喜欢西湖龙井村。

10. 枫香坡侗族风情寨。小时候的木凳，慵懒的小猫，手工背篓，睡醒了的盆栽，妩媚的碎花小姐，还有枫叶泛红了脸，enjoy ~

11. 满目青山，层层叠叠深深浅浅的绿色，点缀在绿色中的不知名的野花，这就是精致慢生活中的恩施侗族第一寨——枫香坡！

12. 枫香坡侗族风情寨内现有体验休闲景点 20 余处，享受自然风景的同时，可从事推磨、舂米、榨油、采茶、制茶、织布、垂钓、打铁、做瓦、水车汲水等农事体验活动，参观传统农具展示，品正宗油茶汤，吃可口农家饭，欣赏原汁原味的侗族歌舞，在侗族小妹的拦路歌声中领戴侗带、豪饮拦路酒……

13. 下雨天和姐姐来枫香坡茶园里呼吸下新鲜空气，再去农家乐吃吃干锅竹鸡感觉真是特别赞的！一会再去摘下枇杷。

14. 枫香坡侗族风情寨，片片翠绿的茶园掩映着灰墙白瓦、翘脊飞檐的农居，与低吟浅唱的林间小溪相映成趣，其间掩映着白墙灰瓦的特色民居，以风雨桥、鼓楼等壮观的标志性建筑、优美的自然美景及纯朴的乡村风俗气息，吸引着南来北往的游客。

15. 在恩施市有个最美乡间，叫枫香坡，这个美丽的地方位于芭蕉侗族乡高拱桥村。在这里，你可以穿一身侗族衣、当一天茶叶人、试一回传统活、看一台民族戏、品一杯富硒茶 、吃一餐农家饭、歇一脚风雨桥、宿一夜侗家寨。醉了吧？快来吧。

16. 枫香坡一日游，野外空气清新，环境棒棒哒！

17. 上个礼拜走了几个有代表性的美丽乡村，总体感觉不错，特别是枫香坡民族风情寨，有很多值得学习的地方：一是村民建房必须符合村寨规划；二是茶业、乡村游、饮食等产业互促互进；三是文化元素对各个方面的有效渗透和融入；四是政府指导帮扶与村民协会自治相结合，特别是自我发展与管理方面做得很好。

18. 吃一顿农家饭、歇一脚风雨桥、宿一夜侗家寨。今天，名博们来到恩施最美乡村、湖北侗乡第一寨——枫香坡侗族风情寨。该寨是以农村休憩为主的农业旅游基地，迤逦的芭蕉河、四季常绿的茶园、侗寨风雨桥，浓郁的侗族文化、吸引了远近的游客，名博们也对恩施新农村建设赞不绝口。

19. 一大早我们乘坐大巴来到枫香坡。到枫香坡游玩，首先要过一座风雨桥。从这里开始，便进入侗族文化的原生态博览馆，并且很立体化，既有看的，也有听的，还可以亲自体验。过风雨桥，扑面而来的是一座高耸的门楼，精雕细琢、古色古香，上书"侗乡第一寨"几个大字，寨门对面石壁上供着一把巨大的酱色茶壶模型，它前低后高地放在壁上，壶嘴对着游人，下面是一湾清水，象征壶里永远有茶水倾倒出来，池水的两侧分别有一棵茶树。农事体验区，在这里，人们可以动手试一下农活，诸如推磨、打铁、舂碓、垂钓、采茶、制茶……在农事体验区体验一番"穿一身侗乡衣、当一天茶叶人、试一回传统活、看一台民族戏、品一杯富硒茶、吃一餐农家饭、歇一脚风雨桥、宿一夜侗家寨"的快乐。枫香坡这里盛产恩施玉露茶，尤其是在茶叶收获的季节来此，满园的茶叶飘香。玉露茶叶修长，两头微翘，叶片外卷，光滑油润，色泽苍翠润绿。闻味清馨香馥，隐透一丝茶辛。再向前走便是侗族踩歌堂了，歌堂的舞台对着茶园、青山，这里别具一番侗家风情。踩歌堂的对面还有高高的鼓楼，鼓楼造型独特，共有九重瓦檐，一、二层呈四边形，三至八层是六边形，最上面是八边形，青瓦白檐，翘起的檐角在天空勾勒出一条条整齐的白线，而内部从第六层起，每层都是骑在下一层之上的，于是4—9层的柱子都悬着，形成吊脚，相同角度的吊脚也形成一条条黄色线，既有层次美，又有错落美。另外枫香坡的美食是典型的侗族菜肴，除了美食，恩施玉露茶也是一大特色。

20. 枫香坡侗寨位于芭蕉侗族乡高拱桥村，景区面积1.5平方公里，种有密植茶园上百亩。枫香坡植被完好、山清水秀、雨水充沛、四季分明、气候宜人。虽然小编木有体验到采茶的过程，不过野梨茶的芬芳萦绕在嘴里，大家也算是过了一把茶瘾！赞一个！

21. 风香坡印象记。端午寻芳，枫香坡上，妍姿妙态无双：看桃李硕果，步柳荫岸旁，好去处，藤篱茅舍，农家饭庄；溪水奔流，玉露茶香。笑声欢，谁家娇娃？嬉戏村旁。青春一晌。且偷闲，抛却尘缰。怅翠减红衰，春宽梦窄，枉费思量。莫管生前身后，君休误，眼底流光。唤香茗添满，何妨漫学疏狂。

22. 国庆长假第六天，我们来芭蕉枫香坡玩儿来啦！自己做的烧烤味道棒棒哒！午睡后妈妈带我去遛弯儿，瞧！我的街拍风怎么样？有没有第五大道的feel呢！

23. 茶香弥漫的枫香坡，美好的一天！假期完了，希望自己有个更好的状态去面对工作，尽管我很舍不得离开我最亲的小伙伴，还有这个一切都那么自然，温暖，人情味十足的地方！！！

24. 枫香坡，连很多当地人都没来过的地方，是侗族风情寨景区，原始特色保留完整，无污染，简直是天然氧吧，不需要门票，从市区坐公交车4块钱一个人。在山中穿梭，细雨中漫步，随手一拍都是沁人心脾。

25. 吃过午饭几个朋友相约去枫香坡踏青，亲见了中国名茶恩施玉露的采摘烘制和售卖过程。三月的侗乡，民族风情浓悠，处处山花飘香，惹得游人采风摄影，忙得不亦乐乎。

26. 雨中游城郊枫香坡，避人声车尘，别寻幽径，至足迹渺茫之山巅，云雾蒸腾之深谷，歌窈窕之账，赏瑰奇之景，大爽。

27. 恩施芭蕉乡枫香坡侗族村有新农村样子，山水、田林、道路规治得比较好，农民房屋大都整洁可观。更重要的是此处茶、稻皆宜，农业生产条件不错，能满足村民基本生活需要，加之风光秀美、环境自然，引得城里人纷至沓来，促生了农家乐生意，农民可有更多收入，村民安居乐业的景象显现。

附录七

田野调查日志示例

一 路上见闻

早上 8:00 分，我来到硒都广场乘坐到 F 村的巴士车，巴士车停靠在施州大道路口，车身是橘黄色的，上面搭载了"恩施圣亚男健医院"的广告，非常引人注目。我刚一上车，车就准备出发了，我于是趁着间隙和司机攀谈起来。

> 笔者：师傅，这趟车是直接到 F 村的不？
>
> 司机：这是到芭蕉的，你可以在高拱桥下车，然后再步行一公里就到了 F 村的寨门口。
>
> 笔者：直接到 F 村的要几点钟发车？
>
> 司机：还有半个小时，我们这几条路线的车都是有规定时间的。
>
> 笔者：车费多少钱？
>
> 司机：到芭蕉 5 元，到高拱桥 4 元。你可以下载个掌上公交 APP，可以查询到 F 村的沿途停靠站点和大致行驶时间。

我于是用手机下载了这个 APP，通过查询，准确掌握了公交车的发车时间和停靠地点。恩施城区到芭蕉总里程 24 公里，近 60 个站点，运行时间为早上 6 点 30 分至下午 6 点 30 分，实行双向对开，候车间隔时间为 20 分钟。

因为是早上，公交车里的人不多，基本上都是本地人。我于是与坐在旁边的一对老夫妻聊了起来，他们住在青岗树村，平时在城里帮忙带孙子，这两天春茶出来了，要打早回去采茶。车行到南门大桥，上来两名年轻妇女，从她们的谈话中，我知道了她们是送小孩到城里来上学的，她们得知我要去

F村做调研，然后很热情地做起了我的向导。

> 妇女1：你等会儿就和我一起下车，我带你去F村，我就住在离寨门口不远的范家坝。
>
> 笔者：你是属于F村不？
>
> 妇女1：我们没住在景区里面，不过也是在这个规划范围之内。
>
> 笔者：你们F村没有小学么？怎么把孩子送到城里来读书呢？
>
> 妇女1：有小学呀，就在高拱桥集镇上。我们还是觉得城里的教育质量好一些，再加上离城里又不远，坐车也方便，早上送，下午接，也不觉得麻烦。
>
> 妇女2：孩子再大一点，都是自己早上去，下午回来，村里一起的孩子蛮多的。

因为是早上，上车和下车的人并不多，车辆行驶的速度较快，不知不觉，我们乘坐的巴士车已行至芝麻岭隧道，隧道口修建了一座牌楼，牌楼上面写着一副对联："恩施玉露茶，硒都枫香坡"，横批："侗族风情寨"。过了隧道，就能看见夷水侗乡景区，河对岸高耸着侗族特色建筑——鼓楼。夷水侗乡景区是在F村之后打造的一个自然景观，集民俗展示、器物收藏、珍稀林木救护科研、林业科普、休闲养老、购物娱乐于一体，因为去的时候是周一，再加上是早上，来这里旅游的人并不多，旁边的一位老大爷告诉笔者："周末的时候人多一些，因为与F村很近，这里又要门票，相对F村而言，这里旅游休闲的人要少一些。"拐个弯就到了F村的入口，两名妇女热情地带着我下了车，边走边给我介绍F村的情况：

> 这里是范家坝组，政府为了打造旅游形象和旅游品牌，把以前的范家坝组、金家院子组和枫香坡组组合成坡侗族风情寨，其实我们这里根本不是侗族村，真正的侗族村是黄泥塘，黄泥塘最后并给了芭蕉乡，然后侗族文化就移植给了现在的F村。外地来玩的人才不晓得这些呢，他们只觉得这里空气好，有茶园，来这里走走，采采茶，吃我们自己种的菜，觉得这里好耍就行了。

二 在村主任家

FJW 是高拱桥村的副主任，主要负责 F 村这个片区的管理，他的家就在寨子门口右手边第一家，占据了很好的地理位置，以前他们家是开农家乐的，现在就主要以卖茶和土特产为主。我去的时候范主任不在家，家里就只有他老婆一个人，门口摆着一个长方形大条桌，上面放着今年刚出来的贡芽茶，还有一些野生天麻，门口还有几个工人在施工，F 老婆告诉笔者，这是准备建一个制茶的工作坊，等茶大上市的时候自己加工生产。F 老婆给我泡了一杯今年的贡芽茶，茶叶一根一根竖起来，入口有一种淡淡的清香，沁人心脾。我们边喝茶边闲聊：

> 笔者：您儿平时家里有几个人？
>
> F 老婆：一般就我一个人在屋里，他工作忙，从早到晚看不到人，两个娃儿也都在外面读书，大的在武汉读大学，小的在城里逸夫小学读四年级。
>
> 笔者：平时来这里旅游的人多不？
>
> F 老婆：这要看季节，一般 3 月—9 月人比较多，现在是旅游的旺季，再就是周末人比较多，平时下雨天一个人都没有。
>
> 笔者：人不多的时候你们一般干嘛？
>
> F 老婆：管他人多不多，我这里还不是每天都要开着，我一年出不了几次门，就是连寨子上面都很少去，天天关门影响生意嘛。
>
> 笔者：晚上一般干嘛？
>
> F 老婆：不下雨就在寨子门口跳广场舞，有时候也在我门口跳，主要是锻炼一下身体。

在我们交谈的时候，陆陆续续有些游客过来看茶，不论买不买东西，F 老婆都会热情招呼这些人，并提供椅子让游客休息。她告诉笔者："游客多的时候，我这里到处都围坐着人，买东西的不多，有时候还不是烦得很，但也不好意思赶别人走，农村有句俗话叫'入门即是客'，哪有不买东西就轰别人走的道理。"因为我提前跟 F 主任取得了联系，10 点钟的时候，F 主任回家了，他给我大致介绍了一下高拱桥和 F 村的建制情况，在我们聊的过程中，F

主任接到了乡政府给他打的电话，说恩施电视台有记者在这里拍春茶开采仪式，要他去陪同，于是我也随 F 主任去了茶山。

三　在茶山：春茶开采仪式

茶山位于 F 村鼓楼旁边。茶园的早上春意盎然、曼妙多姿。金黄的，是一片片油菜花；粉红的，是一株株桃花……放眼望去，一片片绿绿的茶园尽收眼底。除了高处是苍翠，山腰全是一片片茶树，就像一条条碧绿的腰带。春茶，接受过春雨的滋润，用力地萌发、吐绿，鲜嫩滴翠的色泽在老叶的衬托下，十分逼眼，尽显青春活力，在鼓楼的衬托下，好似一副完美的侗寨春景图。

我们到达茶山的时候，恩施电视台的记者已经在开始拍摄了。茶园里站着五六个穿民族服装的采茶姑娘，旁边还有一些游客，这些采茶姑娘正在教这些游客采茶，电视台想拍一个春茶开采的新闻，重点探讨文化与旅游深度融合的方式与可能性，电视台采访了茶农、采茶姑娘、游客，还有专门管旅游的副乡长。我一到茶山，发现来进行新闻报道的记者是我的学生，被采访的副乡长也是我的学生，于是我很快就融入到了这个春茶开采仪式活动中。通过了解，笔者发现春茶开采仪式并不是乡村的一种农业文化习俗，村里以前也并不举办采茶仪式，只是近几年随着乡村旅游业的发展，政府和媒体开始挖掘乡村的地方性文化元素，于是制造了这样一种吸引游客的活动，具有一种文化展演性的特点。在田里参与表演的 F 老人告诉我："我们以前哪有什么仪式，茶叶可以采了就采，这些女娃娃穿的这些民族服都是政府给的，只有重要的游客才穿上，平时根本不穿的"。记者 C 也说："我们电视台每年都会做一期春茶开采的报道，主要是为 F 村做宣传，吸引游客前来体验消费。"

芭蕉种茶历史悠久，中国十大历史名茶之一——恩施玉露就在芭蕉，芭蕉乡副乡长 S 对着电视镜头这样说道：

> 一定要利用 F 村侗寨旅游区，推介和打造恩施玉露茶品牌，将该区域建成玉露茶观光园，以规模化大茶园为背景，开展茶园观光与茶叶生产的参与活动，一方面让游客身临其境体会侗乡茶农劳作，了解茶文化，品尝玉露茶，感受茶叶采摘和制作全过程的乐趣；另一方面又充实了游客的旅游内容，大大延长了游客在景区的时间。

四 在茶花山居

茶花山居位于F村踩歌堂旁边，是村里一个比较高档次的农家乐和乡间民宿，老板M是一名40岁左右的女人，我去的时候，茶花山居正是比较忙的时候，来这里吃饭的人相对比较多，因为没有机会能够与M交流，于是我在村里转了起来，在踩歌堂遇到一位老人，他听见我要去采访M，就开始和我交流了起来，"她不是我们村里的，是个外来媳妇儿，蛮有头脑的，市里和乡里也支持她，以前办农民艺术团，现在搞农家乐，红火得很，省里、州里和市里的领导来了都是她接待的"。通过交谈，更加激发了我对M的兴趣。下午四点钟的时候，我终于见到了M本人，她一见面就说："不好意思，今天忙死了，晚上还要接待一个媒体走访团，你如果感兴趣，晚上可以留下来。"

6点钟的时候，茶花山居迎来了一批特殊的客人，他们是50多位来自杭州、武汉等全国各地的旅游大V、达人和媒体工作者，他们受恩施市旅游局邀请，参加"乐享春天·品味恩施春季旅游活动"，共同为恩施旅游发声，力图通过他们的镜头、文字和图片发现传达恩施之美，从而达到最佳的口碑宣传效应，F村是这次活动的第三站。刚到门口，MSE和Z管家在门口就给前来考察的客人献上了醇美的恩施玉露茶，席间，不仅有可口侗家菜肴，MSE还唱起了敬酒歌，淡红色的梅子酒装在浅浅的瓷碗里，清香四溢。晚上，院子里点起了篝火，大家围坐在一起，唱着侗族歌，跳着侗族舞。院子里悠悠闪烁着红色的光，这是灯笼和篝火相映而成的颜色。环顾四周，楼台下，有伞有桌有茶，蓝白相间的碎花桌布，典雅精致。墙角边，山茶花是依然主角，红的如火，粉的似霞。角落里，密密的绿植独自盛开。正如微博达人XF所言："眼前灯夜朦胧、人影憧憧、水光溶溶，不禁想长居此处，常喝美酒，畅谈人生。"

晚上9点钟的时候，我离开了F村，寨子里每家每户还亮着灯，灯光照在茶园上，泛起绿色的波澜，朱砂溪的河水冲击着河滩声声入耳，用最平常的方式伴着村寨入眠，茶花山居里的篝火还没熄灭，我看见几个人相邀站在茶花山居门口，也许他们在等待村寨安静的时刻。